云端的决斗

二战空战的17个瞬间

陶 力 编著

北京航空航天大学出版社

图书在版编目（CIP）数据

云端的决斗：二战空战的17个瞬间／陶力编著．--
北京：北京航空航天大学出版社，2015.8
ISBN 978-7-5124-1866-0

Ⅰ．①云… Ⅱ．①陶… Ⅲ．①第二次世界大战－空战
－史料 Ⅳ．①E195.2

中国版本图书馆CIP数据核字（2015）第181595号

云端的决斗
二战空战的17个瞬间
陶 力 编著
策划编辑 王鑫邦
责任编辑 刘晓明
*
北京航空航天大学出版社出版发行
北京市海淀区学院路37号（邮编100191） http：//www.buaapress.com.cn
发行部电话：(010)82317024 传真：(010)82328026
读者信箱：bhpress@263.net 邮购电话：（010）82316936
北京艺堂印刷有限公司印装 各地书店经销
*
开本：700×1 000 1/16 印张：14.5 字数：278千字
2016年2月第1版 2016年2月第1次印刷 印数：3 000册
ISBN 978-7-5124-1866-0 定价：45.00元

前 言

顾名思义，狭义的“空战”指的是利用飞行器在空中进行战斗，以击落对方和夺取制空权为目的的一种战争形式。而就更广义的概念而言，利用飞行器实施的空中格斗、轰炸、侦察、联络、特种任务等种种作战样式，都属于“空战”。

飞机为人类插上了翅膀，而军用飞机则为战争开辟了新的舞台。和传统的陆战样式不同，依托飞机所实施的空战以其先天的特殊性，自其产生以来便描绘出一幅幅奇异的画面。在很大程度上，空战的结果取决于坐在某架飞机里的一个人、两个人或者一群人同坐在另外某架飞机里的一个人、两个人或者一群人直接交锋的结果。他们所驾驶的飞机代表着国家的科技和工业实力，他们的自身素质则集中表现着军人的体能、智力、经验和技巧。

第二次大世界大战是迄今为止人类战争史上规模最宏大、代价最惨痛、影响最深远的全球性战争，而空战的重要性和丰富性都在这场大战中发展到了前所未有的高度。依托着空中优势，德军得以在战争初期施展“闪电战”的威力；同样依托着空中优势，反攻欧陆的盟军得以将胜利彻底掌握在手中。可以说，世界空战史迄今为止最为波澜壮阔的画卷、最为惊心动魄的篇章、最为令人难忘的瞬间也大都出现在二战期间。

本书就记录了这样的 17 个瞬间，记录了分属于不同国家的 17 种不同型号飞机的卓绝奋战、高光时刻抑或是黯淡结局。在这 17 个故事中，读者朋友们可以看到——

波兰的 PZL P.11 战斗机如何在力量对比悬殊的情况下，在其祖国上空对入侵之敌做殊死的抗战；

令自己成为传奇的英国“喷火”式战斗机在 1940 年夏天的不列颠大空战中挫败“鹰日”计划从而取得了辉煌成就；

默默无闻的“莱桑德”式联络机在法国和北非完成了一项又一项“见不得光”的秘密任务；

同时由德国空军和南斯拉夫空军使用的德制 Bf 109 战斗机令人惊异地在巴尔干天空演出了“同室操戈”的一幕；

貌似老旧的英国“角斗士”式双翼战斗机成为英军平息 1941 年夏天伊拉克骚动的主力军；

莫斯科飘雪的天空中，闪耀着红星的米格－3 战斗机拱卫首都空域的安全；

迪耶普夏日的蓝天里，德国 Fw 190 战斗机对掩护着登陆的盟军飞机大开杀戒；

享有“黑死神”尊号的苏联伊尔－2 攻击机在伏尔加河畔的斯大林格勒创造出令德国人敬畏的战功；

看起来大到不可一世的德国 Me 323“巨人”运输机在地中海和突尼斯的空运中痛遭打击；

德国 Hs 129 攻击机群在库尔斯克坦克大会战中扑向苏联坦克群；

美国 B－17“空中堡垒”式轰炸机于 1943 年夏天浴血施魏因富特，不惜代价地进袭这个德国至关重要的轴承中心；

德国空军唯一一种四发重型轰炸机 He 177“狮鹫”的悲惨故事；

号称“重拳”的 Me 410 双发重型战斗机在二战的最后阶段搏杀于第三帝国的领空中；

美国制造的“卡塔琳娜”式水上飞机在苏联海军航空兵手中表现出了极佳的适应性和多任务通用性；

昙花一现的古怪设计 Me 163 火箭战斗机速生速朽的短暂服役史；

从诺曼底乡下呼啸划过的英国“台风”式攻击机扮演了 1944 年夏秋季法国战场的空中统治者角色；

被誉为“最后的活塞机之王”的 Ta 152 战斗机在纳粹德国崩塌前夕唱出一曲末日的绝响……

陶　力

2016 年 1 月

目 录

第1章

波兰“海鸥”的苦斗

这是永远改变了世界现代史的一天。1939年9月1日，德国入侵波兰，第二次世界大战爆发。而就世界空战史的范畴而言，这更是创下多项纪录的一天：二战中的第一场空战、德国空军的第一次胜利、波兰乃至整个反法西斯阵营在二战中的第一次空战胜利，都发生在这一天……

第一次

万籁俱寂，黑暗笼罩着大地，黯淡的天光只在遥远的东方微微萌动。凌晨 4 时 50 分，波兰西部边境小城威伦一片静悄悄。虽然国家和德国的关系日益紧张，也有人猜测德国军队或许会实施先发制人的打击，但生活在这座小城里的人并不十分担心。因为，这里并不是什么军事重镇，在威伦，几乎看不到任何军事设施——连像样的高射机枪都没有；离该地最近的部队——波兰陆军第 28 步兵师，驻扎在城市西南面很远的地方。

可就在黎明到来前的那一刻，一种怪异的鸣响由远及近，奔腾而至。作为飞入波兰领空的庞大的德国空军的尖刀之一，KG 76 轰炸机联队第 1 大队的轰炸机群开始出人意料地空袭威伦。德国轰炸机在 40 分钟内分成三波进攻，总共投下了超过 70 吨的炸弹。当地的 16000 名居民中，有 1200 人再也无法醒来；醒来的人面对着可怕的梦魇，这座宁静、漂亮的小城中，70% 的建筑物已化为瓦砾。

德国人全面入侵。一架德国轰炸机上涂着这样的口号："兵员，燃料和炸弹——我们把波兰带向死亡。"作为侵略军的急先锋，在过去几年里一直积蓄着实力的德国空军挪出了它的大部分兵力，飞行员们指望着迅速而轻易地控制从德波边界直到华沙的波兰领空。不过，他们想得太简单了。

比德国空军弱小得多的波兰空军几乎是在第一时间就投入了反击，整个二战期间的第一场空中交战，在克拉科夫近郊的野战机场附近上演。这次短促而猛烈的接触，令冲突双方几乎同时取得了各自的第一次空战胜利。

在波兰南部重镇克拉科夫以南一处树林掩映着的空军基地里，加入波兰空军已经 8 年的弗拉德克 · 格尼斯被远处的炸弹声惊醒了。接着，他所在的第 121 战斗机中队就全部活动起来了。这个中队装备着国产的 PZL P.11 战斗机，被配属给陆军的克拉考集团军作战。这个中队一直驻扎在克拉科夫城郊的雷科威斯机场，不过就在前一天，该部奉命紧急转场，来到了现在这个备用机场。

中队长梅德威基第一个冲向了停机坪，他冲着格尼斯大喊："弗拉德克！跟我来！"梅德威基是资深飞行员，他还是整个"克拉科夫航空团"的指挥官，这个团下辖着第 121 和第 122 中队。虽然格尼斯在 5 月份才刚刚向第 121 中队报到，不过中队长很快就非常欣赏他的飞行技术。

梅德威基和格尼斯的两架 PZL P.11 飞机刚刚爬升到 300 米高度，就立刻遭遇了两架

有着漂亮“海鸥翼”的 PZL P.11 战斗机。

Ju 87B“斯图卡”俯冲轰炸机。德国飞机来自 StG 2“殷麦曼”俯冲轰炸机联队第 1 大队。那天早些时候，这个大队奉命去执行摧毁克拉考机场的任务，不过在云层里，有着 3 年飞行经验的“斯图卡”飞行员弗兰克·诺伯特却失掉了方位。当他四处张望时，又看到了另一架“迷航”的 Ju 87B，于是诺伯特示意结伴同行。他们最终找到了目标，并对着空无一物的机场投了弹。在回航途中，他们和波兰战斗机相遇了。

空战史上创纪录的时刻在这时定格了。

诺伯特抢先盯上了一架波兰飞机，他看到那架飞机通身草绿色、引擎罩上还有一圈橙黄色。他俯冲而下，坐在其后的机枪手弗朗兹·克林格尔随即猛烈开火。波兰飞机被打中了两次，冒着火光下坠了。诺伯特很兴奋，他认为自己击落了波兰最新式的 P.23“卡拉斯”式轰炸机，但其实这是中队长梅德威基的座机——这位“克拉科夫航空团”的领军者不幸成为第一位在二战空战中阵亡的人。

就这样，二战中的第一次空战胜利由德国人获得了，而它属于俯冲轰炸机部队。可是，上述的记述都来源于德国方面的材料，如果参照波兰方面的材料，便会发现这个“第一次”充满了争议性。

这幅艺术作品展现了战时的 PZL P.11 战斗机。

研究者普遍认定，克拉科夫上空的首次空战发生在 5 时 30 分，基于这个判断，诺伯特的胜利似乎并没有问题，因为他的飞行日志表明，击落波兰飞机是在 5 时 30 分过后。但波兰方面的档案表明，同样是在这一时间点上，另有一位波兰飞行员也取得了一场胜利。

根据波兰空军第 142 战斗机中队的斯坦尼斯拉 · 斯卡尔斯基中尉的记录，他在 9 月 1 日 5 时 32 分驾驶着 PZL P.11 战斗机成功地迫降了一架 Hs 126 侦察机。他随后也降落到这架德国飞机旁边，并从正准备烧毁随机文件的德国飞行员手中缴获了一份行军地图。斯卡尔斯基后来成为波兰空军在二战中的头号王牌，他在 9 月 1 日的这一事迹虽未得到其他途径的佐证，但应该值得相信。也就是说，“第一次”的荣誉实际上应该由德国空军和波兰空军“分享”。

新生儿

斯卡尔斯基和格尼斯他们所驾驶的 PZL P.11 战斗机，乃是波兰本土的军工厂自行设计制造的，算得上是 20 世纪二三十年代从无到有的那支波兰空军的当家装备。

古老的波兰于一战结束后重获新生，而波兰空军就从接收来的德皇、沙皇和奥匈皇帝的军机起步。在很短的时间里，这支空军就经历了从外国进口飞机、派遣技术人员赴外国深造、建立起初级和高级航校等阶段，而在 20 年代行将结束的时候达到了一个新高度：初步建成了具有一定规模的自主航空工业。

1928 年，一家名为“波兰国家航空公司”的集团成功组建，它的简写就是著名的 PZL，很快地，大部分的波兰军用飞机都打上了PZL的标签。公司成立的第二年，其第一种产品PZL P.1 就成功进行了试飞。该机由从法国学成归来的年轻设计师齐格蒙特 · 普罗斯基设计，特色在于它是世界上第一种采用海鸥式机翼的战斗机。而有此成功发端，紧随而来的其他 PZL 后续机型也大都采用海鸥式机翼，因而被整体冠以一个非常漂亮的名称：波兰“海鸥”。

普罗斯基于 1930 年死于飞机失事，不过制造厂的脚步没有停止。1931 年，P.1 的改进型 P.6 和 P.7 相继推出，其中 P.7 型在机头加装了两挺带射击协调器的 7.7 毫米口径机枪，从而成为波兰空军新一代的主力战斗机。

PZL 很快又对 P.7 加以改进，成为 P.7A，除保留海鸥式总体布局外，机身和尾翼都有较大的变化，垂直尾翼面积亦得到加大。这一新型号的产量较大，不仅装备了波兰空军，还出口到罗马尼亚。而正是在 P.7A 的基础上，厂方又推出了新一代主力战斗机 P.11。

当 P.11 于 1934 年装备部队时，就综合性能而言是一种不错的战斗机，但在那之后，PZL 的研发便进入滞缓状态，以致许多年后当波兰人觉察到战争的危机时，其空军的主力装备依旧是毫无变化的 P.11。

至于战斗机，由于高层突然决定要创建一支轰炸机部队而将生产资源转向此领域，再加上满足于 PZL 系列战机的成功，使得曾经是极具创造力的波兰战斗机设计师们没能再拿出什么跟得上时代的作品。此时作为空军主力战机的 P.7A 和 P.11，按照 1939 年的标准来看，早已是老掉牙了。为了开发 PZL P37“洛斯”而削减了战斗机研发的资源，其后果可想而知。

1939 年 3 月，新任空军司令约瑟夫 · 扎亚克将军试图在最短时间里扭转装备老化的局面，可是已经很长时间没有在研发领域取得进展的 PZL 的设计师们只能以 P.11 为基础“小打小闹”，他们相继搞出了 P.11C 和 P.11F 这两种改进型，其性能并无太过显著的提升。

与新机型开发的迟缓相“对应”，波兰空军的独立与附属之争也依然没有答案。自苏波战争以来，波兰就存在着两派意见，一派认为空军应该独立，另一派认为空军应该附属陆军作战。时至 1939 年春天，波兰人采取的乃是折衷方案：部分飞行中队属于独立的空军单位，另外的中队则编入陆军航空兵单位。

二战爆发前夕，波兰的战斗机力量大致如下：

空军单位下辖两个旅，其中的驱逐机旅负责保卫华沙，编有第 111、112、113、114 和 123 战斗机中队，共装备 43 架 P.11A 和 P.11C，以及 10 架 P.7A。

陆军航空兵单位被打散配属到各野战集团军中，其中第 121 和 122 中队划归克拉科夫集团军，第 131 和 132 中队划归波兹南集团军，第 141 和 142 中队划归波莫兹集团军，第 152 中队划归莫德林集团军，第 161 和 162 中队划归洛兹集团军。除第 162 中队使用 P. 7A 外，其余各战斗机中队全部装备 P.11。

总计在可用的 158 架战斗机中，P.11 全系列飞机多达 128 架，拱卫着祖国的天空。

华沙上空的“海鸥”

9 月 1 日清晨，驾驶着 P.11 的波兰飞行员奋起迎敌。在斯卡尔斯基取得成功之后，目睹自己的中队长身亡而无能为力的格尼斯很快就找到了为他报仇的机会。在梅德威基被击落后，格尼斯以迅速的摆脱动作避开了“斯图卡”的纠缠，这时他本该回到基地去，但是伤心而愤怒的格尼斯不想就这么回去，他选择了朝边境飞。

很快，他就看到了两架德国轰炸机。那是 KG 77 轰炸机联队的 Do 17，刚刚执行完空袭克拉科夫的任务。格尼斯果断地从敌机的右侧发起攻击，他打中了其中一架，接着拉升后再向另外一架俯冲扫射，那两架敌机都迅速失掉了高度，摇摇晃晃地往山背后去了。

格尼斯本想追下去，但他的座机已是油料无多，无奈返回基地的格尼斯只得报告“击伤了敌机”。事实上，那两架 Do 17 已经双双坠毁在了祖拉达村附近的山坡上，两机上的 6 名机组成员全部身亡。就这样，格尼斯为波兰空军乃至整个盟国方面取得了二战中的第一个和第二个空战胜利——尽管他本人到战后才知道这一点。自然，倒霉的 Do 17 轰炸机也成了德国空军在二战中所损失的第一种作战飞机。“创纪录”的格尼斯后来先后在法国和英国坚持作战，直到 1944 年 8 月才在法国上空被高炮击落。不过，他很快就逃出了战俘营。

特别值得一提的是，1989 年 8 月 31 日，在二战爆发当日整整 50 年之后，波兰飞行员格尼斯和德国飞行员诺伯特这两个老对手见面了。这一次，两个老兵一笑泯恩仇，他们以朋友的身份握紧了手。这是历史女神的眷顾：两位创下了空战纪录的人，都幸运地从这场空前残酷的战争中活了下来。

PZL P.11 准备突袭“斯图卡”的场景。

在威伦和克拉考的“序曲”后，大规模的机群交战终于在华沙上空爆发。华沙是波兰的政治、军事、交通中心，对攻防双方来说，这里都是最重要的所在。

德国轰炸机群在这天上午分多波次进袭华沙，希望毕其功于一役。对此，波兰空军是有准备的，如前所述，除了配属到各陆军集团军的飞行中队外，其他战斗机力量都被集中到华沙。旅长斯特凡·波利科夫斯基是一位参加过一战和苏波战争的老兵，他在几天前就已向部下发出了戒备令。

这天清晨 6 时 30 分，驱逐机旅旅部的电话响了。“德国轰炸机正向华沙飞去！”，焦急的声音来自姆拉瓦镇的观察哨。敏感的波利科夫斯基立即下令全体动员！

以一战中的王牌飞行员波尔克命名的德军 KG 27 轰炸机联队的 He 111 正全力来袭，以护卫首都为己任的驱逐机旅则全力迎战。波兰“海鸥”在首都地区布阵，飞行员们在 7 时过后看到了入侵者。在布戈-纳鲁地区上空，波兰飞机冲向大约 80 架 He 111，而为其护航的 20 架 Bf 110 双发战斗机也立刻扑了上来。二战中的第一场大规模空战就这样激烈地展开了，前后持续了 40 分钟。

P.11 虽然已经过时，最快速度也只有 391 千米 / 时，但却具有还算不错的盘旋机动性能。正是依靠这唯一的优点，它们成功地击落了 6 架德国轰炸机。亚历山大 · 加布塞维兹中尉差不多是冲在最前面的，他在第一轮开火中就打中一架 He 111，那架飞机试图迫降，却将一侧机翼撞到了树上。二等中尉帕卢辛斯基冲向 12 架德机，他也击中了敌机，不过自己的手腕很快中弹，好在手表稍稍减轻了子弹的力度，这使他得以驾机迫降到科比卡村。

在这 40 分钟里，还有其他好几名飞行员也都取得了空战胜利，而波兰空军只损失了一架 P.11。德国人的护航飞机过于笨重，顾首不顾尾，轰炸机群完全无法完成使命。He 111 忙乱地随便抛弃炸弹，不过其中有几枚居然正好炸中了 PZL 飞机制造厂。

之后不久，在克拉科夫上空又展开了新的较量。波兰飞机拦截了一个由 7 架亨克尔轰炸机组成的编队，德国飞机大摇大摆，完全没有护航战斗机。二等中尉塞尼亚克和另一名飞行员分享了一次击落敌机的胜利。尽管波兰人也蒙受了损失，比如奥勒文斯基浑身有多处枪伤和烧伤，惨不忍睹，但是德国编队的长机、参加过西班牙内战的“兀鹰兵团”老兵瓦尔特 · 格拉伯曼同样身负重伤，几乎不治。

第二轮

9 月 1 日上午的交手结束后，回到机场的波兰飞行员们难掩激动之情。出发时，他们都很紧张，但照现在的情形看起来，自己完全可以和强大的敌人放手一搏。

第二轮针对首都的空袭很快在 12 时来到，第 112 中队的 P.11 分两波升空拦截，双方在维拉瑙上空遭遇。这次来袭的是机身细长的 Do 17，但德国飞机显然对波兰空军如此快的反应准备不足。根据上午的战报，这时波兰飞机应该所剩无几了！

道尼尔轰炸机群分散开向东普鲁士方向逃离，斯特凡 · 奥科兹亚抓住机会开火，把其中一架打得起火。返回后，地勤人员在奥科兹亚座机的发动机汽缸周围发现了许多碎片，那些正是爆炸的道尼尔轰炸机的机身碎片！

年轻的波兰飞行员们进行着忘我的搏斗，他们甚至开始享受胜利。一位名叫盖德敏的中尉在日记里这样描写他的空中经历。

“我习惯于爬升到 3500 米高空，因为在那里展开攻击会比其他位置更快捷些。那天，我盘旋后没有发现目标，正当我准备返回机场时，我的余光瞄到了一架飞机的轮廓，那是敌机。我立即认出领头的一架是 Do 17，它还真的是活像一根铅笔！

“我继续拉高并和它保持相同航向，很快它进入我的下方，我迅速俯冲并急速连续射击。之后我就迅速拉转机头与它脱离，可不能让德国机枪手打到我呀。不过那架轰炸机里的人开始一个接一个往外跳伞了，看到这一切，我不禁笑了起来。”

这种情况令第 123 中队更受鼓舞，他们决定，在下一次任务中，大家要全部上阵。这个中队在 15 时 30 分和一群 Bf 110 遭遇上了，这次，波兰人太乐观了。德国空军已经改用“诱饵战术”，由战斗机和批驱逐机专门寻找波兰战斗机缠斗，轰炸机群则尾随其后。

在德国飞机来势汹汹的第一次俯冲中，波兰中队长奥尔泽夫斯基就被击中身亡。其他波兰飞机也陆续被打中，有的迫降，有的在空中起火，天上飘出了朵朵降落伞花。跳伞的 3 名飞行员中只有 1 人得以平安降落地面，另外 2 人都在空中被打死，其中一人身中 16 弹。

此战中，来自德国空军 LG 1 训练机联队第 1 大队的梅塞施密特飞机宣称共击落 5 架波兰飞机，其中 3 架由弗里茨 · 施雷夫上尉一人独得。施雷夫在下午的角色是大队临时指挥官，因为大队长格拉勃曼少校在上午的空战中负了重伤。

是的，空战在当天下午就迅速展现出它狰狞的面目。有备而来的德国空军吸取了上午的教训，不再一味派轰炸机寻的投弹，转而以战斗机部队为主，寻歼波兰空军主力。

此战中，驱逐机旅的副旅长利奥波德 · 帕姆拉亦成为受害者。在大喇叭里再次传来出发的命令后，他冲出指挥室，径直跑向一架 P.11，并要求里面的飞行员下来给自己“让座”。帕姆拉随后驾机升空和 2 架 Bf 109 进行了顽强的缠斗，最终被打成重伤。

由上面的记述已不难看出，此前那种把波兰战局的空中交战概括成“德国空军压倒性的胜利”的说法是不准确的。尽管德国飞机占尽数量和质量优势，尽管新机开发的停滞、对世界航空业尤其是德国空军的实力掌控不明、对战争紧迫性及同盟国的援助决心估计错误等因素加在一起严重削弱了波兰空军的实力，但是这些都不能抹杀处于弱势地位的波兰空军的那些闪光表现。

长久以来，关于此役的定论就是德国飞机在战争头两天就把波兰空军摧毁于地面，这显然是一个错误的印象。这个印象直接来自于德国一份性急的国防军公报，该公报于开战第二天即发布，称“机库里和跑道上停放的飞机被烧毁。可以认为，波兰现有的航空部队受到极其严重的损失。德国空军在波兰全境获得了绝对的制空权……”

在开战前夜，波兰已经把一线飞机从平时的基地进行转场，在开战第一天已转移到野战机场。德国空军在地面加以摧毁的，主要是旧式的和不能使用的飞机。这也是为什么在后来几天里波兰空军不时能够出击的原因。德国空军后来自己也意识到这一点，稍后的一份对波兰空军机场所做的调查就指出：机库只是炸弹的诱饵。地面被炸毁的飞机都是旧式教练机。炸弹坑也可以很快修复。

勇敢的代价

在华沙北面以远的莫德林，这一天的最后一场大规模空战于 16 时 30 分展开。来犯的德国机群包括 30 架水平轰炸机、9 架俯冲轰炸机和 20 架单发或双发战斗机。

配属莫德林集团军作战的第 152 中队很早就焦急地等待着升空命令了。警报刚一响起，9 架 P.11 就相继起飞，这些年轻人无所畏惧地扑向敌机，双方一直缠斗到莱基亚诺上空，几乎都快要到华沙了。皮奥特洛夫斯基打中了一架 He 111，不过德国飞机上的机枪手也打中了他的飞机。就在那时，几架 Bf 109 冲出云层向他进攻，这位年轻的波兰飞行员完全没有机会逃生。

P.11 战斗机与德军的 Bf 109 格斗。

这次交手中最值得一提的是，波兰空军首次取得了战斗机对战斗机的胜利——扬·博罗夫斯基少尉击落了一架性能远胜过自己座机的 Bf 109 战斗机。他的对手汉施克亦非寻常之辈，而是一名参加过西班牙内战“兀鹰兵团”的老资格飞行员。随后，博罗夫斯基的战友拉多姆斯基也击落了一架 Bf 109，不过他显然没认出自己的“猎物”。降落后，他报告道：“我刚刚击落了一架轻型运动飞机！”

与 1 小时前发生在华沙上空的那一幕相同，莫德林空战也呈现出了极为残酷的一面。与上次大战中广为流传的空战“骑士精神”截然相反，当加布塞维兹中尉跳伞后，他遭到了一架 Bf 110 的追击，多亏附近两名战友的掩护，他才不致于被打死在降落伞下。

当战争的第一天结束时，有一点是清楚的，在空袭波兰城市的德国轰炸机中，大部分都未能准确地完成投弹任务。在波兰战斗机的奋力抗击下，德国投弹手们不得不把许多炸弹投到郊区的田野中。华沙等地所承受的直接打击很小。

波兰空军为自己的勇敢付出了代价。仅就驻防华沙的驱逐机旅而言，该部宣称在 9 月 1 日击落了 12 架敌机，不过本方亦有 10 架飞机被击落，24 架遭重创，1 人阵亡，另有 10 人因伤重被送往医院。到当晚 20 时，该旅能够升空作战的飞机已不足 20 架。

很难用“脆弱”一词来形容 1939 年 9 月 1 日波兰空军的表现。然而，在每一片空域，他们都是以寡敌众。在祖国的上空，波兰飞行员表现得很勇敢；但同样不得不承认的是，德国飞机享有质量和数量的双重优势，而且德国飞行员素质精良、训练有素。

而除飞机和人员的损失之外，波兰空军通信和指挥系统所受到的破坏更是致命的。在伦敦西科贝斯基将军研究所出版的研究文献中，明确记载了这样的结论：“战争一开始，德国空军就轰炸机场、公路和铁路，其最严重的后果就是使通信网完全瘫痪。”“开战后不久，电话和电传打字机就都不能用了，报告和命令错误百出。因此，可以说指挥系统从一开始就陷入了瘫痪。”

因此，距离这个勇敢的开头仅仅一周之后，波兰空军就不可避免地陷入绝境。虽然有大无畏精神，但战斗越来越困难。波兰飞机的起飞准备时间太长，地勤人员往往是一发现敌机就开始忙碌，但有时直到敌机扬长而去，地面的战机仍未做好起飞准备。越来越多的战损和糟糕的地面保障制约了勇敢的波兰飞行员。他们不得不在一个又一个机场间疲于奔命，有时候刚从一个基地起飞，就在空中收到要求他们返航时去另一个地方的命令，而且几乎每个基地都弹尽粮绝：没有足够的燃油，也没有足够的枪弹，零配件更是非常稀有。

波兰虽然被打败，但波兰的飞行员们却不言败，他们的战争才刚刚开始。而在 9 月 1 日揭开序幕的壮阔的二战空战史，也才刚刚起了个头。

第2章

击落“不列颠之战头号王牌”

不列颠之战是风起云涌的二战空战史中最令人难忘的壮阔篇章之一，一个国家的生存竟然主要是依靠空军的努力来达成，这在人类历史上还是前所未见的。这场历时数月之久的大空战结束后，英国首相丘吉尔评价英国皇家空军的一番话也成了经典名言：“在战争史上，从不曾有如此多的人从如此少的人那里得到如此多的好处。”

“如此少的人”，指的就是英国空军的飞行员们，而他们当中，还存在着一群“更少的人”，那就是为不列颠而战的波兰飞行员。这些波兰人在祖国沦亡后背井离乡，先后加入法国和英国空军参战，而在不列颠上空，他们告别了国产的 PZL P.11 战斗机和法国的 MS.406 战斗机，接手了他们所得到过的最先进的飞机：“喷火”式战斗机。

“喷火”编队再现蓝天。

“难民”赴英伦

波兰沦陷后，大部分波兰飞行员选择继续作战，他们分批进入法国，陆续成为法国空军的一分子。法兰西伸开臂膀欢迎他们，波兰人因为其领导者西科斯基将军的名头而被称作“西科斯基旅行团”。然而这样的“好日子”没能持续太久，法国很快就在1940年6月战败，这意味着“西科斯基旅行团”又要启程了。

目的地是很清楚的，西科斯基将军再次下令：到英国去！

“明天，在多佛的白色悬崖上，

将有知更鸟在飞翔。

你只需耐心等候，

明天，当世界赢得自由，

将会有爱和欢笑，和平也将永驻。”

这首英国歌曲渐渐为波兰飞行员们所熟悉，而为了歌中描绘的美好前景，他们也将浴血奋战。但在最终到达英国之前，波兰飞行员不得不经历第三次“迁徙”，而且在战败的混乱中要把分散在法国各战斗机单位的波兰飞行员转移出去，又谈何容易。

唯一成建制转移的是“华沙”战斗机大队。6月17日，该部在拉罗歇勒集中登船前往英国。虽然少数飞行员得以从法国北部港口搭乘船只抵达英国，但其余大部分人员都随着各自的单位向法国南部败退。有的人在马赛找到了去英国的船；另外一些勇敢的人则径直驾机飞往北非，当他们飞抵突尼斯等地时，已经用光了油箱里的最后一滴油。从那里，他们再坐海轮前往英伦。

对有的人来说，从波兰失败到现在，他们待在船上的时间远远超过飞行时间；而更多的人则是“从头到尾一直在坐船”。但是他们别无选择，目的地“希望之岛”在望，波兰飞行员的命运又将如何？没有人知道。

在英国，从法国前来的波兰飞行员们得以和一部分同志会合。后者是在 1940 年初选择直接来英国的，当时英军最高统帅部已和波兰流亡政府达成一项协议，同意接收 2300 名波兰飞行员入境。他们中的大多数以志愿者的身份加入了英国皇家空军。

不过英国人的态度却并不热情。尽管首相丘吉尔对波兰人表达了同仇敌忾的意愿，“我们将一同克敌，或者将一同赴难”，但军中人士大体上把这些波兰人视作“难民”。当然，英国空军还是开始给来者提供位置，包括轰炸机部队的岗位，以及将部分人员零散编入英军的战斗机中队。

有的波兰人接受了这样的安排，但有的波兰人并不满意，他们根本不想充当轰炸机上的报务员或者机枪手，他们想要组建纯粹由波兰人构成的战斗机中队。这些固执己见者中的代表，向英国战斗机部队司令官道丁将军面陈意见。他们指出，前来英国的飞行员基本上都是战斗机飞行员，而其中绝大多数接受过波兰空军学院的专门训练，而该校在空战培训方面的声誉在战前居于欧洲一流行列。更为重要的是，波兰人曾在祖国和法国上空和德国人交过手，具有比较丰富的实战经验，他们现在要做的只是熟悉英国的机型，外加学习一些专业英语。

语言确实是个问题。波兰人讲波兰语，会法语，但他们中没有人或者几乎没有人会讲英语。战时岁月也不可能有大量时间用于教授英语，许多波兰飞行员只接受了为时三天的飞行术语速成。所以在英国的初期，许多波兰人会讲“下降后向左”、“下降后向右”和“着陆”，却不会讲“煎鸡蛋”和“熏肉”。

在接收新机方面，波兰人毫无问题。只经过短暂的训练，他们就能很娴熟地操控自己的座机，毕竟他们都是久经战阵的人了。而令他们由衷欣慰的是，开战至今，他们第一次拥有能和德国飞机相提并论的先进战机：“喷火”式以及“飓风”式战斗机。

“波兹南之城”和“华沙之城”

波兰人来得可谓正是时候，就在这个关口上，二战史上最具传奇性的空战——不列颠之战开始了。战事既起，加入到皇家空军的波兰飞行员们便纷纷投入了战斗，他们三五成群，被编入数十个英国战斗机中队，和英国人以及捷克斯洛伐克人比翼齐飞。对于大敌压境、训练有素的飞行员极度缺乏的英国来说，波兰人的到来传递了这样的信息：他们不是来避难的，他们是来并肩战斗的。

1940 年 8 月 13 日，这个被戈林定为“鹰日”的日子，德国飞机向英伦大举出击，不列颠之战的艰苦时刻随之到来。零星分布在其他中队的波兰人倒是获得了机会，一位名叫奥斯托维茨的飞行员成为第一个在不列颠之战中击落敌机的波兰飞行员，他的战利品是一架 He 111 轰炸机；不幸的是，20 天后，他成为第一位在不列颠之战中牺牲的波兰人。

奥斯托维茨为波兰飞行员。在不列颠上空首开纪录之后 11 天，来自第 501 中队的一位波兰人安东尼·格洛瓦基在一天之内连续打下 5 架敌机而一举成为空战王牌。这个名不见经传的飞行士官成了一颗新星，他所在的第 501 中队包括波兰战役时期的头号王牌飞行员斯卡尔斯基，但格洛瓦基却抢了他的风头，他是那个夏天最负盛名的波兰人之一。他驾驶着“喷火”式战斗机击落 3 架 Bf 109 和 2 架 Ju 88 的事迹，不仅成为波兰人议论的热门话题，还受到了英国高层的瞩目——这位从此被称做“一天成就的王牌”的人，还获邀与英国国王乔治六世共进了下午茶。

但是胜利不是这一时期的主旋律，戈林声称“首要任务是摧毁英国战斗机”，德国空军也确实是这样做的。仅在 8 月 8 日到 18 日的 10 天时间里，皇家空军就有多达 154 名战斗机飞行员阵亡、受重伤或失踪。19 日，英国航空部破天荒地将新人入役训练时间从此前的半年缩短至 2 周。

在这种人力空前吃紧的情况下，道丁将军不得不勉强接受了波兰人单独成军的建议，下令组建两个基本上都由波兰飞行员组成的战斗机中队。不过，经过“慎重考虑”，队里的指挥层都是英国皇家空军的“自己人”。

第一个波兰中队是成立于莱康菲尔德的第 302 中队，它拥有波兰指挥官和英国指挥官各一人，算是搭档负责。这一做法到 1941 年被废止，其时波兰战斗机部队的指挥完全波兰化。

波兰中队的飞机完全按英国皇家空军的标准进行涂装，当然，他们再次保留了自己那独特的红色白棋盘符号。这个涂在驾驶舱下或是引擎罩上的棋盘，算得上是离乡背井的波兰斗士最后的精神象征吧。为了加强这种象征意味，有的飞行员会在棋盘旁再写上“波兰”字样。

第 302 中队的称号是“波兹南之城”，法国战役时期的王牌诺瓦切维茨就在该中队。该部于 8 月下旬投入战斗，由于基地处于英国中部，所以很少看到德机身影。也是这一原因，该中队在战役期间只产生了一名王牌飞行员：夏鲁帕。8 月 24 日，夏鲁帕首开纪录，击落一架 Ju 88 轰炸机。9 月 15 日，第 302 中队的飞行员共打下 8 架敌机，夏鲁帕也取得个人的第 5 次胜利。

整个战役期间，该中队共击落 26 架敌机。

辉煌的篇章由另一个中队——成立于布莱克普的第 303 中队写就。这个中队骄傲地继承着波兰空军一系列英雄中队——苏波边境冲突时的第 7 中队、保卫祖国时的第 111 和 112 中队的光荣传统。英国战史写道：这支称号为“华沙之城”的部队在不列颠战史上留下了永不磨灭的印记。

第 303 中队的战时基地是诺索尔特，当地位于伦敦以北 20 公里处，是英国空军最为重要的几个大本营之一。正因为此，中队长凯勒特少校感到忧虑不安。这位 31 岁的英国人一方面想努力杀敌，一方面却又为自己的部属是波兰人而倍感失望。

凯勒特的队副是同样来自英联邦的加拿大人，后者对波兰人的印象也代表了凯勒特的意见：“我所知道的波兰空军只在对抗德国空军的战斗中坚持了三天，我当然不认为波兰人有能力在英国上空取得更为出色的成就。”

糟糕的是，语言沟通的不便又在这个中队的指战员间平添隔阂，很多时候英国人和波兰人都是坐在桌边，无言以对。军方对波兰人实施了语言培训，但时间太短。他们只能尽量记住那些必须记住的，比如“爬高”、“12 点方向”、“保持队形”，而不会讲“来一份培根”或者“茶叶的味道很好”。

这些背井离乡的空中斗士进行了极为严酷的训练，他们在耐心等待着升空杀敌机会的到来。

“像疯牛一样”

8 月 30 日下午，第 303 中队再次执行例行训练。转机就在这一天来临。

16 点过后，帕斯切维奇中尉突然在自己头顶约 300 米处发现了德国轰炸机群。他用并不熟练的英语紧急呼叫凯勒特：“长官，强盗在 10 点钟方向。”但是他的长官对此未予回应，凯勒特很清楚，此行只是训练，而非战斗。

但是帕斯切维奇不想再等待了，他决然拉起机头，向一架有两个发动机的敌机直扑而去。那架 Bf 110 驱逐机被打了一个措手不及，很快起火坠落。

当晚，队友们围着帕斯切维奇欢天喜地，这毕竟是这个波兰中队的首胜。至于中队长凯勒特，倒也并不因为部下的抗命而感到不快，反而带着几分欣喜地向战斗机司令部报告了所发生的事。波兰人的勇敢和能力同样出乎道丁将军的意料，他略加思索后说：“让他们投入战斗。”

第 303 中队终于在 31 日下午第一次投入作战任务，并在仅仅历时 15 分钟的交战中击

不列颠之战的激烈场面。

落6架敌机，本方则无一损失。当晚中队部就接到了空军参谋长发来的贺电：“了不起的行动，303中队！我很高兴！”

9月1日，德国入侵波兰一周年那天，该中队再度与进袭伦敦的敌机群展开搏斗，并在午后时分成功打掉了几架Bf 109。当天晚上，波兰飞行员们在驻地度过了一个胜利庆祝与悲伤回忆相交织的夜晚。

该中队很快产生了第一位英雄——布雷斯劳·格拉迪奇。他在一天内打下3架敌机，不过自己也被严重烧伤。医生宣布他“很长时间内都不能飞行了”，但他居然奇迹般地康复，迅速重回战场并最终成为顶尖的波兰王牌飞行员之一。

接下来，第303中队在9月5日于泰晤士河口上空与一个敌机群交战，结果取得击落数8：0的胜利，其中卡鲁宾中士以近乎疯狂的姿态冲向一架Bf 109战斗机，使得后者在慌乱中失掉高度并一头撞到了地上。波兰中队在这一天的战果占到当天英国空军总击落数的1/5强。

这个中队在第二天所面对的敌机群规模更大，这次波兰人损失了4架飞机，但也打下了7架敌机。波兰飞行员中军阶最高的克拉斯诺德布斯基少校在被击中后跳伞，本队的一架飞机护送他的降落伞平安着地。克拉斯诺德布斯基是第 303 中队的精神领袖，他的位置很快由厄巴诺维茨也就是驾机护送降落伞的那一位接替。

9 月 7 日，厄巴诺维茨就顶替克拉斯诺德布斯基，带着战友们上阵。和第 303 中队一同紧急升空的还有另外 10 个中队。很快，他们就见到了前所未见的景象。参战者后来回忆：“在你目力所及的最远处，依旧是一浪接一浪的德国飞机。”简言之，要对抗的是一整支“空中舰队”。

这些敌机是冲着伦敦来的，至此，德国空军此前针对雷达和机场的有效作战被城市空袭所取代，虽然伦敦等地的人民接下来要吃到苦头，但是德国人在战略上已经输掉这场不列颠之战。

波兰人在这一天勇气十足，击落超过 10 架敌机，他们在空中往来冲杀的那股劲头，被在场的英国人形容为“像疯牛一样”。当再次看到出众的战报时，第 303 中队所在的诺索尔特基地的长官文森特开始产生了怀疑，于是他在下一次行动中驾机爬升，打算亲眼看一看波兰人有无虚报成绩。

结果，这位长官看得呆了。文森特被眼前近乎疯狂的战斗所震惊，他认定如果有机会与德国人同归于尽，这些部下们会毫不犹豫地欣然接受。落地后，他对自己的副手说，“没错，波兰人就是这样干的！”

返回基地后，厄巴诺维茨立即被任命为第 303 中队的波方代理中队长。厄巴诺维茨后来成为不列颠战役期间第 303 中队的波兰头号王牌，他被战友们称做“王牌中的王牌”。那一年，他已经 32 岁，按说早已过了飞行员的最佳年龄，但他却能以击落 15 架的成绩成为此时期波兰空军第一人。厄巴诺维茨的成功还不限于第 303 中队，1943 年，他更是远赴太平洋战场加入了那里的美军中队，又成为击落日本飞机的第一位波兰飞行员。

团体冠军

屡遭挫败的德国空军在 15 日几乎倾巢而出，希望以优势兵力达成毕其功于一役的战果。这天下午，包括 303 中队在内的 19 个英军中队升空拦截，整个英国东南部领空幻化成一幅由黑色烟雾、灰白色尾迹和白色降落伞交织而成的超现实画作。

这一天是生死攸关的。当丘吉尔问“我们还有什么战略储备”时，他得到的回答是：“我们一点也不剩下了。”但是皇家空军在这一天的英勇战斗再次挽救了英国，其中，参与交战的波兰飞行员为 70 人，占当日全部出击人员的 1/5。

戈林投入了几乎全部家当，但证明德国空军在不列颠之战中最新和最大的努力宣告破产。

厄巴诺维茨说得好，“眼前那么多机身上的黑色十字图案，让人感觉就像是空中墓地。”而德国空军“无敌神话”的破灭，也自这一天开始。

驾着“喷火”式战斗机的波兰飞行员几乎每天都取得战果，社会各界的祝贺电报纷至沓来，波兰中队也成了伦敦报纸的头版常客。9 月 18 日，波军总司令西科斯基造访该中队，向他们颁发了 16 枚波兰最高军事勋章。

随着媒体报道的增多，第 303 中队渐渐成为英国公众关注的一个焦点。这种关注在 9 月 26 日导致了一个值得纪念的时刻：英国国王乔治六世专程来访。在 2011 年的奥斯卡最佳影片《国王的演讲》中，观众们已经见识过这位国王并不流利的谈吐，而波兰飞行员们也仍然无法掌握熟练的英语，于是国王和战士的交流就在并不顺畅的环境下进行，当然这并不影响愉快的气氛。

打断交流的是骤然响起的警报，“升空！”的命令再次传来。在和国王匆匆作别后，波兰飞行员们便赶赴朴茨茅斯上空参战。注视着战鹰升空的乔治六世感慨不已，他扭头交代随行人员：“记住，把小伙子们这一天的成绩告诉我。”侍从在次日向国王进呈报告：“陛下，第 303 中队在昨天击落了 11 架敌机。”

是的，波兰中队在 26 日打下了 11 架敌机，另外还有 2 个可能战果。这一成绩接近当日英国空军总击落数的一半！经过数月来无数次如 26 日般的激战，不列颠天空的守护者每一次都屹立不倒，这终于让德国人认清了现实：希特勒无奈决定无限期推迟入侵英国的作战。

在让英国国王感慨的同时，第 303 中队同样让自己正处于纳粹统治水深火热中的同胞感受到了振奋。这个部队的传奇很快就漂洋过海，成为激励祖国人民的精神支柱。一本在地下秘密油印的小册子《第 303 中队》成为那些被占领的年月里，许许多多波兰年轻人反复翻阅的最佳宣传品。

10 月 5 日，第 303 中队的飞行员们迎来了整个不列颠之战中最后一次大规模交战，他们在这一天 4 次出动，共击落 9 架敌机。第二天，该中队载誉回到最早创立独立的波兰中队的地方——莱康菲尔德。

在那里，由开战时的新生儿成长为英雄单位的第 303 中队接到了休整令，代理中队长厄巴诺维茨离开了中队，他的新位置是第 11 战斗机大队的参谋，嗣后这位平步青云的波兰英雄还将成为波兰第 1 战斗机联队的指挥官。

波兰人是带着足够的荣誉与骄傲退出一线的，参战至今，他们总共击落了 126 架敌机，这一令人吃惊的数字不仅令英国空军的所有其他战斗机中队黯然失色，甚至比他们中的最高成绩者还要高出整整 1 倍！

英国空军野战机场一景。

当初英国人以“难民”看待这些波兰飞行员时，又有谁能料到他们将成为不列颠之战各战斗机中队里的“团体冠军”呢？而支撑起这个团体的，自然是无数个人。在服役于 303 中队的 34 名飞行员中，共有 9 人跻身王牌飞行员之列，其中包括厄巴诺维茨在内的 5 人于 1940 年 12 月被授予优异飞行勋章。这份褒奖与其说是英国对这些波兰人的奖赏，倒不如说是对他们的感激。这批尖子中，马利安·皮萨雷克是英年早逝的一位，1942 年春天，他在和德国空军 JG 26 的王牌飞行员约阿希姆·缪岑贝格格斗时牺牲。

令人称赞的是，该中队不仅团体成绩名列第一，个人成绩也夺得第一，不列颠之战中盟军方面的头号王牌就出在这个中队。不过有趣的是，他并不是波兰人，而是与波兰人并肩作战的一名捷克斯洛伐克飞行员塞塔·约瑟夫·弗兰提赛克，他的成绩是击落敌机 17 架。

波兰人以自己的表现令英国人信服。一个明证是，两个波兰中队里的英国军官很快就被全部调离，而由波兰人接任。而从 1941 年开始，还将有波兰人走上英国飞行中队的指挥官岗位。

在同第 303 中队告别时，那位曾经满腹狐疑的凯勒特少校已经和这群可爱的波兰人难舍难分，他在告别仪式上饱含热情地高呼道：“在 9 月里，我们的中队是最棒的——飞行员们的勇气和技巧在整个英帝国内都无人能及，你们拥有最出众的勇气和最优秀的技巧，永远没有人能挡得住我的小伙子们！”

遇上顶尖的德国王牌

第 303 中队的进入休整和不列颠之战自 10 月起进入回落期，并不意味着驾着“喷火”战斗机的波兰飞行员就此结束了战斗。事实上，整个不列颠之战还将延续一段时间，分布在多个英国中队里的波兰人也将继续和德国人厮杀，而且正是在这一阶段的空战中，波兰飞行员取得了一个极不寻常的战果，这次战斗以其结果的极端特殊性和长期以来争议不休的神秘性而一直是不列颠之战后期中的一个焦点事件。

这次空战发生在 11 月 28 日，它导致了德国方面赫赫有名的王牌飞行员、JG 2 联队的少校联队长赫尔穆特·威克阵亡，而此人是不列颠战役期间交战双方阵营中击落敌机数量最多的人。威克的阵亡，在当时的德国空军乃至德国社会产生的影响都犹如巨石入水，其所引发的焦虑、伤痛、愤懑和失望等种种情绪，长期难以消散。因此，很有必要先来了解一下威克其人。

威克于 1915 年 8 月 5 日出生于德国的曼海姆，1936 年 4 月考入德国空军候补军官学校，两年后转入战斗机训练学校，并很快就以少尉军衔于 1939 年的第一天加入 JG 133 联队第 1 中队。在那里，他接受了从西班牙战场上归来的维尔纳·莫德尔士的教导，接受了战斗机实战的第一课。

二战爆发后，威克转调 JG 2 联队第 1 大队，这个联队是 1935 年德国空军重建后的第一支战斗机联队，它的名头是“里希特霍芬联队”，顾名思义，是以一战时的德国头号空战英雄“红男爵”曼弗雷德·冯·里希特霍芬为名，这自然让队员们都有一种特殊的荣誉感。

1939 年 11 月 22 日，威克击落了 1 架法国飞机，从而取得了自己的第一个战果，也就此踏上了自己的上升之路。到 1940 年夏天的法国战役结束时，威克已经累计击落了 14 架敌机，成为 JG 2 联队的头号王牌；而这个成绩在整个德国空军中也仅次于他曾经的“老师”莫德尔士上尉（25 架）和巴尔塔萨上尉（23 架）两人而已。

威克随后投入了不列颠之战，其战果也开始一发而不可收。他成了当时的公众人物，军衔和人气都急剧提升，在短时期内晋升上尉并成为 JG 2 联队第 1 大队长。德国空军司令、帝国元帅戈林还专门邀请威克到自己的私人庄园卡琳宫一游，并在那里向他颁发了骑士十字勋章。

1940 年 10 月 7 日，他又从希特勒手中接过了骑士勋章的橡叶勋奖，这使他成为 JG 2 联队中获此殊荣的第一人、空军中的第三人、全军的第四人。仅仅两天后，威克便晋升少校，并出任 JG 2 联队长。一个 25 岁的年轻人，将要管理一个拥有 2300 人的战斗团队。他同时创下了德国空军史上最年轻的少校和最年轻的联队长两项纪录。

而就其空战表现而言，威克和另外两位尖子飞行员之间的“击落”竞赛一直是德国公众津津乐道的话题。不列颠之战打响后，威克和 JG 51 联队长莫德尔士少校、JG 26 联队长阿道夫·加兰德轮番领跑德国战斗机飞行员的击落榜，无形中在英国上空展开了一场谁是德国头号王牌的争夺。莫德尔士和加兰德早已家喻户晓，他们两个都是西班牙内战的老兵，而后起之秀的威克却以火箭般的上升速度眼看要超过另外两位大名鼎鼎的王牌了。

最终，威克以击落 56 架敌机的成绩超越莫德尔士，成为德国空军在不列颠上空的头号王牌。当然，对于自己的入门导师，威克始终保持着足够的尊重，他曾对战地记者这样说过：“我是小字辈中的小字辈，莫德尔士少校……是尖子中的尖子，正是他成就了我的今天。”

不过，这位领跑者不可能继续刷新自己的击落纪录了，在达到 56 这个数字之后，他就和坐在“喷火”式战斗机座舱里的波兰人相遇了，这次相遇就成为了他命运的终点。

辉煌的胜利

11 月 28 日星期四，出现了久违的好天气，阳光照在英吉利海峡和英格兰上空。这天下午 4 时 35 分，威克再度率部出发，执行当天的第二次出击。接到雷达示警的英国空军立即作出反应，将第 609 中队和第 152 中队的大部飞机派出去迎战。

17 时 10 分，在赖特岛南部空域 10500 米的高度上，严阵以待的英国飞机看到了德国机群，一场恶战随即展开。威克以他标志性的拉升和俯冲展开攻击，很快就为自己赢得了第 56 个战果，正是这次击落使他成为不列颠之战中交战双方阵营里击落敌机架数最多的人，不过这也成了他的最后一个战果。

第 152 中队里的波兰飞行员克莱因，驾着他的“喷火”战斗机从侧后向威克的座机俯冲而下。威克很快发现了这个威胁，也做出了规避动作，但是此前并无特别突出表现的克莱因这一天如有神助，他死死咬住威克的 Bf 109，并不断发出点射或长射。最终，威克的飞机被打中，拖着黑烟直朝灰蓝色的水面坠落而下。

返回基地的克莱因清楚地报告了这次击落，他的书面材料表明是在不足百米的距离内开火的，敌机喷出的油污溅上了他的风挡；再次看清前方时，他注意到“有降落伞和机身碎片在飞舞”。

不过还存在着另外一种说法。第 609 中队认为威克的飞机是被自己的飞行员约翰·敦达斯击落的，依据是第 609 中队的接敌时间比第 152 中队略早一些，而且中队长说敦达斯对一架落单的敌机实施了攻击，并且在无线电里兴奋地叫道：“哇噢，我打下一架 1-0-9！”不过这位敦达斯无法自己报告情况了，因为就在他打下“一架 1-0-9”后不久，他的“喷火”式就被另外“一架 1-0-9”击落了，而他本人当即身亡。或许是出于对很快便身亡的敦达斯的同情，有部分研究者倾向于认为是他击落了威克；不过第 609 中队的战时日志后来也承认：敦达斯和克莱因皆有可能。

尽管这样一次达到辉煌顶峰的空战胜利因为饱含争议而难有定论，不过事实是清楚的，德国空军在不列颠上空最善战的那个飞行员消失了。克莱因看到了“降落伞”，但是威克自此就从人间完全消失了。

德国空军和海军在接下来的两天里动用各种搜索手段，但都一无所获。被威克的命运折磨得头疼的戈林甚至采取了一个极不寻常的举动，他开始直接向英国皇家空军方面展开询问，打探是否有一名威克少校成为了他们的俘虏！出于对威克这名对手的尊敬，英国方面随后进行了认真的核查，但是没有发现俘虏名单内有一位叫做威克的德国空军少校。而这样一来，英国人便得知最令他们头疼的空中敌人之一已经不复存在。英国广播电台随即公布了这一消息，并评论道：“希特勒又一次把他最好的人之一送去赴死了！”

德国空军在英国上空的攻势也开始放慢节奏。大部分战斗机联队在 12 月初便撤出了一线，不过 JG 2 联队和另外两个联队仍然留在法国北部与英国对峙。

威克之死令许多德国公众为之痛心，而他们尚不清楚这其实已经昭示一个事实：德国空军不可能赢得在英伦上空的这场战争的胜利。到不列颠之战终于在 1941 年初结束时，英国阵营中的波兰飞行员交出了这样的成绩单：144 人参战，牺牲 29 人，共击落敌机 203 架。

对于自己在英国上空的奋战，第 303 中队的优异飞行勋章得主之一赞巴克的话很有代表性，他说：“在战争的初期，我们曾备受苦难。我们先是被赶出了波兰，然后又被排挤到了法国，因此在英国我们觉得这是我们最后的机会了。所以，我们要坚守阵地，苦战到底。”

整个不列颠之战就是见证奇迹，而波兰人是创造这一奇迹的魔术师之一。对此，道丁将军中肯地评论道：“如果没有波兰飞行员的杰出贡献和异乎寻常的勇气，我怀疑战役的结局可能将是另外一个样子。”

第3章

大漠孤烟

以高单翼布局和圆滑厚实的起落架罩为外貌特征的“莱桑德”式联络机是二战期间英国研发的一种另类航空装备，这种飞机曾经号称“多面手”，据说适用于地面联络、炮兵校射、侦察、海上搜救甚至是低空轰炸。

然而时至今日，知道这种多用途机型的读者已为数不多，这很正常，它当然远不如“喷火”、“飓风”、“哈利法克斯”等来得有名，而且“莱桑德”在它的绝大多数适用领域中也并无特别突出的表现，其最为成功的一个领域又被隐藏在暗色中：于夜空中潜入法国，为抵抗组织运补武器和物资。除此之外，它甚至还有更不为人所知的一章：飞翔在北非沙漠和古老的苏伊士运河上空……

画家笔下的历史一幕：刚刚降落的“莱桑德”式送来了特工人员。

一片用武之地

“莱桑德”式的设计构想始于二战之前。1935 年，英国航空部寻求一种新的单翼双座联络机。有许多家公司参与竞标，结果名气相对较小的威斯特兰公司的方案胜出。在次年夏天的测试中，这一代号为“P-8”的原型机令军方大感满意，它拥有良好的座舱视野、短距起降的不俗能力以及过硬的低空飞行性能。

这是一种单发动机的高单翼双座轻型飞机。机翼的厚度从中段开始向内外侧逐渐变薄。最令人印象深刻的，是它那粗壮硕大的起落架罩，它给人以一种飞机构造结实坚固的感觉。

凭借着宽大的主翼面和异常牢固的起落架，“莱桑德”式的短距起降特性简直令人难以置信。在合适的逆风条件下，它在一次测试中居然创下了 37 米的最短滑跑距离纪录！而且，由于起落架是固定式的，这种飞机能够在一些地面条件很糟糕的地方起降。当然，它的缺点也很明显：飞行速度较慢，机身防护薄弱，自卫武装不足。

军方为这种飞机取名“莱桑德”，希望借这位击败雅典舰队的斯巴达海军将军的名头，为新机型求得一个良好开端。

大战中，“莱桑德”式联络机在英国以及其他一些国家总共生产了1652架。其主要型号包括：基本型Mk I型；改进了发动机和加装后座机枪的Mk II型；用于间谍任务而换装了低速性能更好的发动机的Mk III型；III型的加强火力版Mk IIIA型；以及产量极少、仅供谍报人员专用的Mk IIISD型。SD是英文里“特殊任务”的缩写，与任务基本相同的Mk III型相比，SD型去掉了后座机枪而使增大的座舱能够坐下3个人，机腹还挂有长程飞行所需的副油箱。

从表面看，“莱桑德”式应该是一个具有多重任务适应性的多面手，然而它却一直找不到感觉。二战爆发时，英国皇家空军共有7个“莱桑德”式中队。这些飞机在1940年随英国远征军开赴法国作战，结果被德国战斗机打得七零八落。去的时候共有169架，而回到英国的只有50架而已。

接着爆发的不列颠之战暂时为“莱桑德”式找到了一片用武之地：在海面搜救飞行员。对于这项任务，它可以算是非常称职。只可惜不列颠空战在数月后就接近尾声，“莱桑德”式又不知该干什么了。后来，有人想到了一个办法，那就是把它送到训练中队，当作靶机牵引机。

这种飞机的命运转机随着英国特别行动委员会（SOE）的成立而到来。SOE成立后，立

今天的一架用于展示的“莱桑德”式。

刻对“莱桑德”式这种能够短途起降的飞机表示出极大的兴趣。当时，这个委员会负责的正是安排英国谍报人员潜入和离开德占区的秘密工作。要想做到这一点，当然要用到飞机，可是一般的飞机离不开正规的机场跑道，这个条件在敌占区无异痴人说梦。不过，如果派出的是“莱桑德”式，那就是另外一码事了。

事实很快证明，这一项间谍任务，才是真正适合“莱桑德”式的用武之地。其实，除了SOE，“莱桑德”式同时还为另一个秘密情报机构 SIS 服务。现在，这个机构已经以“军情 6 处”（MI6）的称谓而名闻天下了。

第一次实验性的行动由第 2 中队的 W · J · 法雷中尉来完成，他在 1940 年 10 月 19 日深夜出发，潜入法国蒙蒂戈尼地区，成功救出了一名 10 天前跳伞落到那里的战斗机飞行员。这次行动是绝对保密的，第 2 中队的战时日志模糊地记录到：这是一次“长程测试飞行”。

受到这次成功的鼓舞，英国从 1941 年开始先后成立了第 138、148、161 和 357 中队这 4 个特殊任务中队，其使用机型很多，包括“哈得逊”式、“惠特利”式和“哈利法克斯”式。不过这些飞机只能向占领区空投物资，真正深入敌后的只有“莱桑德”式一种。

法国是同盟国谍报活动的核心区域，而第 138 和 161 中队的任务范围就是这里，从 1941 年 8 月到 1944 年底，这两个中队共执行了超过 400 次的任务，成功运送 293 人进入法国，并从那里救回了 500 人。至于第 148 中队，是以意大利境内的机场为基地，而且其飞机数量很少；而第 357 中队，则是在太平洋战场活动。

月色伴我行

1941 年 4 月，第一个装备“莱桑德”式联络机的特殊任务中队，即第 138 飞行中队成立了。中队里的飞行员们都是从皇家空军的各个中队抽调而来的，他们最大的特点就是技术精湛，年轻、乐观。飞机也做了特殊改进，机身全部被涂成漆黑，左侧加装了一具舷梯，机腹可以加挂 150 加仑的副油箱以便长途飞行。

第 138 中队和稍后成立的第 161 中队一道，进驻伦敦北郊的一个秘密机场。机场本身也被巧妙地伪装起来，甚至连伦敦居民在偶尔经过时，都不会注意到有这样一个机场的存在。

特殊任务有着想象不到的困难。“莱桑德”式的夜暗起降必须依赖月色，而且是月圆之夜，每个月中这样的日子仅仅三五天而已；一旦遇上雨天或雾天，行动又得取消。

一架修复后重返蓝天的“兰桑德”，还恢复了黑色涂装。

当遇上一个合适的夜晚时，飞行员们就驾机出发。飞临目标区上空时，他们得格外睁大双眼，以便及时发现地面的联络信号：三束灯光或者是三堆篝火。仅凭着这一点暗弱的引导，飞行员就要猛地压低机头，让飞机降落到草地或者起伏不定的泥地上，而留给飞机滑跑的长度往往不会超过 200 米。

为了在黑暗中不被注意，“莱桑德”式通体都被涂成了黑色。但飞行员们很快发现，对于从下往上照的探照灯来说，这种黑色涂装还有点效果；可是当德国的夜间战斗机飞行员在明月之夜从上往下看时，情况就大不一样了。这时，黑色的机体会在机身下方的云层上形成清晰的投影轮廓。于是，飞机的上表面开始被改涂为暗绿色和深灰色。

这些在德国人鼻子底下实施的行动，事先通过 BBC 的暗语广播通知在法国的谍报人员。宣告特殊行动即将进行的广播暗语往往和食物有关，比如说“我们的火腿和鸡蛋”，或者“窗台上的三明治”。

起初，“莱桑德”式仅仅运送谍报人员，后来，他们广泛地承担起营救在德占区跳伞的盟军飞行员的任务。艰难岁月里，这种飞机成了那些身心俱疲的飞行员们的救星，当它在月色下现身时，被救者心里真是暖流涌动。

很快，获救者们开始亲切地用英国女性的名字伊丽莎白的昵称“莉齐”来称呼“莱桑德”式，以表达心中的感激。

无疑，这些行动充满了神秘的刺激，以及高度的危险——比驾驶着战斗机在英伦上空和敌机搏斗还要危险；而且，“莱桑德”式的飞行员永远不可能享受到战斗机飞行员在击落敌机时的快乐感受。但他们非常喜爱自己的座机，“莱桑德”式出色的低空性能使它能完全躲开德国雷达站的搜索，这是保障其成功的一个关键因素。

今天，我们可以看到许多关于这种飞机在特殊任务中的成功故事。与“传奇”不同的是，这是飞行员们从死亡线上带回的真实报告。

1943年夏天的一次任务中，就在地面上的谍报人员点起篝火的瞬间，德国人突然出现了。原来，他们事先从一名法国叛徒那里得到了消息。不明情况的“莱桑德”式着陆了，一时间灯光大作，枪声随之响起。

飞行员康洛伊一下子明白了发生的事，便迅速打开节流阀，并努力拉起操纵杆。流弹呼啸而至，击中了他的脖子和右手，但是“莱桑德”式仍然擦着树梢飞离了险境。接着，就靠着一只手，康洛伊驾着“莱桑德”式在茫茫夜色中回到了家。

还有一位名叫L·R·“幸运”纽豪斯的飞行员，他不仅是“莱桑德”中队里的特例，就算在整个皇家空军中都找不出第二个来——他戴着厚厚的近视眼镜！战前，他无法在英国考取飞行执照（这是理所当然的），于是到条件不那么严格的加拿大了却了心愿。

开战后，英国军队人力紧缺，纽豪斯这才“幸运”地以志愿者的身份加入了特殊中队，成为第161中队的一员。中队的记录表明，这位近视飞行员执行任务时极为果敢，往往要把“莱桑德”式的性能使用到极限才肯罢休。在1944年8月4日夜里展开的“弯刀行动”中，他驾着座机把三名谍报人员送进了法国，接着又马不停蹄地在凌晨1时多把另外三个人带回了英国。

当然，秘密行动不可能总是伴随着成功。

1943年11月16日夜，罗宾·胡佩驾机向一片“牧场”降落，结果那里原来是一片泥沼。凌晨时分，大约有十来个比利时农民牵着他们的牛，来帮助这个不幸的英国人。大家费尽力气也拉不动飞机，后来还是胡佩自己把飞机烧了——这总好过落到德国人手里。

在另一场危机中，奈斯比·杜弗特却保不住自己的飞机。当时他已经开始返航，本来一切顺利，不料突然来了场卷积云暴。气温骤然变得严寒无比，杜弗特完全失掉了方向。一番挣扎后，他注意到油料已快耗尽，而且机翼开始结冰。他能做的只有下降，看看运气如何了。

他的运气还好，下面是一块适合降落的平地。但是德国人赶来了，于是终于有一架完好无缺的“莱桑德”式落入了德国人手中。这种事情还是第一次发生。

起先，英国方面极为担心，他们觉得类似的秘密行动可能不得不提前结束了。所幸这架战利品并没有引起德国人过多的警觉，“莱桑德”式的秘密使命得以继续。

在搭乘“莱桑德”式的“乘客”们当中，不乏著名的谍报人员和政坛重要人物。其中最具传奇色彩的间谍当属代号“蜜蜂杰伊”的英国女谍约瑟芬·芭特勒。约瑟芬 1901 年出生于白金汉郡，在 1942 年入选了由丘吉尔下令创立的、仅有 12 名成员的秘密谍报组织。在她的间谍生涯中，先后搭乘“莱桑德”式往返英法之间不下 50 次。

她最成功的一次行动，当属在 1943 年秋抓获参与建设“大西洋壁垒”的一名法国工程师。当时，她先是乘坐“莱桑德”式在一片田野里着陆，接着在法国的小镇躲避了近一周，最后将那名工程师成功抓获。“莱桑德”式在约定的地点不折不扣地出现，将他们两人一同带回了伦敦。在诺曼底登陆前夕，获得德军大西洋要塞的第一手建筑资料，其宝贵性是不言而喻的。

战后法国的第一任总统文森特·奥里奥尔也和“莱桑德”式结下了不解之缘。二战中，奥里奥尔夫妇两人都积极协助法国的抵抗运动，也都成为了“莱桑德”式的“乘客”。或许正是这个原因，在奥里奥尔成为总统后，他的夫人成了法国著名的女子试飞员。

埃及空军的新飞机

“莱桑德”在上述行动中证明了自己的价值，它可以在前线的各种地形上起降，也能够为脱离大部队的小股单位送去情报和指令，但它也暴露出了致命的缺点：飞得太慢，生存能力较差。这种飞机很快便沦为德国战斗机的“饵料”，即便后来为其配备了护航战斗机，情况也未见改善。据统计，在最初投入欧洲战场的 169 架“莱桑德”式中，损失竟高达 119 架！

针对这种联络机在欧陆的惨痛损失，一位英国空军将军评价道，“就联络任务而言，‘莱桑德’式实在是非常不适合此道。”虽然是不合“此道”，但“莱桑德”至少在另外一个地方仍能证明自己的价值。

在大英帝国势力范围的中东锁钥之地埃及，那里正急切地寻求一切可用的战争资源。不过

地勤正为“莱桑德”准备武器。

毕竟是二线地区，在开战之前，英国人就把不少从一线淘汰下来的军机送到了那里的沙漠中队。不过“莱桑德”成了一个异类，在其刚刚装备本土中队的 1938 年，就有一批被送往埃及了！

最早得到这种飞机的是英国空军第 208 联络机中队，按照计划，总共将有 24 架被部署到埃及，一半用于执勤，一半轮替。到了 1939 年春天，这个计划中的数量升级为 48 架，用于装备另一个新编的联络机中队。

不止于此，还有另一支部队也得到了“莱桑德”，那就是这片土地上的“东道主”、草创之初的埃及皇家空军。作为这支新生空军紧急扩充装备计划的一部分，埃军中的英国顾问团于

1938 年向国内打报告，“急切”地要求得到凑手的新装备。其结果，便是 18 架 Mk Ⅰ型被陆续交付到埃军手中。

当然，为埃及空军“同步”装备“莱桑德”绝非英国人对这个独立国家的特殊照顾，他们的出发点只是为了增强英帝国在中东的军事存在。不过毫无疑问，这是埃及空军历史上的第一种“现代化”飞机，它很快就装备到了人员素质最为出众的第 1 中队。

这个中队的飞行员们和第 208 中队的英国人一道在阿尔玛扎受训适应新飞机，这是一个位于开罗东郊的空军基地，那里阳光普照，两国飞行员也合作愉快、情绪不错。次年 1 月，埃军第 1 中队便骄傲地接受了其空军司令伊斯拉姆 · 贝准将的检阅。英国人私下将这位头发花白的军官贬称为“友好、但全无能力”，不过他们同时也认可第 1 中队的中队长穆罕默德 · 萨利赫的能力，这位出众的飞行员已经有将近 900 飞行小时的经验了。

1939 年 5 月，埃及和英国的“莱桑德”中队联手参加了一场演习。由于物资供应处是“英国中队优先”，埃及中队面对着备用部件不足等困难，但埃及飞行员还是成功地和他们的英国战友并肩携手，在这场于苏伊士运河地区举行的空地协同演练中，与英军地面部队实施了良好的协同。这个“莱桑德”中队，很快就被英国军官称做埃及空军“最高效的中队”。

和紧张备战的人们的预期相反，二战的爆发几乎没有对埃及产生什么直接的影响。这并不奇怪，此地的“静坐战争”和“奇怪战争”比西欧的还要更“静坐”、更“奇怪”。不过到了 1940 年西线开战后，埃及的空气也变得紧张起来了，而很快就将直接参战的是英国的第 208 中队。

驻卡萨巴地区的这个中队一度受命带着它的 16 架“莱桑德”返回英国，但这项调令因遭到英国空军中东司令部的强烈反对而作罢。后者颇有道理地指出，陆军联络中队就应该留在“它与之协同训练的那支陆军身边”。而当时与“莱桑德”一道训练的便是英军第 7 装甲师——后来大名鼎鼎的“沙漠之鼠”。

当意大利于 1940 年 6 月 10 日对英国宣战后，埃及方面非常担心意军自其占据的利比亚展开入侵。但是在看到敌人准备尚不充分之后，英国人便决定抢先动手，一支以“布伦海姆”式轰炸机中队为主、以“莱桑德”中队为辅的混编飞行队偷袭了意军机场，打响了北非空战的第一枪。

接下来，第 208 中队的“莱桑德”频繁投入到侦察敌军位置的行动中，这个中队报告了许多重要情报，同时也和那些在法国的联络机中队的境遇一样，蒙受了接二连三的损失。不过“莱桑德”飞行员也努力回敬着对手，在 7 月 28 日的一次侦察中，就有一架“莱桑德”发现了一架迫降的意大利飞机，飞行员立即用机枪反复扫射，直到将其“点燃”。

此后，第208中队被抽调去增援希腊英军，北非的侦察和联络任务就交给了另一个新编的“莱桑德”中队：第6中队。这个中队很快就面临着严峻的考验，“沙漠之狐”隆美尔指挥他的非洲军团在1941年4月初展开包抄昔兰尼加的大攻势，英军全面败退；而“莱桑德”在此过程中奋力出勤，努力维系着各支败军间的战场联络。

虽遭新败，但英国人仍决心固守托卜鲁克，留守的部队将得到两个空军中队的支援，其一是装备“飓风”的第73中队，另一个就是第6中队。4月9日，由麦克佛尔驾驶的“莱桑德”旗开得胜，成功击落德军一架Ju 52运输机；从第二天开始，“莱桑德”又忙于侦察德军位置，以便为从埃及来袭的轰炸机提供准确坐标。

但是这种自由飞行的时间和空间都已极其有限。德国空军加大了进攻力度，战至当月25日，第73中队已几无战斗力，只剩下“莱桑德”仍在包围圈中挣扎着。5月19日，最后4架“莱桑德”终于接到撤退命令，它们在当晚低空掠过战场，幸运地逃出了敌军高炮的火网。这也是英军“莱桑德”在北非沙漠的谢幕演出。

孤独的守望者

英国的“莱桑德”中队在北非苦战的同时，埃及的“莱桑德”中队也正枕戈待旦，不过出于对这支友军的轻视心态，埃军第1中队的十余架“莱桑德”被配属到了西南部的沙漠地带，无奈扮演起了“守望者”的角色。

中队长萨利赫把他的人分为两个小队，分别以9架“莱桑德”的实力配驻在苏伊士地区和巴哈利亚绿洲机场，后者已是孤悬在外的遥远所在，而飞行员的任务就是要侦察自那里以西250公里范围内的沙漠地区。

茫无人迹的大漠始终潜藏着危险，由于当地接近利比亚的边境地区，有关意大利人会穿越无人区而突然来袭的传闻就一直没有中断过。带着高度的警惕性，巴哈利亚小队的“莱桑德”保持密集出勤，对敌人可能通行的区域实施严密监视。

然而无人区的通行难度确实太大，意大利人也从未考虑过要从这里展开“奇袭”。于是，就在友军于北非海岸线沿岸的狭长地带展开厮杀之际，埃及的“莱桑德”飞行队只能品味孤独的滋味，他们日复一日执行着单调乏味的巡逻，却根本没有机会见到任何敌人。

萨利赫的另一个小队驻扎在苏伊士，负责保障三角洲地区的航运安全，任务内容相对要丰富一些。最初，飞行员们得从空中紧紧盯着苏伊士湾，对波涛的一起一伏详加观察，因为他们被告知：德国的潜艇很可能哪一天会突然现身！

这些潜在的威胁从没有出现过，但是埃及“莱桑德”中队的士气也从未受到过影响。当北非战事在 1942 年 7 月吃紧，开罗疯传隆美尔即将突破阿拉曼、进而直取埃及首都的消息时，英国人开始担心埃及空军的立场，居然将全部“莱桑德”上的电机给拆了下来，直到前线稳定后才又结束了这一场闹剧。即便受到这样的“羞辱”，第 1 中队依旧坚定地做着自己的事，在整个战争期间，这个中队没有因任何原因损失过哪怕一架“莱桑德”，这令英国人不由得竖起了大拇指。

进入 1943 年之后，埃军的“莱桑德”因为长期暴晒在阳光下和缺乏养护部件等原因，机身蒙皮出现了不同程度的损伤，但地勤人员通过东拼西凑的方式仍使这些飞机一直沿用到 1945 年战争结束，从而写下“莱桑德”故事中一段了不起的篇章。

随着二战的结束，“莱桑德”在英国空军中亦迎来全面告别的时刻，当时尚在国内、中区和远东等地二线单位服役的“莱桑德”纷纷被移入储存仓库，难免遭遇肢解报废的命运。不过在金字塔之国，这种飞机的生命却仍然继续延长着。

本来，埃军第 1 中队已经在战争结束前夕的 1945 年 1 月改组为战斗-侦察机中队，其主要装备也换成了一批二手“飓风”，但中队长萨利赫仍然保留了 2 架状态完好的“莱桑德”，并把其余飞机送进了开罗的仓库中。

这个决定很快就被证明是明智的。二战的终结并未使埃及迎来宁静岁月，相反，随着和英国潜在矛盾的显现和阿以冲突升级，战争阴云继续笼罩在埃及上空，而埃及空军迫切需要一切能用的飞机，作为多面手的“莱桑德”，自然也是其中重要的一分子。到了 1947 年，已经有 4 架“莱桑德”恢复了勤务状态，成为第 3 中队的一部分。

当第一次中东战争于 1948 年爆发后，这 4 架“莱桑德”全部重装上阵，其中还有 2 架加装了航空照相设备，成为当时埃及空军装备库中唯一有此能力的机种。有意思的是，虽然“莱桑德”仅有寥寥数架，但却在这场战争中有过令人难忘的演出，其中最突出的一次，当属飞行员阿卜杜·米查帝在 6 月 9 日的经历。

这一天，米查帝正飞越在地中海上空，他的后座机枪手很快就敏锐地捕捉到了一架以色列飞机，并且“正准备进入攻击位置”。米查帝当然知道自己的座机是一种非常老旧的飞机，但他仍有自信，因为他在二战时就是一名“莱桑德”飞行员，对这种飞机非常熟悉。于是他猛地降

"莱桑德"编队飞行在尼罗河地区。

低高度，并且告诉机枪手一到射程就开火。

"莱桑德"的短距急降性能很好，英国人曾评价它"能像一块石头落地般着陆"。米查帝就充分发挥了这种特性，急剧降到了 50 米以下的高度。那架以色列飞机拼命想咬住它，也压低机头俯冲，但那名飞行员显然冲过了头，并且拉不起来了，于是便"像一块石头"般砸进了海里。米查帝在座舱里冲这名失败的敌人敬了个礼，然后直飞开罗而去。这应该是"莱桑德"服役史上最后的光彩时刻。

那架坠毁的以色列飞机是其采购自捷克的阿维亚 C210 型，这就为这场特殊的空战增添了浓厚的历史感。因为所谓的 C210 其实就是捷克制造的梅塞施密特 Bf 109 战斗机，也就是说，这是这两种二战名机间的一次直接对话！而在二战期间，还从来没有发生过"莱桑德"击落 Bf 109 的事呢！

第4章

“德国鹰”PK“德国鹰”

就冲突的规模和持续时间而言，1941 年发生在南斯拉夫的空中交战很难给人留下太深的印象。然而就其戏剧性而言，这却是二战爆发之后绝无仅有的一次。在这片空域里，德国空军纵横大半个欧洲的主力战斗机 Bf 109 遇到了一个真正旗鼓相当的对手：Bf 109。

梅塞施密特对梅塞施密特！三年后，当另一个东欧国家罗马尼亚宣布退出轴心国阵营后，这样的场面才又上演了第二次。尽管这一戏剧性场面使得 1941 年南斯拉夫空战的其他细节渐被湮没，但小小的南斯拉夫空军在面对强敌时的勇敢与顽强，是不应被历史忘却的。

一支空军的诞生

作为一个在一次大战后新建立起来的国家，南斯拉夫王国在空军建设上起步较晚，然而当她于 1938 年开始空军扩建计划后，却在数年内取得了一定的成效。到德国于 1941 年入侵南斯拉夫之前，这个国家不仅购入了一批先进的军用飞机，而且在本国开始制造自主研发的飞机。

最先取得进展的是轰炸机，南斯拉夫相继从德国和英国购得了双发轰炸机 Do 17K 和“布伦海姆”Mk I。1939 年底，意大利向南斯拉夫提供了三发轰炸机 SM.79，成为轰炸机部队的有效补充。国内的伊卡鲁斯飞机制造厂还在这一年向英国购买了“布伦海姆”的生产许可证。

最初的先进战斗机也来自英国，是 1938 年底购买的 12 架“飓风”式。国产战斗机的发展同样令人高兴，由伊卡鲁斯制造的 IK-3 据说性能不在 Bf 109E 之下。当然，最重要的货源来自德国。1939 年夏天，经过艰苦谈判，南斯拉夫人终于说服德国出售 Bf 109。德国于 1939 年到 1941 年向多个欧洲国家出口被称做“艾米尔”的 Bf 109E 型战斗机，其中南斯拉夫是获得数量第二多的国家，仅次于中立国瑞士。不过，尽管南斯拉夫签下购买 100 架的合同，但最终只有 53 架得以交付。

1940 年春，考察欧洲局势归来的南斯拉夫空军代表团提出，要进一步加快购买装备的速度，以便尽早达成 36 个战斗机中队（558 架）、45 个轰炸机中队（563 架）、24 个侦察机中队（269 架）的宏大目标。

这样的要求不免有些天方夜谭的意味。当时，英国出于自身国防的需要，已不再随意出口先进飞机。而南斯拉夫能够得到这么多的德国军机，得益于南斯拉夫王室所持的明显的亲德立场。

南斯拉夫空军的 Bf 109。

随着亲德的保罗亲王在1940年春遭到放逐，这个国家已不可能再从德国购得装备。

国力是另一个制约因素。有两项统计数字在1940年同为25，巧合地揭示出一点，那便是这个国家的财政已经为维持高昂的空军开支尽了最大努力。南空军的现代化改进案只完成了进度的25%，而储备的作战油料在最小消耗的情况下，最多只能维持25天。

1941年，南斯拉夫发觉自己已处在危险的火山口上。二战已经进入到第三个年头，轴心国和同盟国都在争取南斯拉夫，而当权的保罗亲王也正摇摆在这两大阵营之间。不过，尽管英国首相丘吉尔发出“如果南斯拉夫在轴心国对希腊的阴谋中扮演帮凶的话，那么必将招致其自身迅速而彻底的败亡”的强硬警告，保罗亲王仍决定站在德国一边。

可是世事难料，就在南斯拉夫首相和外交部长一行于3月25日赶赴维也纳签订秘密条约的次日，贝尔格莱德就发生了政变。新政府声称仍将留在轴心国阵营内，可是希特勒不相信这一点，他决定全面入侵南斯拉夫。

此时，南空军号称拥有千架作战飞机，这确实是个令人瞩目的数字。但实际上，具有使用价值的飞机连这个数字的一半都不到。战争突如其来，原定的扩军计划半途而废，空军手中符合作战标准的装备只有98架战斗机、160架轰炸机和数架侦察机而已。另外有些飞机已经过时，对这场战争来说太老了；而数量有限的新型飞机成军还不久，对飞行员来说又太新了。

开战时，南斯拉夫空军的实力如下所述。

第1战斗机旅：第2战斗机团（15架“飓风”，19架Bf 109E）；第6战斗机团（6架IK-3，32架Bf 109E，2架波泰兹63）。

第2混编旅：第4战斗机团（8架IK-2，20架“飓风”）；第8轰炸机团（24架“布伦海姆”）。

第3混编旅：第3轰炸机团（60架Do 17K）；第5战斗机团（25架“暴怒”，1架阿维亚BH-33E）。

第4轰炸机旅：第1轰炸机团（24架“布伦海姆”）；第7轰炸机团（26架SM.79）。

空军司令部直属部队：第11独立远距离侦察大队（9架“布伦海姆”，2架“雌鹿”）；第81独立轰炸机大队（14架SM.79）。

辅助单位：第3飞行学校（2架Bf 109E，3架“飓风”）；轰炸机学校（3架Do 17K）；测试大队（1架Bf 110C）。

这支力量将要面对的敌人，是来自德国、意大利和匈牙利空军的797架战斗机、965架轰炸机和339架侦察机。1941年4月6日，德国空军和意大利空军分别从北面和南面两个方向发起进攻，涂着铁十字的飞机飞临克罗地亚、斯洛文尼亚和马其顿上空，绘有古罗马权杖标志的飞机则到了黑山和达尔马提亚，南斯拉夫空军所有能用的机场全部遭到空袭。

本来，南军统帅部已发布密令：一旦情况紧急，飞机应全部转场到 50 多个后备机场上。但轰炸机部队的人员以亲德的克罗地亚人居多，他们拒绝执行命令，导致大量 Do 17 轰炸机被炸毁于地面。

战斗机部队虽然较好地执行了转场，但却给自己造成了意外的麻烦。由于空军司令部还没有做好协调这些备用机场的准备——有的地方连通信都成问题，结果使得各单位只得各自为战，孤军苦斗。

相比仓促的转场，更糟糕的是空军大量密件外泄。在开战前的 4 月 3 日，毕业于南斯拉夫皇家军事学院的克罗地亚籍空军上校弗拉季米尔 · 克兰，独自驾驶一架法国制造的波泰兹 25 型飞机，逃到了奥地利。结果，包括通信密码本和各地机场兵力配备在内的信息完全被德国人掌握。

贝尔格莱德上空

德军此战的首要目标是占领贝尔格莱德，在地面部队向这座都城发起攻击之前，德国空军将在削弱城防的作战中扮演最重要的角色。希特勒觉得南斯拉夫“背叛”了他，因此将空袭贝尔格莱德的代号定名为“审判庭”。

1941 年 4 月 6 日早上，来自各个方向的德国机群几乎同时涌来。原驻这个方向上的德国机群得到了来自驻法国增援部队的加强。3 月下旬，原驻法国的 JG 77 战斗机联队大部和 LG 2 教导联队分别进驻罗马尼亚和保加利亚。前者与驻在那里的 STG 77 俯冲轰炸机联队的第 1 和第 3 大队会合，后者则加入里希特霍芬将军的第 8 航空军，与 JG 27 战斗机联队大部等会合。

原驻法国的 KG 2 轰炸机联队大部转飞奥地利，加入以维也纳为中心的洛尔将军的第 4 航空队，该部已经包括 KG 3、KG 4 联队各一个大队，以及 KG 51 联队。在奥南边境的格拉茨，还集结着 STG 77 联队第 2 大队，以及为之护航的战斗机部队。

这天清晨，200 架 Ju 87、He 111 和 Do 17 轰炸机在 100 余架 Bf 109 和 Bf 110 战斗机的护卫下，飞越边境直扑南斯拉夫首都。首当其冲的，是南斯拉夫空军中的老式双翼机部队。

由李奥尼德 · 巴亚克中校指挥的第 5 战斗机团下辖第 35 和第 36 大队，配置在最靠近边境的地方。这些部队装备着“暴怒”式战斗机，该机是英国研制于 1931 年的双翼机，早已过了服役的黄金时期。但在这天早上，第 36 大队却是第一个迎接德军攻击的。

日出时分，正当地勤人员为停机坪上的飞机卸掉保护套时，大约 30 架德国飞机突然临空。南斯拉夫飞行员冒着弹雨起飞，在随后数分钟的交战中，有多达 11 架“暴怒”被击落或迫降。7 名飞行员当场牺牲，包括第 36 大队的 2 名中队长波波维奇和耶马科夫。

作为回应，南空军打下了 3 架 Bf 109E 和 2 架 Bf 110，其中 3 次是空中撞击导致的。耶马科夫在打完子弹后，一头撞向 Bf 110 的机翼。波波维奇也是在同样的勇敢行为中阵亡的。这些英雄壮举并非片面之词，根据德军 ZG 26 联队第 2 大队的战时日志记载，确实有 2 架 Bf 110 是被“撞落”的。

相比之下，第 35 大队较为幸运。由于伪装得体，当 20 余架 Bf 109E 低空掠过该大队所在的科萨尼契奇机场时，没能发现停在那里的“暴怒”。这天晚些时候，团长巴亚克决定将第 36 大队仅剩的 2 架飞机并入第 35 大队，暂时撤销了前者的建制。

这支老式飞机单位在 7 日转场至距原基地 15 公里远的一处备用机场上。“暴怒”在这一天主动出击，拦截一个 He 111 机群，但没能取得战果。在德国地面部队的紧逼下，第 35 大队很快又于 8 日向萨拉热窝一带转退，大家含着泪把不能飞的飞机付之一炬。此后数天内，这些老式飞机不断升空，但不断蒙受损失。毕竟，勇气不能弥补过大的技术差距。

“看惯了诺曼底乡下的绿色灌木丛后，当地的褐色和灰色地貌令我们有些不太适应。阳光照射在我们身后的特兰西瓦尼亚阿尔卑斯山的层峦间，我们沿着银丝带般的多瑙河前进。远方，一座大城市的轮廓已经依稀可见了——贝尔格莱德！”

作出上述描述的，是参加 6 日第一波空袭的一名“斯图卡”飞行员。这一天，德国空军在此战的首要任务是不遗余力地轰炸贝尔格莱德，出动多批次机群，行动从清晨一直持续到晚上 11 点。而南斯拉夫空军，竭力想阻止敌机向首都靠近。

在早上的第一波空袭中，StG 2 联队先行攻击南军外围阵地，一个更大的、由 KG 4 联队第 2 大队、KG 2 和 KG 3 联队、JG 77 联队第 2 和第 3 大队、JG 54 联队第 3 大队等部组成的机群直扑贝尔格莱德。面对如此阵势，连一名德军中队长都说：“这是真正的战争。”

德国机群的迫近一直没有暴露行踪，直到飞越贝城附近的山岭时，才令地面的守军惊觉。早期预警的缺乏以及通信联络的不畅，使南空军在这一天陷入了极大的被动。

南斯拉夫的主力战斗机“飓风”和 Bf 109E 几乎全部配备给了保卫首都的第 2 和第 6 战斗机团，分别驻扎在贝尔格莱德的泽蒙机场和首都西南面的普林耶沃机场。第 2 团有 15 架“飓风”和 19 架 Bf 109E，第 6 团有 6 架国产的 IK-3 和 32 架 Bf 109E。

博物馆里的南军 Bf 109。

南斯拉夫空军受到了重创。

空袭骤至时，共有 46 架 Bf 109E“艾米尔”做好了战斗准备——这是南空军装备库中最先进的家当了。在泽蒙机场，第 6 团第 32 大队 102 中队的中队长米哈伊洛·尼科里奇率 7 架 Bf 109 起飞，他们起先在隐约的薄雾和偶尔的浮云中一无所见，但不久后便见到了黑压压的机群。

目标编队如此密集，以致根本无须再选择目标。南斯拉夫飞行员要做的就是扑上前去，倾泻子弹。尼科里奇冲向一架 He 111，但险些和斜穿过来的德国战斗机相撞。一场近距离格斗随即展开，尼科里奇和他的对手差不多同时击中对方，尼科里奇的座舱里充满浓烟，他选择了迫降。爬出飞机后这位中队长才感觉到行动不便，原来他的左腿已被子弹打穿。

与此同时，这位中队长的僚机飞行员博斯科维奇已经牺牲。他的尸体和 Bf 109 残骸于 1955 年在山谷中被人发现，机身部件后来被保存在战争博物馆里。

“艾米尔”的奋战

在 102 中队行动起来的同时，同一大队的 104 中队的托米斯拉夫·考兹拉里奇和他的大队长德约耶维奇少校也很快驾驶 Bf 109 前去迎战德机。

考兹拉里奇后来写道：“我们见到一架落单的 Bf 110，大队长在距离 300 米处发起攻击，他的子弹打过了头，敌机的机枪手开始还击。他接着转向正面攻击，但当德机开火时，他只得紧急俯冲向下。这时我从后方高速追近，用机炮开火。敌机爆炸了。我从它的碎片和烟火中穿过，向左急转，可以看到它坠到我们机场附近。”其余敌机试图展开报复，考兹拉里奇看到弹迹从四面扑向自己，“好像所有的敌机都在向我开火一样”。

这次出击成为考兹拉里奇在 4 月里仅有的一次升空。原因如他所解释的那样，“志愿参战者太多，飞机太少。”第二天早晨，他的座驾被另一名年轻人驾上天，结果机毁人亡。

考兹拉里奇的队友厄西戈依和哈拉姆贝克同样遇上了一群 Bf 110，不过他们以为那是 Do 17，后者是南飞行员熟悉的机型。哈拉姆贝克击落 1 架，不过他的“艾米尔”也被击伤，最后以机腹迫降到机场附近。

更多的“艾米尔”投入了战斗，年轻的南斯拉夫飞行员们竭尽全力。当日首都上空的混战情景，犹如第 32 大队 142 中队长格罗兹丹诺维奇所生动描述的那样：

“我们奔向各自的飞机……在数分钟后赶上德国机群，我们各选一个目标，用 2 门机炮和 2 挺机枪全力开火。我们不停地开火，直到用光弹药——我们没有注意到是否击落了敌机。

“天哪，（敌机）太多了，有的从贝尔格莱德返回，有的正朝那儿去。我看到的一群‘斯图卡’大约有 60 到 70 架，我冲上前去，在 20 至 30 米的近距离上开火。已经根本用不着再看瞄准器，但我来不及判断战果，只管打光弹药……”

和德军阵中拥有众多多次空战胜利的飞行员们相比，南斯拉夫飞行员的经验明显处于下风，但他们为祖国而战，以少敌众而勇气弥坚。

早上最初的这轮交战中，双方基本上打成平手，南空军击落 14 架敌机，自身被击落 5 架，另有 10 架受损。第二波空袭在 10 点到来，第 2 和第 6 战斗机团击落 3 架，自身损失 1 架，另有 3 架受损。

到了下午，德军又相继发起第三波和第四波空袭，此期间第 6 战斗机团再度打下 4 架敌机，自己也损失 3 架“艾米尔”。这一天，第 6 团战绩突出，但是到日落时也已损失了一半战斗力。

这一天，所有能用的“艾米尔”飞行员几乎全部投入作战，他们实际上自凌晨 3 点就处于待命状态。但是除了少数一些成功者之外，其他人没能获得更多的胜利，入侵之敌的兵力优势、通信联络的不畅、协调组织的混乱都是其中的原因。还有一个突出问题困扰着南空军，那就是飞行员训练时间普遍不足。只有 50 个飞行小时的飞行员也被认为是“富有经验”的，其他人的平均飞行时间则仅为 25 个小时。

南斯拉夫飞行员申报的战果，大多可以在德国空军的日志中找到佐证。另外，首都近郊的高炮阵地也打下了多架德机。在赖巴赫地区，有一架德军 Bf 109 被炮弹击中，几乎被击落。要不是那位飞行员挣扎着返回基地，二战空战史上极具个性的一页就将不会存在。那架飞机里坐着的，正是后来大名鼎鼎的“北非之星”、击落盟军飞机数最多的汉斯·约阿希姆·马尔赛尤。

尽管奋力苦战，南空军仍无法阻止入侵者飞临首都上空。一名德国轰炸机飞行员在日记里写道：“高炮开始射击，但对经历过波兰和法国炮火的我们来说，这不算什么。城市越来越清晰。一些建筑的白色尖顶在阳光下闪耀。我们攻击的要塞笼罩在烟火中，火光同样从皇宫和火车站附近冒出。很快，烟雾笼罩整个城市上空，犹如一层灰色的罩毯。”

JG 77 联队第 6 中队的海因兹·达斯谢勒记得最初开始投弹的情况：“第一波炸弹由‘斯图卡’投下，爆炸的烟尘笼罩着国王的宫殿。接着由双发轰炸机投下了炸弹，那情景犹如一座座小型火山接连爆发。”

就这样，当第一天的空战结束时，贝尔格莱德的主要目标已被摧毁，大片建筑群倒塌，其中主要部分是居民生活区。战后，丘吉尔斥责这是彻底的“恐怖行为”；1946 年，南斯拉夫战犯审判庭判处此战的直接指挥官、德国空军第 4 航空队司令洛尔将军死刑，并于 1947 年 2 月执行。

不曾结束

除了德国制造的战斗机外，南斯拉夫自行设计、制造的 IK-3 也投入了战斗。遗憾的是，这种配备了 1 门 20 毫米机炮和 2 挺 7.92 毫米机枪的性能不错的飞机，由于一连串生产延误而使其数量少得可怜。

第 6 团第 51 大队是仅有的一个用上这种国产飞机的部队。这一天，飞行员杜山·波契奇成功驾机打下一架敌机。战斗表明，虽然 IK-3 的最大速度逊于 Bf 109E，但它更为灵巧，非常适合空中格斗。波契奇的战友萨沃·波利亚内克的表现充分证明了这一点。

波利亚内克是南斯拉夫特技飞行冠军，这位技术出众的飞行员一度陷入敌机的火网，不过凭借着漂亮的翻滚动作，波利亚内克不仅将机身拉出，而且击中一架敌机。接着，他在 6000 米高度被两架 Bf 109 夹击，他忍着右肩的剧痛，关闭发动机使飞机进入失速螺旋，以此骗过敌机，从而得以摆脱危险。

前面说过，南空军轰炸机部队在空袭中遭受重大损失，但正是这支重创下的部队，仍然在第一天勇敢地向敌人发起逆袭。

由于通信不灵，当战斗机部队在首都上空激战时，有的轰炸机中队甚至还不知道战争已经开始。第 8 轰炸机团 215 中队的“布伦海姆”飞行员伊万·米克拉维奇在驻地看见一个人向他冲来，并大喊道：“听说了吗？贝尔格莱德被轰炸了……德国人在进攻我们！”

米克拉维奇惊讶地问道：“你从哪儿听来的？”

来者回答，“我是刚从自己轰炸机上的贝尔格莱德广播电台听来的。”

“布伦海姆”中队就是这样匆忙地投入战斗准备的，但却很快做出了出人意料的决定，尽管没有制空权和护航飞机，仍将空袭德军集结地。广播回荡开来：“战斗警报！地勤就位，装载炸弹！”

下午 1 点 30 分，晴空万里，南空军中最好的轰炸机飞行员之一卡尔·穆尔科奉命执行对奥地利格拉茨火车站的攻击，那里是德军一个主要的集散点。地勤人员和战友们站在跑道边目送他离开。

穆尔科机敏地飞在 300 米的低空高度，成功躲开了边境线上的高炮群，之后向格拉茨市郊投下了两枚 100 千克炸弹，虽然一枚失的，但另一枚准确炸中了车站仓库。

空战双方的力量对比过于悬殊。对南空军而言，不仅损失的装备补充不上，而且在第一天的战斗之后，油弹的供应也异常吃紧。当哈拉姆贝克等人在 4 月 7 日下午击落 1 架 Ju 88 后，地勤人员不顾爆炸的危险冲上去收集敌机上的机枪子弹，补给的缺乏可见一斑。

可用飞机数量的直线下降，使得自 7 日起的空战很多时候成为个人的苦苦挣扎。这天太阳快下山的时候，地面无线电里传来飞行员克拉沃拉的声音：“我是克拉沃拉，我没弹药了。”他已经打下了一架敌机，但却被另外两架纠缠住。

他没有子弹了，只能尽量闪避，同时指望机场能派人来支援。可是连一架能飞上天的飞机也没有了。当克拉沃拉最后一次掠过机场上时，他的座机被打成了一团火球。

牺牲不停地发生。此前的中午时分，一架“艾米尔”在打下两架“斯图卡”后被击落。人们找到了坠机残骸，飞行员的遗骸已无法辨认，不过他的手表没被烧毁。上面刻着这样的字：第 1 飞行员学校竞赛飞行冠军纪念，1939 年……

天气自 8 日起越来越坏，晴空被风雨取代，双方的空中行动也急剧降温。小小的南空军仍在坚持着，在强大的敌人和恶劣的天气压迫下，他们的空间和时间均已很有限。

南斯拉夫空军第 6 战斗机团的 IK-3 战斗机和空勤人员合影。

1941 年 4 月 12 日，贝尔格莱德终告陷落。南斯拉夫空军也迎来了最后的时光。在雨夹雪的狂暴天气中，有极少数飞机试图强行起飞，但却毁于事故。残存的空军各部接到命令：转场，毁掉飞机，撤退，再撤退。

乱流中，一名战斗机飞行员迈尔 · 库古斯看到：“混乱、雨、小雪、汽车、马车、卡车、马，有人大声地喊叫。这就是战争！大雨让我们无法飞行，现在唯一能做的，就是烧掉飞机。有人在大喊，谁有火柴？只有我带着，但我不想去点火，我做不到。但最后，我还是交出了火柴，用这把火点着了我们的战斗机。这曾是我们的骄傲！”

绝大多数飞行员和库古斯一样，步行加入了撤退的洪流。不过仍有少数人，等着完成空军的最后一项使命。14 日，一架孤零零的 SM.79 奉命将国王彼得二世和王室成员送走，以免沦为俘虏。为这架飞机护航的，是一架同样孤零零的“飓风”。这架战斗机先行起飞，在空中摆动机翼，以向这个国家的尊严表达最后的敬意。

王室成员取道希腊和埃及，最终前往英国伦敦。空军的成员们有的逃往希腊，后来加入在北非等地作战的英国皇家空军；有的则留下来，拿起武器成为游击队的一员。在分手之前，各中队彼此流传着这样的口号：宁愿战死，绝不当奴隶。

在首都上空做了奋力抵抗、表现了足够牺牲精神的南斯拉夫空军，迅速被肢解得体无完肤。就交战双方实力对比而言，这在情理之中。飞行员们表现得很顽强，也承受了很大的损失。在空战中，南空军约有 50 架飞机被击落，同时击落了约 35 架敌机。

共有 142 名空勤人员在空战中付出了生命的代价。在 1941 年 4 月或是阳光明媚或是阴雨晦暗的日子里，每一个勇敢驾机升空的人，都是英雄。

从技术层面看，南空军的装备过于多元化，直接导致了战争状态下的补给保养困难。此前，虽然认识到这一点并开始积极发展本国的航空工业，可是这一进程刚刚启动就被战争打乱了。因此在高强度的空战展开数天后，南空军便后继乏力。

不过值得一提的是，南斯拉夫是到那时为止唯一使用 Bf 109 来和德国空军交战的国家，也是唯一一个在战争中同时使用 Bf 109 和“飓风”的国家，这两种机型，曾是 1940 年法国和英伦上空的一对死敌。

具有讽刺意味的是，德军在南斯拉夫的速胜，并不曾结束在此地的战事，反而将德国从此拖入了游击战的泥淖中。南斯拉夫人很快在祖国的群山间奋起反抗，那种曾经短暂闪耀在贝尔格莱德上空的战斗勇气，又重回了这个国度。曾经的南斯拉夫空军，也将以新的建制和新的装备，重新投入对德国人的作战。结果，在品尝最终的失败苦果之前，德国人将要付出比占领这个国家时所付出的大得多的代价。

第5章

1941年的“沙漠风暴”

第二次世界大战爆发前夕，伊拉克这个石油宝库对于大英帝国来说，倒更像是一个火药桶——尽管意识到这点的人并不多。

自从在一战中占据伊拉克全境以来，英国一方面于 1921 年同意该国“独立”，另一方面通过驻军牢牢控制着这里的石油生产。英国人觉得这种刚柔并济的手法可以确保局势的稳固。亲英的费萨尔国王在位期间，局势看上去的确是这样，可是当年轻的加齐国王继位后，反英的暗流就开始出现了。

加齐国王本人没有强烈的反英情绪，然而这位狂热的赛车爱好者在 1939 年 4 月飙车时，驾车一头撞向巴格达御花园里的棕榈树而断送了性命。国王的死让民众愤怒，因为他们被告知，这居然是“英国人的阴谋”。狂怒的民众冲进了英国领事馆，把英国领事蒙克·梅森一顿痛打，直到把他打死。在 1939 年，这起连环悲剧还仅仅是种下一颗种子而已，两年后，它最终催生出一场沙漠决战。

1941 年在伊拉克作战的英军部队。

军队、青年和德国公使

英国驻军继续平安无事地看管着伊拉克的石油生产，除北美之外，伊拉克继续扮演着英帝国最大石油输入源的角色。当德国入侵波兰时，伊拉克政府还宣布同德国断绝外交关系。看来一切都在掌握之中。

到 1940 年时，伊拉克政权的实际操纵者已变为一个名叫拉希德 · 阿里 · 吉拉尼的贵族后裔。敏感的人觉得，连“巴格达空气中的味道都不一样了”。令英国人感到宽慰的是，拉希德·阿里“不是一个因为抱着民族主义或反英态度而在伊拉克政界出人头地的人”，但他们忽略了，阿里同时还是一个“毫不克制的人”。

阿里对于德军在法国的令人瞠目结舌的胜利自然不可能视而不见；而当隆美尔在北非一路打到了埃及边界并切断了重镇托卜鲁克的退路，南斯拉夫已经降服，英国部队看起来快要从希腊被赶下地中海时，伊拉克当权者便开始毫不掩饰自己对于纳粹德国的好感。

远在伦敦的丘吉尔意识到了这一点。如果伊拉克出现突变，那么不仅是石油问题，而且连整个大英帝国的殖民体系都有崩盘的危险。可是首相从英国驻地中海最高军事长官阿奇博尔德 · 韦维尔将军那里只得到了模棱两可的回答，后者认为事态远未严重到让人焦虑的程度。

韦维尔当时无暇他顾，希腊陷敌后，风传德国人即将进攻克里特岛，而德国非洲军在北非的闪电战更是令人头痛。没有细察伊拉克变化的韦维尔不知道，现在伊拉克国内最活跃的三股力量都对英国不利，它们便是军队、青年和前任德国公使。

少壮派军官们接受着英国式的训练，然而他们接触英国越多，就越是对这个殖民帝国恼恨不已，希望有朝一日能够对她干上一场。

以青年人为代表的民众则正被阿拉伯民族主义思潮激荡得心潮澎湃、块垒难平。在英国人竟然拒绝让巴勒斯坦和叙利亚兄弟独立后，这种情绪就更为高涨。

至于德国公使，他原本应该随着伊拉克在 1939 年和德国断交而成为过去时，但却依然在挑动高层人士反对英国这一点上发挥着重要影响。于 1934 年前往巴格达的弗里茨 · 格罗巴博士一表人才，谈吐得体，而且对阿拉伯民族主义有着深刻的理解。直到此刻，当地政界显要们还为能邀请博士赴家中共进晚宴而兴奋莫名。

嗅觉灵敏的丘吉尔再三督促韦维尔：立即加强在伊拉克的军事存在。最终，通过海运的第 10 印度师第 2 旅于 1941 年 4 月 29 日在巴士拉登陆。这一天恰好是英军最终从希腊败退、实施所谓“第二次敦刻尔克撤退”的日子。

英军对巴士拉的增兵以及在各战场上都不敌德国人的现实，终于刺激拉希德·阿里下定决心。他密令伊拉克陆、空军进入战备状态，“清算时刻即将到来”。

阿里的首要目标是夺取哈巴尼亚英国皇家空军基地。这个决定表明伊拉克人对制空权的重要性有足够的认识，虽然他们在接下来的战事中从未掌握这一点。

哈巴尼亚位于幼发拉底河畔的一片低地上，距巴格达约 97 公里。从南边的一个标高 45.7 米的高地上可以俯视整个基地，那里还有一片被称做哈巴尼亚湖的水域。

自英军根据在 1930 年 6 月签订的《英伊同盟条约》、于 1936 年 10 月 19 日正式启用哈巴尼亚基地以来，这里已经成为英国在伊拉克最大的空军基地。

皇家空军第 4 飞行训练学校即设于此地，负责为中东及远东输送空勤人才。这里还是重要的空运中转基地，从英国前往印度等地的飞机均经此地转场。在美国对苏联实施物质援助后，这里又成为南线空中航路的重要中转站。而在英国的战略考量里，一旦埃及吃紧，增援的空中力量将以哈巴尼亚基地为前进机场。

1941 年 4 月 30 日凌晨，基地司令官哈里 · 乔治 · 斯马特少将突然接到来自巴格达的警报，英国领事馆焦急地表示：伊拉克军队已经开出首都附近的兵营，正朝哈巴尼亚前进！

飞行教官和学员们乱哄哄地聚到了一起，准备向他们通报情况的少将自己也是一头雾水。1939 年 11 月到任的斯马特是典型的英国守旧派绅士，遵循凡事都按规矩办的逻辑。照他的理解，根本不相信会发生受到伊拉克人攻击的事，此地因而也不曾做过要承担什么作战任务的准备。

斯马特的地面部队总共只有 1500 余人，除了英王近卫团 1 营的 350 人外，其余全是伊拉克或亚述雇佣兵。至于基地的飞机，如果它们升空作战，那情形看上去一定和上次大战差不多。

飞行学校所使用的 5 种飞机中，倒有 3 种是双翼机。其中 4 月 19 日刚从埃及调来的 9 架“角斗士”式双翼战斗机算是当地最好的机型了。相比之下，8 架“戈登”式轻型双座轰炸机是纯粹的老爷机，它们在战争爆发前就已退役，伊拉克的训练场算是其最后的归宿。

此地数量最大的机型是“奥代克斯”式战斗 / 教练机，也即“雄鹿”式战斗机的改进版，共有 32 架。“雄鹿”式刚服役时，号称比多数战斗机飞得都快，只可惜那是 11 年前的事。这种飞机问世于尴尬的时期，对上次大战来说，它来得太迟；对这次大战来说，它又来得太早。

另外两种单翼机还算过得去。29 架“奥克斯福德”式是皇家空军轰炸机部队的标准训练用机，飞行员、投弹员和领航员都能在它上面找到合适的位置。不过在客串轰炸机时，其载弹量比较有限。基地里真正的轰炸机是“布伦海姆”式 Mk I 型，它的问题在于，整个哈巴尼亚就只有 1 架。

虽然这些家当看起来不免像航空博物馆里的展览品，但是拿来和基地空勤人员的配备做番比较，则还显得相当阔绰了。

哈巴尼亚的空军人员共有 1000 余名，其中能够开飞机的只有 35 人（一说 39 人）！而且能飞是一回事，驾机打仗又是另一回事。他们当中只有 3 个人参加过空战，有好多教官根本好久都没上过天了。他们从没想过，有朝一日竟需要自己来挽救大英帝国在中东的声誉。

就在这些人听着斯马特讲话的时候，一架派出去核实情况的“奥代克斯”回来了，飞行员跑进会议室报告说敌人已经建起了炮兵阵地，大家注意到他的脸色明显地苍白。

接着，一名伊拉克军官在清晨 6 时站在了营地的大门口，他递上一封英文写就的便函：“出于训练需要，伊拉克军队已进驻哈巴尼亚高地，贵部在此期间应杜绝任何飞行或部队移动，如有移动目标出现，伊军将对其进行炮击。”

尽管极度不安，斯马特将军仍发出不卑不亢的回函：“任何针对我方正常训练飞行的攻击都将被视作‘战争行为’，我军将立即对此做出反击。我同时请求，伊军应立即从现有阵地撤出。”

看到战斗在所难免，基地里的英国人忙碌起来了，他们开始挖掘一战式的堑壕，并把飞机推到他们认为隐蔽的地方——教学楼或者大树后面，除此之外也实在没什么更好的选择了。

英国人抢先出手

在那个年代，哈巴尼亚同英国其他海外军事基地一样，秉承着所谓殖民统治者的骄傲传统和严谨秩序。但是，一个军事基地再怎么强势，也不可能敌得过整个国家的一击。何况哈巴尼亚还不具备这种强势条件。

伊军围城兵力在5月1日增至9000人，重火力包括12门18磅野炮、12门95毫米榴弹炮和4门115毫米榴弹炮。而伊拉克皇家空军，就驻扎在离这支大军不远的地方。伊空军号称拥有116架飞机——实际上在1941年春天只有57架可用。从表面上看，这些来自英国、美国和意大利的装备在性能方面甚至还略占上风。

伊空军主要兵力集结在巴格达的拉希德机场，这里的第4战斗机中队有7架“角斗士”，第5战斗轰炸机中队有4架意大利造的布雷达Ba.65攻击机，第6轰炸机中队有4架意大利萨维亚SM.79B双发轰炸机，第7战斗轰炸机中队则有5架美国的道格拉斯8A-4轻型轰炸机。这几架美国飞机是1940年才刚到货的。

另外，驻摩苏尔的第1（陆军支援）中队装备着9架“尼斯尔”式战斗机，这是“奥代克斯”式的出口型，因为换装了布里斯托公司的飞马发动机而具有更强的动力。

5月1日，斯马特没有等来伊拉克人的复函，倒是收到了由丘吉尔口授的加急电报：“如果要出手，那就重一点！把你手头所有的武力全用上。”

不可能做到“全用上”，因为有的“奥代克斯”飞机已经飞不起来了。不过飞行学员们七手八脚地拆掉了这些双翼机的上机翼，希望将要飞临这里的伊拉克飞行员会把它们误认为是强有力的“飓风”式战斗机。

他们尽量给其余飞机都挂上了炸弹。“奥代克斯”可以携带8枚20磅炸弹，其中12架经过紧急改装后，可以携带2枚体型较大的250磅炸弹。“戈登”的舱内可以放2枚250磅炸弹，而“奥克斯福德”也可以装载8枚20磅炸弹。

斯马特着手把机群编成两个大队，其一由空军中校拉里·林指挥，装备清一色的“奥代克斯”式，使用基地外围的马球场。虽然没有标准跑道，但那里远在伊军炮火视线之外。另一个大队归空军少校托尼·达德根指挥，包括其他所有机型在内，直接使用哈巴尼亚的机场起降。

现在，飞行教官们准备驾机重温“美好时光”，挑选出来充当投弹手和机枪手的学员们虽然紧张，却也都跃跃欲试。

尽管做出了在5月2日凌晨发起第一轮空袭的决定，但从没想过要在沙漠基地打上一仗的斯马特仍在幻想和平。他于1日晚间向伊军指挥官发出最后通牒，称如果伊军再不撤退，他将被迫采取行动。

在等待答复的过程中，斯马特得知有10架“威灵顿”式轰炸机已开抵巴士拉，将与哈巴尼亚的空军并肩作战，这使他的情绪变得乐观起来，于是他决心出击，并说“他们在3个小时

“角斗士”的机身内部。

内就会撤退。”

5月2日凌晨4点30分，第一阵发动机的轰鸣声在哈巴尼亚机场上响起。英国飞机相继升空，扑入漆黑一片的夜色中。

天刚放亮时，坐在一架“奥克斯福德”里的达德根少校注视着身边的一切，觉得自己“好像是在黎明时分的马蜂窝前。”他回忆当时的混乱情景：“49架不同型号、不同速度的飞机，乱糟糟地挤在一起，它们局促的空域差不多只有一块高尔夫训练场那么大。”当达德根在飞机里仔细瞰看地面以求发现目标时，一架“奥代克斯”式突然发疯似地从他身边俯冲而过，把他吓了一大跳。

在如此情况下没有发生一例误伤和撞击，应该算是幸运的事。而出击完全达成了奇袭的效果也令许多人惊讶——他们觉得斯马特的最后通牒已经大大减弱了空袭的突然性。

英国飞机开始向伊拉克人投弹，重点打击目标是火炮、装甲车和机枪阵地。在此过程中，巴士拉的“威灵顿”式轰炸机也如约而至。伊拉克士兵被打得措手不及，他们此前觉得自己只不过是在参加一次拉练罢了。匆忙开火的伊军高炮成效不大，反而暴露了自己的位置，因为炮手们使用了太多的曳光弹。

斯马特格外担心的伊拉克空军，其飞行员全部接受英国式训练，起初只出动了2架“角斗士”

和2架道格拉斯8A-4，而且只进行了半心半意的骚扰。之后他们在上午10时加大了力度，在对哈巴尼亚的攻击中炸毁了3架英国飞机。其实伊拉克飞机本可以行动得更果敢一些，因为全部的地面防空火力就只有几挺躲藏在沙包后的老式刘易斯机枪而已。

伊拉克炮兵在入夜后不断开火，伊军指挥官原指望通过准确而猛烈的火力摧毁英国机场和飞机——最悲观的英国人也是这样预计的。但是在完全没有炮兵观察的情况下，炮击的准确度低得可怜。

虽然炮兵们坚持开火到5月3日凌晨3点，但所有炮弹既没有打中任何一架飞机——它们全部毫无保护地露天停放着，也没有打中基地的水塔和配电站。如果后者中弹，那么哈巴尼亚很快就不得不弃守。

另一方面，在炮声中评估局势的斯马特因损失报告而极度忧虑。英国空军在这一天里出动193架次，但是飞机损失多达22架，还有10名飞行员阵亡或重伤。少将觉得哈巴尼亚承受不了这样的损失率，而包围自己的伊拉克军队还纹丝不动。

好在士气还算可以，英国人意外受到了来自伊拉克空军的“鼓舞”。原来，在黑暗中飞行的伊军飞机居然把炸弹投到了基地以西、自己人的拉马迪机场上。

哈巴尼亚的苦撑

在高达43摄氏度的酷热中，英国人处境维艰。机场跑道在炮击后变得坑坑洼洼，仍能升空的飞机就从这里再度出击。

5月3日清晨的空战围绕对方的机场展开。从哈巴尼亚升空的飞机同从巴士拉飞来的“威灵顿”式一道，对拉希德机场实施了多次空袭，其间还击落、击伤“尼斯尔”式飞机各一架。来自第37中队的一架“威灵顿”式在两天时间里向拉希德机场倾泻了22800磅炸弹，严重破坏了那里的地面设施。

更多的惊喜由第203中队的4架“布伦海姆”Mk IV型战斗机带来，这些原驻埃及的飞机奉命加入，它们对巴格达机场实施了有效的低空扫射。

入夜时分，英国飞机仍继续对伊军阵地投弹。虽然没有夜航设备，也没有机场灯光，但英国人还是照样起飞。飞行员摸黑开始滑跑，然后仅凭经验和感觉拉起机头升空。降落时，学员们在地面上用一盏盏小灯为飞行员做引导。这样做的危险性是毫无疑问的，有几个人就为此付出了生命的代价。

这一天里，人们还目睹了大卫·埃文思别出心裁的危险战法。这名“戈登”式飞行员让地勤人员把250磅炸弹的引信时间缩短到7秒，然后驾机带着2枚这样的炸弹升空。他在900米高度上平飞接近伊军阵地，接着以320公里/时的速度俯冲而下，直到距离地面不足3米的地方才投弹，超短时间的引信让炸弹正好触地开花，而埃文思也刚好能勉强把飞机拉起到安全高度。

不要说敌人，就连哈巴尼亚的教官们都从没见识过如此疯狂的俯冲轰炸。持续不断的空中打击使得伊军士兵的信心严重受挫，尽管拉希德·阿里的部队仍然包围着哈巴尼亚，但他们夺取该地的信心已经动摇。

但英国人并不清楚这一切，他们倒觉得自己会是先撑不住的那一方。

哈巴尼亚所能派出的空中力量在急剧减弱，飞行人员极度疲惫，尚能使用的飞机又缺乏足够的零部件和维修设备。前来增援的“威灵顿”式轰炸机的确声威赫赫，可是也遭受了严重损失。几天来，先是有一架“威灵顿”在迫降到哈巴尼亚后被伊军炮火击毁，接着又有一架在巴格达上空被20毫米高炮击落，全体机组成员都成了战俘。在返回巴士拉的“威灵顿”中，也已经有9架因无法修复而被宣告报废。

就在皇家空军全力苦战的同时，从巴士拉飞来的另一批飞机降落到了基地。这是来自第31中队的美制DC-2运输机，它们的任务是把基地里的妇孺运走。这些缓慢而无防护能力的飞机的到来，不免给人一种高层即将放弃哈巴尼亚的联想。

在了解到战斗实情后，英国国防委员会明确告知斯马特少将：他将得到支援。与此同时，他应竭尽全力保卫哈巴尼亚，直至最后一刻。

英国人急于调兵。然而，尽管明确了“尽可能对我军在伊拉克的军事行动给予最大限度的支援”的原则，但要实现这一点暂时还很困难。

丘吉尔在5月4日表示，韦维尔将军应立即着手在巴勒斯坦建立特遣兵团，派其前往伊拉克参战。参谋长委员会在同日将首相的意思电告韦维尔，电报称：“我们有必要竭尽所能来挽救哈巴尼亚，并控制通往地中海的输油管。”

英军在地中海战区的最高指挥官韦维尔在次日复电称：“来电几乎毫不考虑实际情况。你必须面对现实。”

韦维尔怀疑他本人是否能够集结起足够的部队去解救哈巴尼亚，而围城下的伊拉克指挥官同样缺乏把哈巴尼亚一口吞掉的决心。伊拉克人仍然只满足于进行炮击，而且，据丘吉尔后来的记述，“敌人的炮手在受到空袭时，甚至在看到我们的飞机在上空掠过时，就不愿守在炮位上了。”

哈巴尼亚这支由各式濒临淘汰的老爷机拼凑成的小型空军快要精疲力尽了，5月4日星期天的黎明到来时，他们对结束战斗再做了一次努力。这次不是去扔炸弹，而是进行精神战。双翼机嗡嗡飞到伊拉克首都，向巴格达市民们投下这样的传单：“由于恶毒的谎言，这个曾经沐浴在和平中的国家正被拖入一场邪恶的战争……”

开战前飞翔在幼发拉底河上空的英国飞机。

“容克特遣队”登场

在基地里，即使人们知道了韦维尔对增援的第一反应，他们的情绪也不会更差了——经过连续 4 天的激战，士气已低落至最低点，甚至连他们的指挥官都无法再坚持下去了。5 日夜里，驾车行驶在因灯火管制而漆黑一片的基地外围的斯马特将军发生了车祸，虽然幸而生还，不过却要被送往印度休养。他的职务暂由萨维尔上校接替。

这时的哈巴尼亚，仅剩下 4 架“奥克斯福德”尚称完好，其余所有“角斗士”、“奥代克斯”和“戈登”式飞机全都已经弹孔累累。飞行员因缺乏休整而神情迷离，有的飞行学员精神过度焦虑而近于恍惚。据军医确认，已经有 4 个人精神崩溃。

对阵双方呈现出一种奇怪的态势，伊军固然心灰意冷，英军的情形却更糟，犹如两个快要散架的拳击手，各自退到拳台一角，无力地斜视着对方。然而转机即将来临。

6 日早晨，第一次空中侦察给基地带来绝望的报告。飞行员看到，伊军部队正在集结，这说明围攻者准备发起最后的总攻。然而接下来的第二次空中侦察却看到了不可思议的一幕，刚才还是整装以待的部队突然混乱了、松散了，也许他们觉得自己受够了，总之伊拉克人开始四散后撤！

伊军的装甲车、炮车、辎重车和步兵零乱地分布在从拉马迪到巴格达的大道上，一下子从可能终结哈巴尼亚人的有生力量变成了“最便于轰炸的目标”。似乎是要更添几分混乱，一支刚被阿里驱使着从费卢杰赶来的援军正好与哈巴尼亚的败军迎面撞上。

在午后的阳光下，这两支人马完全无视任何军事教条，大摇大摆地停在了公路上。所有的卡车和装甲车排成纵队，士兵们甚至开始寒暄。

不敢相信有如此好运气的萨维尔上校把手里能够用的飞机全部掷了出去，英国飞行员鼓足余勇扑向这难逢的目标。前后两波空袭总共持续了 2 小时，139 架次的出击把公路地带打得火光四起。最后返回基地的飞行员报告说，“公路已成了一条燃烧的长龙”。

哈巴尼亚正式解围，从基地走出来的英国人看到敌人留下的大量武器，从反坦克枪到轻型半履带车应有尽有，“数量和质量均比在巴勒斯坦的英军部队要好得多”。

一架孤零零的伊拉克“角斗士”飞机前来做最后的挑衅，很快就被基地的一架“角斗士”击落。这次对决标志性地宣告，哈巴尼亚的英国空军对伊拉克空军最终胜出。

在 5 天的空战行动中，这支空军共出动 647 架次，投下 3000 枚总重达 50 吨的各种规格的炸弹，发射了 116000 发机枪子弹。为胜利付出的人员代价是：13 名机组成员阵亡，21 人重伤。

丘吉尔给哈巴尼亚发去贺电：“你们的无畏壮举已使形势完全恢复，我们怀着激动的心情注视着这场伟大战斗的全过程……继续好好干！”哈巴尼亚成了一个奇迹，这一奇迹是面对危局的镇定、敌众我寡时的勇气和自我牺牲精神共同作用的结果。

此时，尽管来得有些迟，韦维尔拼凑起来的“机动纵队”业已登陆伊境，展开将伊拉克拉回战前轨道的作战。看起来不错的形势并未让丘吉尔完全放心，他拼命催促前线将领尽快了结伊拉克战局，“关键在于行动，即机动纵队迅速推进以建立巴格达与巴勒斯坦之间的有效联系。此事一天也不能耽误，因为德军不久即将到来。”英国首相的判断不错。

阿希德 · 阿里一直在苦求轴心国的支援，5 月 3 日，德国外长里宾特洛甫终于说服希特勒让前任公使格罗巴博士赶回伊拉克，让他就支持阿里政府的行动做出评估。在格罗巴热情的鼓动下，希特勒动了心，尽管德军正全力准备入侵俄国，空军的主要运输兵力也在为空降克里特做准备，他还是决定干一下。

德国空军总参谋长汉斯 · 耶顺内克上将于 6 日在柏林召见维尔纳 · 容克上校，指示他立即组建一支“容克特遣队”开赴伊拉克。46 岁的容克是一位资深空军人员，参加过 4 次航空竞速锦标赛，还当过亨克尔公司的首席试飞员。战争爆发前，他是 JG 53 联队的指挥官。

“元首满心期待着英雄之举”，耶顺内克强调道。

上校追问：“那是什么意思？”

参谋长进一步解释道：“元首希望特遣队的作战能够激发阿拉伯民族运动，进而形成反对英国殖民者的圣战。”

这两个对话者并不清楚，围攻哈巴尼亚的伊军就在这一天里土崩瓦解。

德国空军开始一点一点地调集兵力。从 ZG 76 联队抽出了第 4 中队的 12 架 Bf 110C 双发战斗机，ZG 26 联队只能派出 2 架 Bf 110C，KG 4 联队提供了第 4 中队的 7 架 He 111H 轰炸机，另外还有 20 架 Ju 52/3m 及 Ju 90 运输机伴随行动。不过，特遣队到达伊拉克后只能保留 3 架运输机，其他的全部要立刻赶回希腊以参加克里特作战。

“容克特遣队”于 5 月 11 日出发，取道希腊、叙利亚，历时 36 小时飞越 1900 公里，于 13 日飞抵伊拉克的摩苏尔。此前，德国以归还部分缴获的法军武器为代价，说服维希法国政府开放叙利亚的空域和机场。

“英雄之举”一开始就很倒霉。

15 日，埃克塞尔 · 冯 · 勃洛姆堡少校奉容克之命，前往巴格达商讨联合作战事宜。当他乘坐的 He 111 飞近巴格达时，引起了地面上伊拉克士兵的惊讶。他们从没见过德国的亨克尔飞机，于是猜想那一定是英国佬的玩意儿。他们用步枪一通开火，飞机倒是有惊无险，可是一发穿透机身的子弹却正好让勃洛姆堡送了命。

少校的父亲正是前德国国防部长、武装部队总司令勃洛姆堡陆军元帅。1938 年，老勃洛姆堡因为说不清的娶妓女为妻事件而愤然辞职，现在他的爱子又成了遥远沙漠里的一个牺牲品，不免使得家族内部对此更添愤懑。

容克上校自己在 16 日赶往巴格达，他向阿里等人指出，德国空军将全力以赴，但是伊拉克陆军必须履行自己的职责。为了给士气低落的盟友打上一针强心剂，他立即派出 6 架 Bf 110 和 3 架 He 111 突袭哈巴尼亚。这次打击大出守军意料之外，炸死了不少人。只有一架“角斗士”试图升空拦截，结果被打爆了油箱，飞行员哈塔奇的伞包在空中拧成了麻花。

英国人很快就判断出：老对手到场了。

尽管德国飞机涂上了伊拉克空军标志，尾翼上的绿白红黑四色间条取代了醒目的黑色万字，但是只有少数几架 Bf 110 来得及涂上砂黄色沙漠迷彩，大部分飞机仍保留着西线德国军机的铁灰色，而且 Bf 110 的机首还有显著的鲨嘴图案。在叙利亚的派尔迈拉机场，Ju 90 就更容易判断了，这种大型四发运输机连德国人自己都很少，在沙漠里一望便可知不是伊拉克的。

劫后余生的哈巴尼亚开始投入和德国空军的战斗。

这时的基地兵力已经得到增强。第 94 中队的 4 架“角斗士”和 2 架长距离“飓风”Mk IIC 型战斗机、第 84 中队的 6 架“布伦海姆”Mk IV 型战斗机，于 17 日纷纷进驻哈巴尼亚。这些飞机对摩苏尔实施了一次大胆的反击，击毁 2 架德国飞机，还击伤了 4 架。

于同一时间袭击拉希德机场的“角斗士”则遇到了麻烦。本来，年轻的飞行员邓伍迪和史

伊拉克涂装的 Bf 109 战斗机。

密斯占有主动，他们居高临下攻击刚刚起飞的 ZG 26 联队的 2 架 Bf 110 战斗机。但是德国飞机在遇袭时表现得坚定而冷静，结果史密斯的飞机因引擎着火而迫降到拉希德东南，邓伍迪的飞机随着一团火球在空中解体。

5 月 20 日，哈巴尼亚的“角斗士”同德国双发战斗机再次交手，地点是在费卢杰上空。重回战场的史密斯继续倒霉，他的座机被完全击毁。考虑到当日追击他的是德国空军中未来的夜间战斗机王牌飞行员马丁 · 德雷威斯，史密斯能够活下来还算是幸运的。德雷威斯是少数几个在伊拉克取得成功的德国人之一，这架“角斗士”是他的第一个战果，他后来转入 NJG 1 夜间联队，共击落了 52 架敌机。

然而奇怪的是，德国空军的行动却戛然而止。短短几天，已经有 1/3 的飞机受损或不能飞行，零备件的稀缺和地面保障的乏力都是原因所在，这令容克一筹莫展。更离奇的是，德国人居然搞不到足够的高质量航空燃油，从而使得 16 日对哈巴尼亚的空袭成为仅有的一次。在产油国作战而面临油料危机，这实在是个莫大的讽刺。

被人遗忘的胜利

当“容克特遣队”这朵沙漠里的小小昙花凋零的时候，英军地面部队正取得重大突破。由韦维尔从巴勒斯坦派出的支援力量的前锋，一支看起来缺这少那的混编部队，正因一系列突破而以“金斯顿纵队”的名号著称。

英军于 5 月 19 日发起对费卢杰的进攻，标志着这场沙漠之战进入了最后阶段。虽然幼发拉底河河水泛滥，伊拉克部队全力反击，但是英军在哈巴尼亚空军的支援下，仍然达成了目标。仅 22 日一天，基地的飞机就出动了 56 架次，把一列包括 40 辆车的伊军纵队整个“点燃”。

这时拉希德·阿里的另一个支持者也出现了，那就是意大利独裁者墨索里尼派来的空军部队。在一周前同里宾特洛甫会晤时，墨索里尼就许诺要把兵力投向巴格达，现在他算是兑现承诺。只不过，意大利空军既然没能在 1940 年的北非战役中战胜英国空军，自然也就不打算指望能在伊拉克捞回什么颜面。来自第 155 中队的一架菲亚特 CR.42 双翼战斗机在 26 日的到场，仅仅是“到场”而已。

英军于 28 日开抵巴格达西郊，尽管兵力不足 1300 人，可那足以令在巴格达的几乎一师之众的伊军垂头丧气了。这一天，格罗巴博士向柏林发去绝望的电报，内称迫进巴格达的英军

英军地面部队夺取的伊拉克机场。

起码有100辆坦克，而容克上校手里只剩下2架亨克尔飞机和4枚炸弹了。

5天前，希特勒刚刚信誓旦旦地签发了关于中东问题的第30号指令。这道指令说：“阿里政府是我们在反英斗争中的天然同盟军，因此，伊拉克的起义有着特殊的意义。这次起义将越出伊拉克疆界，使近东仇英势力得以增强，将切断英国的交通线，并诱使英国军队和英国舰船脱离其他战场。鉴于此，我已决定借支持伊拉克来促进近东军事行动的发展。”

被自己描绘的前景所感染的元首打算向伊拉克派遣更强的空中力量。考虑到战场上的实际情况，这实在是一道“不合时宜”的命令。

在巴格达，“伊拉克起义”的领导者们正仓皇出逃，拉希德·阿里逃去土耳其时还不忘卷走了本该发给士兵们的俸禄，共计17000第纳尔。伊拉克之战最终未经决战就这样结束了。这里的局面重回英国人期望的理想状态。

对于败退早有准备的意大利飞机全身而退。德国人就没这么幸运了，特遣队的人员历经艰辛才于6月10日跋涉到叙利亚。所有剩下的飞机——不管能飞还是不能飞，统统被付之一炬。

德国人后来对伊拉克军队的表现深感失望，认为这令宏大的中东战略落了空。但其实希特勒根本不曾有过以钳形攻势夺取中东的伟大构想，他的30号指令虽然冠冕堂皇，实则不着要领。

至于伊拉克人的举动，英国史学家乔治·柯克已经一言道尽。“(伊拉克人)交织着自卑感和妒忌心，缅怀往昔历史上依稀存在的辉煌业绩，借以寄托精神，他们渴望有所作为，把外国巨人打翻在地，像大卫王射杀歌利亚那样凯旋而回。”

发生在1941年的这场“沙漠风暴”突出表明了空中打击的决定性意义。整整50年后，另一场规模呈量级提升的“沙漠风暴”再次证明了这一点。那时，另一位拉希德·阿里式的统治者萨达姆·侯赛因正被扩张伊拉克版图这一构想撩拨得心潮起伏。

英国史学家在战后为1941年的伊拉克之战送上了至高的评价，将之称做“第二次不列颠战役”，认为这场短暂冲突的意义与不列颠之战相比毫不逊色。

有意思的是，和后来者的评论相反，当时的英国人对于发生在中东的战争几乎毫不关心。他们对有多少架Bf 110前往伊拉克不感兴趣，倒是专注于另外一架单独的Bf 110。1941年5月10日，第三帝国的副元首鲁道夫·赫斯就驾着它令人惊愕地单独造访英伦。

事实上，伊拉克之战还没有结束，就已经被人遗忘。这当然是不公正的，几乎没有人注意到，这是二战爆发以来，经历了在挪威、法国、北非和巴尔干一连串失败的大英帝国，第一次真正地打赢。

哈巴尼亚这支小小的、混合了古董装备和准退役飞行员的皇家空军完成了自己的使命。尽管多支地面部队先后参战，但是伊拉克之战的走势是一开始就由空军决定了的。同不列颠之战一样，皇家空军再度站在命运的大门前，并且再度站住了脚。

第6章 从红场上空出击

米格-3，是常青树般的米格战斗机家族的第一种量产型号，也是当苏联遭受纳粹德国悍然入侵时，其空军所装备的最为优异的高空高速战斗机。虽然其生产在1941年底就因为种种原因戛然而止，但却并不妨碍它在卫国战争的史册中留下自己的名字：莫斯科和列宁格勒不会忘记，当德国轰炸机带着“将这座城市抹掉”的指令压境时，是米格-3挺身而出。

米格-3 击落德国轰炸机的情景。

高空新战机

1941 年 4 月中旬的一天，驻扎在莫斯科近郊的苏联空军第 34 战斗机团的团长雷布金少校等一行人专程赶往第一国家飞机制造厂。他带去的是团里 20 名“最拔尖的飞行员”，他们将在这家工厂里参观学习 10 天，目的只有一个，就是要为接收一种新飞机做好充分的准备。雷布金特别告诫部属们，打起精神来，我们可要用这种飞机参加五一劳动节的红场阅兵呢！这种引发高度重视的新飞机，正是米格-3 单座单发战斗机。

后来享誉世界的米格战斗机家族的第一种正式型号，乃是米格-1。该机于 1938 年以项目代号 I-200 开始研制，定位为高空高速截击机，1940 年 4 月 5 日在莫斯科郊区进行了第一次试飞。在和西方世界的同类飞机做了一番比较后，米格-1 赫然以“世界上飞得最快的飞机”的形象出现。但是盛名之下的新机型很快就令人头疼：机动性差、作战半径小、操纵困难……

米格 -1 在试飞阶段所暴露出来的诸多缺陷，使得设计师米高扬和格列维奇立即着手对其加以改进，而改进型号变动的细节之多，实际上已令其构成一种新的型号。简而言之，主要的改动包括：

更新螺旋桨设计；发动机位置向前移动 100 毫米以提高机身纵向稳定性；安装新型水冷散热器；增加副油箱；改变机翼构造、修正翼尖造型；飞行员座椅加装 8 毫米装甲靠背；加强主起落架；座舱罩向后延长以提高飞行员向后的视野；改进射击瞄准具；2 挺 ShKAS 机枪的弹药增至每挺 750 发；增加翼下挂架，可选择挂载 2 枚 220 千克炸弹……

新机在 1940 年 12 月首飞，并很快就获得米格 -3 的正式名称。首架飞机 12 月 20 日即交付部队，到年底时又完成了另外 20 架。这款新战机显然也获得了高层人士的首肯，其设计者之一的格列维奇在不久后便因为米格 -3 项目而获得了斯大林奖金，以表彰他“对苏联航空事业所做出的突出贡献”。

米格 -3 以高空战斗机著称，其最突出的性能便是在 7200 米的高度上可以达到 640 公里 / 时的最大速度，和同一时期出现的另外两种苏联单翼战斗机拉格 -3 和雅克 -1 相比，米格 -3 无疑具有最为出色的高空性能。不仅如此，在和潜在的敌军主力战斗机的“暗战”中，米格 -3 同样在 6000 ~ 7000 米的高度上占据着优势。

1941 年初的德军主力战斗机型号是 Bf 109F-2，它在 7000 米高度的飞行速度是 615 公里 / 时，显然比米格 -3 慢，而另一种优秀战机英国的“喷火”Mk V 型，在同等高度上的速度更只有 603 公里 / 时而已。

高空高速是米格 -3 的强项，火力却是其弱项。米格 -3 沿用了米格 -1 的武装，其火力仅为 1 挺 12.7 毫米 UBS 机枪（备弹 300 发）和 2 挺 7.62 毫米 ShKAS 机枪而已，用同时代的标准来衡量，这样的配置属于轻量化的机载武装。要知道当时 Bf 109 的大部分型号都已经装备了 1 门 20 毫米机炮和 2 挺 7.92 毫米机枪，明显强过米格 -3。

作为应对，苏军从 1941 年年中开始为 821 架米格 -3 在两侧主翼下加挂武器吊舱，内置 1 挺 12.7 毫米机枪。这种做法略微提升了火力，却让米格 -3 的飞行速度不可避免地损失了约 20 公里 / 时，这使得飞行员们感觉不快，以致有不少人又在野战机场上自行拆掉了吊舱！

战火初考验

一场不宣而战的战争在 1941 年 6 月 22 日突降苏联，德军全面打响“巴巴罗萨”行动，而苏联红军则是在相当仓促的情况下奋起迎战，米格 -3 单位的情形也是如此。

此前不久，米格 -3 是以一种高空、高性能的优越性开始装备空军各飞行部队的。莫斯科周边的战斗机航空兵最先接收了这种新机，上文所说的第34团即是其中之一，而该团所在的第24战斗机师最早在3月10日便接收了2架米格-3。

到1941年二季度开始时，已经有50架米格-1和283架米格-3装备了西部特别军区等军区下辖的战斗机部队；到卫国战争爆发前夕，在苏联的西部边境地区共有17个战斗机团全部或部分装备了米格-3，但其中只有7个团接近于完成换装，其余仍在换装过程中。

战争爆发的6月22日，大部分米格-3都被部署在边境各大军区：164架在列宁格勒军区，135架在波罗的海军区，233架在西部特别军区，190架在基辅军区，195架在敖德萨军区，以上总计917架（其中可参战的为836架）。海军航空兵另有64架，其中38架在波罗的海舰队，26架在黑海舰队。

关键的问题在于，许多飞行员还没有来得及充分掌握新飞机的性能。在最初接收的一批飞行员看来，米格-3的性能无疑凌驾于老旧的伊-152、伊-153双翼机以及伊-16单翼机之上，不过和后面那些“驯顺”的机型相比，米格飞机显得很难驾驭。

一方面是各飞机制造厂按照国防委员会的要求加班加点赶制新飞机，另一方面是各飞行单

飞行在列宁格勒上空的米格-3。

位在飞行员的转换训练上进度慢或者说不那么热心，结果使得在苏德战争爆发前夜出现了一种怪现象：各飞行团接收的米格 -3 远比能飞这种战斗机的人多。截至 1941 年 6 月 1 日，先后有 1029 架米格 -3 交付了部队，而被认为训练合格能够驾驶它的飞行员居然只有 494 人。

而在 6 月 22 日之后最初的边境交战中，整支苏军都陷入了浴血，苏联空军在最初的战斗中更是损失惨重，而尚未完全形成战斗力的米格 -3 部队甚至有成建制被消灭的记录。米格 -3 损失大的一个重要原因是空战并未在其所擅长的高空展开，而是普遍发生在 5000 米以下的高度。米格 -3 在这些空域的表现完全被 Bf 109 压倒，甚至也不如本方的另一种新型战斗机雅克 -1。

作为高空战斗机的米格 -3 无法兼顾中低空的性能，结果便是随着空战高度的降低，米格 -3 的速度优势随之逐渐消失，要知道，该机在海平面高度的最大速度仅为 505 千米 / 时。对米格飞行员们来说不幸的是，东线的空战大都发生在中低空，恰恰是其无法一展速度所长的空域。另外，米格 -3 的最大起飞重量达到 3350 千克，这比 Bf 109F-2 的 2728 千克要大，加上其翼载较大使得水平机动性能较逊，再考虑到它在爬升率方面的劣势，便使其很难在同 Bf 109 的中低空缠斗中占上风。

损失大的另一个原因是把米格 -3 当成攻击机来使用。当时苏军极度缺乏攻击机，于是便让米格 -3 临时客串这一角色，但事实证明它并不适合。一位出色的米格 -3 飞行员亚历山大 · 施瓦雷夫回忆道，“米格飞机在 6000 米高度以上性能出众，但是在低空，我们管它叫‘母牛’，这是它最突出的弱点。它的第二个弱点是武装，那些机枪配不上这种飞机。第三个弱点是瞄准具，它非常不精准，这使得我们必须尽可能地飞近敌人然后展开搏杀。”

浴血列宁格勒上空

米格 -3 奋力搏杀的一个重要区域，是列宁格勒。作为苏联最重要的工业中心之一，列宁格勒在战前就有着比较完善的防空部署。6 月 23 日，经过紧急增补的军区空中力量达到 4 个常备团和 5 个增补团，共有 401 架战斗机（其中 339 架可用）和 411 名飞行员（其中 108 人有夜飞资格），不过由于米格 -3 的换装训练刚开始不久，因此只有 80 人能飞这种飞机，有夜飞能力的更只有 19 人。

7 月 7 日，上述单位全部并入第 7 航空兵军，司令员、苏联英雄称号得主斯特潘 · 达尼洛夫上校要求所有飞行员到本月 15 日必须能飞米格 -3。他同时发布了米格 -3 的每日值勤表，24 小时不间断，在城市空域形成 2 ～ 3 列的空中拦阻带。

很快就有人脱颖而出。7 月 6 日，一位名叫阿历克谢 · 斯托罗扎科夫的飞行员和他的僚机为一队本方的轰炸机护航，他们在那时遇上了一整个中队的 Bf 109。2 架米格 -3 立即迎战，结果斯托罗扎科夫打下了 2 架，还带着僚机和所有轰炸机全身而退。

几天后，当几架敌机空袭托什科维奇机场时，斯托罗扎科夫又扮演了英雄的角色。他在 4 架 Bf 110 猛烈扫射机场的情况下驾驶米格 -3 紧急升空，成功击落 1 架，并赶走了另外 3 架，然后又安全降回到跑道上。最初的检查表明，他的飞机只是方向舵操纵杆受损而已，后来进一步检查才发现飞机的油箱已经被打穿。

7 月 23 日，斯托罗扎科夫奉命拦截飞向一处苏军炮兵阵地的 Hs 126 侦察机，他冲出云层俯冲敌机，成功令其迫降。他很快也降落下去，拔出手枪喝令德机上的飞行员和观察员投降。接着，他拆除了敌机上的航空相机和后座机枪，并把这些“礼物”送到了自己的团部。

这一时期米格飞机的另一项任务是拦截德国高空侦察机。第 7 军的日志记载了多次成功的阻截任务，伊 -16 和伊 -153 已经跟不上经常执行侦察任务的快速的 Ju 88，而米格 -3 却足以追上并击落它。7 月 6 日，第 19 团的迪米崔 · 提塔伦科少尉在近距离上开火，令一架 Ju 88 在空中解体。这架德国飞机的两人机组跳伞后被俘，对他们的审讯表明，他们来自一个执行特种任务的中队，而该中队在战争开始前很久就已经对苏联领土实施了侦察。

7 月下旬，火线不断向列宁格勒推进，德国轰炸机开始频繁出现在奥提亚布拉斯卡亚火车站，并威胁着列宁格勒和莫斯科之间的铁路线。第 7 军的出勤率随之显著上升，米格 -3 不仅要保卫城市领空，还要负责为火车护驾，保障铁道安全，甚至向敌人的地面部队发起攻击。

在第 7 军的序列以外，另有一些前线单位也换装了米格 -3，比如第 5 师的第 159 团，于 2—5 月接收了 60 架米格 -3，并在开战前夕完成了换装训练。不过列宁格勒军区在 6 月的一次检查中却被指出该团的米格机战备状态不佳，团里表示是零部件供应不足所致。但是开战后该团立即奋战在第一线，到 9 月 20 日完成了 2688 次出击，报告击落 46 架敌机，另外击毁 20 辆卡车和 10 辆坦克，付出的代价是损失 34 架飞机、阵亡 12 名飞行员和 2 名地勤人员。

从 8 月起，米格 -3 开始主动出击，对多处德军机场实施了打击。与米格飞机在对地攻击领域通常给人的糟糕印象不同，它们在列宁格勒区域的袭击都出其不意，非常成功。有的米格挂上了火箭弹和炸弹，另外的米格则以常规武装担任护航。

25 日，第 15 团的 6 架米格“造访”里西诺机场，打掉了停在地面的 4 架 Bf 109。当天晚上，又有多个飞行团联手进击斯帕斯卡亚机场，结果报告称在地面击毁 35 ~ 40 架敌机，另有 14 架在试图爬升的过程中被击毁，还有 6 架在空中被打下来。苏方的损失仅为 8 架。

在这天的战斗中，第 15 团一位名叫迪米崔耶夫的飞行员又成了人们关注的焦点，因为在下午的缠斗中击落了一架 Bf 110，他又登上了前线新闻。而在之前不久，他已经受到过战地记者的采访，在一篇传阅甚广的通讯报道中，他被称做是“不可战胜的尖子飞行员”，功绩是“在伟大卫国战争的头一个月里就打下了 11 架法西斯飞机”。

总的来看，在列宁格勒地区的米格 -3 部队用自己的飞机打出了信心，第 8 战斗机师的师长托洛金上校就说，尽管存在火力弱的先天不足，但米格 -3 却证明自己是所有新型战斗机中“最强劲和最耐用的”。

8 月末到 9 月初，列宁格勒保卫战进入极为艰苦的阶段，德军发起了他们所认为的决定性的攻势，德国空军把第 1 航空队第 8 航空军主力全部投入，米格 -3 的空战和对地任务随之日益繁重，牺牲也不断增大。

一些尖子飞行员永远离开了，比如列宁勋章和两次红旗勋章得主斯托罗扎科夫，他在 9 月 10 日的空战中阵亡。而第 15 团的领军人物迪米崔耶夫也不幸在 11 月 13 日牺牲，在不到 5 个月的时间里，他总共取得了 15 个独立战果和 2 个分享战果，是历史上最成功的米格 -3 飞行员……战至 11 月底，整个列宁格勒防御圈内可用的米格 -3 居然只剩下了 1 架！正是这样的牺牲，有力配合了地面部队的艰苦防御，使得希特勒要将列宁格勒“从地球上抹去”的叫嚣沦为了一句空谈。

1943 年在莫斯科上空巡逻的米格 -3 编队。

首都防空军的米格

亚历山德拉·波克雷什金——苏军和世界反法西斯阵营中第三号空战王牌，则这样评价米格-3："设计师没能使其（米格-3）达成飞行性能和火力方面的某种平衡发展，飞机的一些自身优势都被它的几个突出缺点给抵消掉了。即便如此，一旦某个飞行员能够在合适的领域发扬它的某些长处，那么米格-3依旧是大有用处的。"

而波克雷什金所说的"合适的领域"确实存在着。鉴于米格-3的中低空格斗性能不佳，大部分边境军区的米格-3开始被陆续划归到国土防空军的序列中，这支部队所执行的就是高空作战任务。

具有苏联特色的国土防空军乃是于1941年2月14日刚成立的一个特殊编制，它是多兵种混成部队，装备包括战斗机、高射炮、探照灯、阻塞气球等。6月20日，也即德军入侵的前两天，防空军的全部战斗机部队刚刚集中编为第6战斗机军，它以之前的第24战斗机师和组建中的第78战斗机师为骨干，由克里莫科上校统一指挥。

第6军在开战后的实力为17个团、700余架作战飞机。其中，米格-3的数量约为200架，使用者中经验较为丰富的为普卢茨科夫中校的第16团，皮桑科少校的第27团、第34团、第120团；另外，第123、124、126、171、401、402等团在6月才刚开始接收该机，在使用上可以说是"边打边学"。

上述战斗机部队均分散配置在莫斯科周边120千米半径范围内的野战机场上，划定的作战范围为从莫斯科向外最远辐射200千米，作战任务是"日夜兼顾"地拦截任何进犯莫斯科的敌机，"敌机距离首都城缘的距离不得小于80千米"。

到7月10日，防空军的米格-3数量为299架；而到10月1日德军进攻莫斯科前夕，防空军的米格-3为209架，其时空军手中有257架；12月5日苏军发起莫斯科城下的反攻时，防空军的米格-3增加为309架，空军则为210架。而在冬季反攻后，空军不再保留这种飞机，米格-3成为国土防空军的专属装备。

不过在开战一周后，驻扎在莫斯科近郊的米格-3都还没有什么表现机会。肩负着拱卫首都领空重任的米格-3尚未经受考验——德国飞机还无暇光顾莫斯科。对于高空性能出色的米格-3来说，防空军可谓是一个理想的舞台，按照一般情况，来犯的轰炸机和侦察机都不会飞得太低，正适合米格机一展所长。

类似的拦截已有过先例，还在开战前的1941年春天，2架米格-3就曾经紧急出动，迫降了一架德国的Ju 86P高空侦察机，而这件事还差点对德国的对苏战略产生重大影响。而就在开战之前的几天，米格-3也曾击落过3架执行越境任务的德国高空侦察机，再次证明高空追逐乃是米格机的拿手好戏。

到了7月初，德国侦察机终于第一次飞临莫斯科。它们的飞行高度为8000～10000米，但是并没有遇到米格-3的有效拦截，原因是后者得到信息太迟而来不及升空。对战斗机缺乏有效引导还不是防空军的唯一问题，升空的飞机还面临被同一部队中的高炮误击的风险，而米格-3到那时为止所做出的唯一一次成功截击，还是针对友机的。

然而在逐步克服困难的过程中，属于米格-3的高光时刻即将到来。7月中旬，这种飞机终于第一次在莫斯科附近击落德军侦察机，证明自己在爬升率和高空性能方面确实不负众望，而取得这次胜利的还是接收米格-3时间很短的第126团。

而在那之后不久，获得“苏联英雄”称号的卡曼斯奇科夫少尉更是驾驶米格-3击落一架Bf 109，这是第6军的米格-3对梅塞施密特战斗机取得的首次胜利。这场空战表明，Bf 109的垂直机动性能果然不如米格-3，它无法在急剧的爬升和急转弯等动作中跟上后者的节奏，此前习惯于“猎杀”伊-15和伊-16的德国飞行员，这回啃上了硬骨头。

红场上空“第一夜”

对于防空军的第一次严峻考验，在1941年7月21日到来了。在这个星期一的晚上，差不多是德国入侵苏联整一个月之际，莫斯科市民一直担心的事终于发生了：德国飞机首次大规模空袭苏联首都。

希特勒决心彻底摧毁莫斯科，因此东线德国空军这次是大举出动，来自KG 3、KG 53、KG 54轰炸机联队以及KGr 100和KGs 2特种轰炸机联队的容克、亨克尔、道尼尔轰炸机蜂拥而至，总数有195架之众。

在凄厉的警报声中，170架苏联飞机在探照灯的映衬下升空拦截，其中的主力便是40架米格-3。将没有任何夜战装备的米格-3投入夜间截击，谁都没有把握，而实际上，通过最近3周的紧急训练，整个第6军只有8名飞行员获得了在夜间飞行米格的资格。

“有资格”的人里面，包括多位功勋试飞员。由这些试飞员所组成的第2独立战斗机中队，正是为了保卫首都领空而紧急成立的航空单位之一，防空军司令部相信这些经验丰富的试飞员能够充分发挥米格 -3 的威力。

果然如此。试飞员马克·加雷上尉一上场便打下一架 KG 3 联队第 9 中队的 Do 17 轰炸机。他后来记述当时的情景道："我清楚地看见敌机的机翼、发动机和双垂尾，这应该是架道尼尔飞机。我朝它直飞而去——我的米格在飞过它的尾流时发生了剧烈的震颤。铁十字，铁十字图案就在它的机翼上。很快地，几乎是出于本能，我向这个图案打出了一轮长射。可是，道尼尔还在 400 米开外呢，我把手指从扳机上移开。

"接着，当我靠近时，我向敌机的座舱和发动机开火，看起来我打中它了。突然间，两条反击的火线射向我的飞机，我脱离，并继续追击……我向座舱和右侧发动机打出短射，立即侧滑飞离，这样敌人的反击就打不着我了。"

此后，加雷又数度接近、开火，不断施展着自己的驾驶技术，虽然那架敌机一直保持着飞行姿态，但仍未幸免在加雷的最后一次攻击中中弹。之后，这架 Do 17 便猛地向右翻转、直坠而下了。

尽管在这个晚上能够像加雷这样击落敌机的人屈指可数，但是更多人都做到了一点：将德国轰炸机逐离莫斯科主城区上空。敌机投下的炸弹虽然总计 104 吨，但绝大部分都扔到了郊外。返回基地的德国飞行员惊讶地报告这座城市远非"防御薄弱"，而德国空军第 2 航空队的战时日志写道："空袭效果令人失望。"

这是德国空军第一次大规模夜袭莫斯科，竟也是规模最大的一次：在碰了钉子之后，德国人自己对夜袭的可行性也产生了动摇，以致此后历次空袭的参战机群规模不断缩小。德国飞机在 22 日晚上继续来袭，规模便已降至 125 架；到 26 日至 27 日夜间，这个数字进一步降到了 65 架；而据统计，德军到 1941 年底总共对莫斯科实施了 76 次空袭，其中有多达 59 次的单次飞机出动数量还不到 10 架！

有人据此讽刺道，这些空袭最了不起的成果大概就是迫使斯大林由克里姆林宫搬到地铁站内指挥。也可以这样说，包括米格 -3 在内的苏联国土防空军在第一个回合中就让侵略者吃尽了苦头。

巨大的勇气

德国空军不得不将大编队空袭莫斯科城区的作战改为以小编队打击特定战术目标，这是防卫者努力奋战的结果，而其中米格 -3 飞行员尤其付出了卓绝的努力。相当部分的飞行员在接收新机不久后即升空作战，完全缺乏必要的熟悉和适应过程，而米格 -3 这种飞机照王牌飞行员波克雷什金的说法犹如“精力充沛的赛马”，“在强有力的操控下疾如羽箭，但是一旦失控，骑手便将被马蹄飞踏”。不止 1 位资深试飞员也评价道，让新手使用该机，是需要“格外的技巧和巨大的勇气”的。

而在面对敌机时，更有不止 1 位米格 -3 飞行员确实表现出了“巨大的勇气”。1941 年 8 月 11 日，第 27 团的卡契奇少尉从加里宁附近机场升空后不久，就在 7500 米高度上发现了一条飞行尾迹。接着，他看到目标——一架 Do 215 轰炸机转向东南，开始沿着列宁格勒——莫斯科铁路飞行。卡契奇驾机升至 8000 米，然后在接近 100 米距离时全力开火，敌机开始降低高度，它的一侧发动机冒出了黑烟。卡契奇扣动扳机，机枪却全无反应，可能是因为过热而卡弹了！

怎么办？放跑它？卡契奇瞬间就做出了撞击敌机的决定。不过，这位历年红场阅兵的参与者在勇气之外也不乏技巧，他驾驶米格 -3 以机首撞向敌机，然后努力控制住机身避免与敌机整机相撞。撞击很成功，敌机失控下坠，机组无人跳伞。而卡契奇驾驶米格 -3 降落后，地勤只发现螺旋桨的两片桨叶向内严重弯曲，机身别无大碍。这是这场战争中第一次在如此高的高度上发生的冲撞行动。

那些驾驶米格 -3 在莫斯科夜空赢得胜利的飞行员的名字被电台、广播反复颂扬，成为人民和战友们心中的楷模。同样，当撞击飞行员的事迹流传开之后，在米格部队中也迅速产生了许多学习者，而且，他们的境遇也与卡契奇相同，大都能够在撞击敌机后全身而退。比如在卡契奇撞机的第二天，来自第 34 团的基塞雷夫就撞下了一架 He 111，他本人则平安无事。

围绕在莫斯科地区的空战在 9 月降温，防空军在这个月只报告击毁 10 架敌机，其中居然就有 3 架是被米格 -3 在高空撞下来的。第一个战果来自第 124 团的格鲁宁少尉，他用机翼切向了一架 Ju 88，米格 -3 座机随后起火，不过格鲁宁本人成功跳伞。

5 天后，他的队友皮洛日科夫少尉在图拉以西 7000 米高度上用机首撞向一架 Ju 88，他驾着受伤的米格 -3 返回基地，然而那架受伤的容克轰炸机在跌到 1800 米高度后又恢复了飞行。见此情景，仍在空中的皮洛日科夫的僚机驾驶员多夫基也决定来一次撞击。这次他的米格几乎撞断了 Ju 88 的机尾，并使后者最终坠毁，而多夫基也成功回到了机场。28 日，第 171 团的斯塔切夫成功撞击了一架 He 111，自己同样安全降落！

进入 10 月，莫斯科上空的力量对比进一步此消彼长，德国轰炸机不断减少的同时，苏联战斗机则在不断增加。而随着战线不断东移，一些原隶属西部军区的单位在换装米格 -3 后也加入莫斯科地区作战，比如如第 10、177、180、129、233 团等。

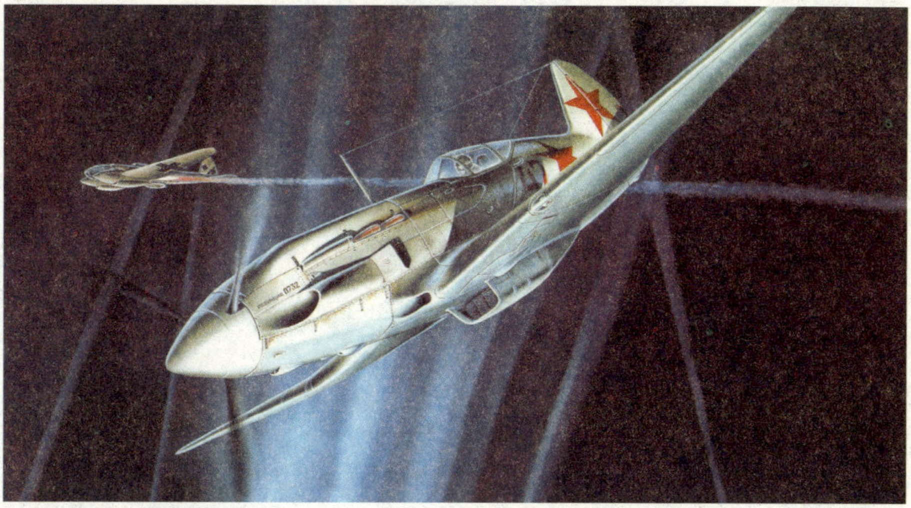

夜间截击中的米格-3。

米格飞行员们带着更强的自信投入战斗，这时他们的誓言是“不允许任何轰炸机通过”。深秋的莫斯科天际不断上演着激烈的交战，第124团的克卢格洛夫上尉用尽子弹，迫使一架道尼尔飞机降到苏军战线上；来自第10团的扎夫格罗德尼则最早通报了德军机械化部队向莫斯科推进的动向；第16团的舒米洛夫在一次火箭攻击中就击落了2架Ju 88；第34团在10月22日一天里就出动59架次，24次接敌，击落12架敌机……

11月初，第6军正式发布了前一阶段的战果，以此来迎接第24个十月革命纪念日。4个最出色的米格团也出现了，它们是：击落51架敌机并以在恶劣天气中的无畏行动而著称的第34团，击落43架敌机的第16团，击落36架敌机的第27团，击落31架敌机的第233团。

一批英雄人物诞生了，而在他们接受各类勋章和称号的同时，不能忘记那些已经看不到这些的人：仅就上述4个战斗机团而论，因各种原因而牺牲的飞行员就已经多达130人。

1941年12月，红军在莫斯科城下实施大反击，首都的威胁被永久解除。统计表明，到月底时第6军尚有143架米格-3可用。这个数字将无法再获得大的补充，因为出于优先生产伊尔-2强击机的需要，米格-3的量产在12月23日便告停止。不过，虽然米格-3完成了自己的历史使命，但主要由其证明了自身价值的苏联国土防空军的发展却即将迎来自己的提速期。

第7章

迪耶普上空的统治者

1941 年 8 月，一种新型的德国单发战斗机首次现身法国上空，这就是由福克-乌尔夫公司打造的 Fw 190。这种新型战机不仅改变了德国空军单纯依赖 Bf 109 为主力战斗机的装备格局，而且刚一出现就超越了包括“喷火”Mk V 型在内的英国所有战斗机型，成为西线空中优势的强有力的争夺者。

同盟国方面争夺制空权的艰苦斗争，直到性能有大幅提升的“喷火”Mk IX 型战斗机于 1942 年 7 月出现后才开始得以改观。1 个月后，盟军发起迪耶普登陆战，时间恰逢 Fw 190 登场 1 周年之际。

这是盟军第一次向德国占领下的欧洲大陆发起大规模两栖反攻，不幸却使得迪耶普这个巴黎西北面不起眼的海港小城成为一出悲剧的见证地。关于这场失败的登陆战的抢滩过程，已经有许多种详尽的描述；不过对于登陆当日的空中交战，却还是一片不太为人所熟知的领域。事实上，正是在迪耶普的上空，已经因强悍性能而博得“屠夫之鸟”外号的 Fw 190，迎来了其空战优势的最高潮。

英国皇家空军的愿景

对欧洲大陆来一场两栖登陆，继而拉开大反攻的序幕，是苏德战争爆发后盟军就一直在重点考虑的内容。最终，这场登陆确定在 1942 年夏天进行，目标是靠近拉芒什海峡的法国北部港城迪耶普。作战计划几经变更，又几经推迟，行动代号最终被定名为“庆典”，而对后来参与登陆作战的大部分普通士兵而言，这一切却简直如同葬礼一般。

这场显然考虑得并不成熟的登陆战，掺杂着不同决策层的不同寄托。对于大英帝国首相丘吉尔来说，他想通过此举向自己的东方伙伴斯大林传递两个信息：其一，西方盟国在开辟第二战

Fw 190 性能强悍，在二战初期和中期的空战中占有相当的优势。

场的问题上并未推卸责任；其二，要想在 1942 年成功反攻欧洲大陆，其实并无胜算。

对于盟军的高级指挥层而言，去迪耶普冒一次险也有好处。他们可以通过此举积累两栖作战的宝贵经验，进而摸索出一套行之有效的打法，为日后真正的大反攻做好准备。

不难看出，开战之前的盟军高层抱着两种态度，一是勉为其难，二是姑且试一试。不过，至少有一支部队是准备大干一场的，那就是英国皇家空军，确切地说，是英国皇家空军的战斗机司令部。在英国战斗机部队看来，迪耶普登陆是一次难得的“大行动”，照他们的判断，皇家空军要抓住这次机会来完成一个宿愿，那就是聚歼德国空军驻西欧的主力部队。

两年前，英国空军在英伦的天空中打了胜仗，他们在不列颠之战中以少胜多，彻底打消了希特勒通过海路进攻英国的念头。

在那之后的时光里，英国战斗机化被动为主动，不断地对欧陆上空实施持续不断的袭扰，为的就是要寻机与西线的德国战斗机部队主力实施决战，争取将其彻底击垮。然而令英国空军苦恼的是，尽管他们不断努力，自己的出击却从未有效吸引大批德国战斗机到场。德国空军每一次都是以小规模的单位迎战，从未落入英国人设下的“陷阱”。而在地中海和远东战场均告吃紧的情况下，这些行动倒是使英国自己的战斗机中队疲惫不堪。

但是这一次，情况将截然不同。皇家空军判断，面对一场打到“家门口”的两栖登陆战，西线的德国空军将别无选择，势必会派出全部主力单位迎战。这样一来，就将出现皇家空军梦寐以求的决战机会了。正是抱着这样一种聚歼西线德国战斗机部队的憧憬，英国战斗机部队开始大规模集结，打算抓住迪耶普这个前所未有的“黄金机会”。

英国皇家空军立即开始衡量自己在此战中的任务。首先将要出战的是侦察机，接着由战斗机、战斗轰炸机和轻型轰炸机承担主要任务。但是英国的重型轰炸机将不会出现，因为高空轰炸对压制战场敌军火力未必有效，而且决策层担心过早地轰炸反而会提醒迪耶普的德军加强防范。

一支包括了 67 个飞行中队的颇为强大的空中力量集结起来了，具体包括：42 个“喷火”Mk V 型战斗机中队，2 个“喷火”Mk VI 型战斗机中队，4 个“喷火”Mk IX 型战斗机中队，2 个“台风”式战斗 / 轰炸机中队，6 个“飓风”Mk IIC 型战斗 / 轰炸机中队，2 个“飓风”Mk IIB 型战斗 / 轰炸机中队，4 个“野马”I 型侦察机中队，2 个“布伦海姆”Mk IV 型轰炸机中队，3 个美制 A-20“波士顿”III 型轻型轰炸机中队。

上述兵力总计达到逾 400 架飞机之众，这份实力使得迪耶普登陆成为不列颠之战以后英国皇家空军单日的最大规模主动出击。

Fw 190 正在法国海岸线上追击 1 架“喷火”。

冤家对头

在登陆即将发起之前，英国空军已经完成了自己的第一项任务：对迪耶普实施空中侦察。由快速飞行的侦察机带回的清晰度颇高的航拍照片表明，迪耶普登陆点的入口被两旁的崖壁对峙俯瞰着，如果无法消除德军设在这两处崖壁上的防御力量，就将危及到整个行动的实施。

侦察结果堪称准确，盟军很快也做出了同时对两处崖壁的侧翼实施辅助登陆的决定，但是后来的事态进展却很不顺利，这在一定程度上却也和空中侦察有关。因为航拍照片所指出的德军防御力量，比实际存在的要少得多。同样，航拍照片也没有对德国空军的几处基地给出“特别关照”，这是因为对英国空军来说，在法国的德国战斗机部队就是那么几个，大家打了这么久，都已经是非常熟悉的了。

英国空军努力想要在迪耶普吃掉的对手，是一直被他们视作眼中钉的德国空军驻西欧的两个战斗机联队：JG 2 和 JG 26。自从 1940 年 5 月参与入侵西线的战役以来，这两支部队的飞行员就一直是英国飞行员的冤家对头。

JG 26 联队是德国第一支换装 Fw 190 的战斗机部队，到 1942 年 3 月时，除 1 个中队还在使用 Bf 109G 之外，其下辖的 3 个大队已大多完成换装。之前，在 1940 年 5 月法国上空的战斗中，JG 26 联队声称击落了 160 架法国和英国飞机，自己的损失仅仅是阵亡了 17 名飞行员，这一成绩让这个联队迅速声名鹊起。

随后的不列颠之战期间，戈林因不满战斗机部队的表现而开始走马换将，他让一些年轻军官出任联队长，于是著名的王牌飞行员阿道夫·加兰德少校在 1941 年 8 月 22 日出任 JG 26 联队长。而在不列颠之战这场空中大战役中，这个联队打下了 285 架英国战斗机，自己损失了 76 架飞机和 45 名飞行员，在德英战斗机部队之间的单纯对抗中，占据了明显的上风。

当德军发动侵苏战争后，大部分战斗机部队随之东调，JG 26 联队奉命留驻西欧。整个 1941 年里，加兰德不断发挥他在战术上的多变特性，把自己联队的损失控制在最低限度，同时给予英国空军较大杀伤。随着 Fw 190A 的列装，联队的作战潜力便得到了进一步释放，到 1941 年底，JG 26 在二战以来的总战绩突破了 900 架，而其中的 400 架是在当年 5 月之后取得的。除了联队长加兰德之外，缪岑堡和约瑟夫·普利尔等人也都是飞行员中的佼佼者。

正是以这样的战绩，JG 26 在对手阵营中树立起了可怕的名声。该部的战斗机都把机鼻部位涂成明黄色，加之有部分单位驻扎在法国的阿布维尔 - 德鲁凯特地区，盟军飞行员开始把自己看到的任何果敢进攻的机鼻为黄色的 Fw 190 或者 Bf 109 统称做“阿布维尔好汉”。

迪耶普战役之前，JG 26 已经换了当家人。由于加兰德另有重用，索普菲尔少校走马上任，

JG26 联队的 Fw 190 战斗机。

而他很快就证明，就空战技术而言，自己并不比前任逊色。仅在1942年7月的最后一周，他指挥下的JG 26就打下了36架敌机，同期自身只损失了5架飞机。而他手下的3位大队长，第1大队长塞佛特有40次空战胜利记录；第2大队长迈耶尔同样战果突出；第3大队长普利尔素以敢战闻名，后来他出任了JG 26联队长，并在1944年6月6日以“诺曼底孤鹰”而闻名。

JG 26联队完成换装新飞机的时候，JG 2联队则刚刚开始接收Fw 190，不过到7月也已经完成了全部换装。这支部队是以一战中的传奇人物“红男爵”里希特霍芬为名，飞行员们自然也以这位顶尖飞行员为自己的楷模。

与JG 26在德军进攻法国和低地国家扮演的空中进攻角色不同，JG 2在那场战役中更多负责保卫要地和配合本方地面部队，即便如此，也还是取得了几十个战果。

而在不列颠之战中，这个以瑟堡和诺曼底为基地的联队便大打出手，联队长赫尔穆特·威克在此役中击落31架敌机，令自己的击落数达到56个，成为与JG 26的加兰德、JG 51的维尔纳·莫德尔士在击落榜上你追我赶的前三名，也是德国公众家喻户晓的战斗机部队“三驾马车”。不过随后威克也就战殁于此役。

在此后西线的空战中，JG 2的损失率要比JG 26高一些，不过到1941年7月8日取得了第664次空战胜利，从而追平了一战中那个与自己同名的联队的成绩，也就是“里希特霍芬”第1战斗机联队。8月，该部的战果突破800架大关；1942年4月则达到了1000次空战胜利。JG 2的现任联队长瓦尔特·奥骚击落的敌机已经超过100架，是隔海峡对峙的两个阵营中最有实力的飞行员之一，而他手下成绩突出的飞行员包括约瑟夫·伍姆海勒、鲁道夫·弗朗茨、埃里希·莱依、齐格菲·施奈尔等。

作为西欧仅有的两个德国战斗机联队，此前JG 2和JG 26加起来的实力约为120架Bf 109E型和F型战斗机，在换装了Fw 190之后，飞机数量也保持这一水平。具体而言，JG 2和JG 26联队在即将到来的迪耶普之战中总共只有115架战斗机可用，与英国对手相比，德国飞机在数量上处于1:3的明显劣势。这一点，或许是英国皇家空军的另一个信心来源。

忙碌的开始

1942年8月18日夜，英格兰，超过1000名空乘人员被严格限定在自己的营地内不得外出，他们已经得到任务通报，次日就将为乘坐250艘舰船攻向迪耶普的6000余名盟军战士撑起一

等待组装的 FW 190 机身。由于飞机性能优良，使得德国空军即使在数量处于劣势时也能反败为胜。

把“空中保护伞”。

空军的高层人士并不高兴，因为他们得知，英国皇家海军居然拒绝派遣战列舰或重巡洋舰参战，而只是派出几艘驱逐舰提供火力压制。这样薄弱的海上武力所造成的后果，很快就会显现出来。海军部声称之所以做出这个决定，乃是因为皇家空军“没有能力在登陆期间掌握绝对的制空权”，因此他们不会拿主力战舰去冒险。对空军而言，友军的这种态度不啻是一种羞辱，他们决心在第二天证明这一偏见是极端错误的。

熄灯号早早吹响，在飞行员的宿舍里，英国人及早就寝，为19日一大早的行动养精蓄锐。而与此同时，他们在明天将要面对的对手——德国战斗机部队的许多飞行员们则不在自己的岗位上。这些德国人正在参加一场舞会，由于舞会上有来自空军女子辅助单位的姑娘们参与联谊，因此具有格外的吸引力。

19日凌晨3时，分布在英格兰东南部各基地的飞行中队驻地全都忙碌了起来，第一批飞赴迪耶普的作战飞机即将出发。而在位于尤克斯布里吉的第11战斗机大队部里，利·马洛里将军已经做好了指挥准备。他负有指挥迪耶普空中作战的全责，而参战的大部分战斗机中队也都是他的直接下属。他的前线联络官、来自澳大利亚空军的外号“国王”的科尔准将，正坐在英国海军的“凯尔普”号驱逐舰上，乘风破浪驶向登陆滩头。

凌晨4时30分，构成“空中保护伞”的最初2个战斗机联队开始升空，15分钟后，另外8个战斗机中队也腾空而起。迪耶普的战斗随即打响，不过第一波进攻是由小股突击队展开的，目标指向崖壁守军炮兵阵地的最外缘。一部分兵力从4时45分开始，攻击位于贝尔讷瓦勒的德军炮兵阵地，尽管皇家空军的2架“波士顿”式和6架“飓风”式在5时30分加入攻击，但这里的行动仅仅取得部分成功。

相比之下，对瓦朗日维尔的德军炮兵阵地的攻击则非常顺利，在第129中队的“喷火”式战斗机的猛烈扫射下，德国人的火力很快被压制。6时26分，一群“飓风”式战斗轰炸机赶来投弹，接着到了6时45分，这个炮兵阵地便完全陷入了沉寂。很可惜，这也是盟军在迪耶普登陆中的唯一亮点。

在比贝尔讷瓦勒和瓦朗日维尔更接近主登陆场的地方——西侧崖壁的普尔维尔和东侧崖壁的普伊斯，同样发生了交战。在普尔维尔登陆的部队很快被德军火力压制住。而在普伊斯登陆的部队虽然在5时6分得到一架“波士顿”式投下的烟幕掩护，却同样寸步难行——他们被附近的德军炮台死死压住。第88中队的“波士顿”式在6时45分赶来攻击这个炮台，但未能奏效。

在侧翼登陆并不理想之际，迪耶普主滩头的登陆战也已打响。4 时 50 分，来自第 43 中队的 12 架“飓风”式在中队长维维耶的带领下，并肩排成一字形，低空扑向迪耶普海岸，用机枪扫射拉开了主登陆场的攻击序幕。在德军高炮的拦截下，这个中队付出了 7 架飞机被击落或被击伤的代价。

更多飞机紧随其后。5 时 12 分，第 226 中队的“波士顿”式开始向登陆地点施放烟幕掩护，而 4 个中队的“飓风”式战斗轰炸机低飞掠过海岸，向敌人投下每枚重达 250 磅的炸弹。

这些空中打击非常准确，甚至得到了德军指挥官的赞誉。然而，这些攻击对敌人造成的实际破坏，却大大低于英国人的估计。当英国飞机离开后，德军便立即恢复火力，很快就把第一波登陆部队撕成了碎片。

现在，在由自己的飞机所投下的烟雾影响下，滩头的情况变得不再明朗。加之和抢滩部队的无线电联络中断，利 · 马洛里和他的参谋们，在接下来的几个小时里都无法知道在迪耶普究竟发生了些什么。

德国空军在哪儿？

皇家空军大举到场的同时，他们在此战中最期盼看到的德国战斗机又在哪里呢？

8 月 19 日清晨的迪耶普呈现出一派朝霞满天的情景，这看上去就像是一个普通的战时夏日。无论是 JG 26 的联队长索普菲尔还是 JG 2 的联队长奥骚，都无法预知自己的联队在这一天会变得多么的忙碌。

德国驻西欧的两个战斗机联队，正在同略显糟糕的天气做斗争。由于薄雾笼罩机场，JG 26 联队不得不推迟了例行的巡航时间，于这天清晨最先飞往迪耶普地区的乃是该部第 2 大队的 5 架飞机。这支分队于 6 时 15 分才从阿布维尔 · 德鲁凯特机场起飞，展开例行的“早操”。

快接近海岸线的时候，坐在领头那架 Fw 190 里的斯坦恩伯格少尉看到了令他吃惊的景象：曾经宁静的迪耶普海滩一片兵荒马乱，天空中有许多涂着英国标志的飞机。看得出来，他的这架飞机到场的时候，他们的英国对手们已经盘旋良久了。

“可能是一次入侵！请求支援！”在发出紧急报告后，这数架 Fw 190 便匆匆离开。几分钟之后，驻在迪耶普东北 125 公里处的圣奥梅尔 · 阿奎斯机场的 JG 26 第 1 大队主力开始紧急升空。

6 时 43 分,德国飞行员贝尔伍思在迪耶普上空击落第一架“喷火”式战斗机,从而拉开了“屠夫之鸟”在这一天豪取惊人战果的序幕。

在贝尔伍思取得首胜后不久，一直在和机场上空的晨雾做斗争的 JG 2 联队也派出部分兵力赶来。“里希特霍芬”联队当日的第一个战果由第一中队的埃普西格中士取得，战利品是一架轻型轰炸机；时隔 2 分钟，他又击落了一架“喷火”。不过，埃普西格的座机旋即与一架“飓风”相撞，结果 2 名飞行员双双身亡。

从 6 时 55 分到 7 时 2 分，JG 2 第 2 大队长博尔茨打下 2 架“野马”式，此后德国飞机便暂时从迪耶普上空消失。几乎持续一整天的空战的第一波冲突，就此戛然而止。

另一方面，零零星星的战报也被汇集到英国空军的后方指挥中心里。从战况来看，冲突规模不大，双方互有胜负，英国飞机蒙受了一些损失，但对于庞大的入侵机群来说只是被轻轻蜇了一下而已。

根据前线各飞行单位的报告，可以大致得出如下的结论：到早上 7 时，迪耶普上空聚集的德国战斗机总共只有约 30 架;而到了 7 时 30 分,先后到场的德国飞机的总数也不过 50 架而已。身在指挥中心、满心想着要消灭足够多德国战斗机的利 · 马洛里将军，对此深感失望，整个皇家空军战斗机司令部里也充满了一片失望的气氛，看起来，对德国飞机的围捕又将是竹篮打水一场空。

“屠夫之鸟”的猛攻

事实证明，英国人的“失望”太早了一些。而且利 · 马洛里很快就将没心思去管消灭敌人飞机的事了。

在迪耶普的天空中，德国飞机从 8 时过后便陆续大批现身。来自 JG 2 第 11 中队的斯泰伊奇率先在迪耶普以东 15 公里处打下一架“喷火”，接着 JG 2 第 2 大队和 JG 26 第 2 大队的 Fw 190 全数到场，从 8 时 10 分到 8 时 53 分，共击落了 7 架英国飞机。

9 时过后，补充完油弹的 JG 2 第 1 大队赶来“接班”，另一波主要空战随之展开。在短短 15 分钟之内，便有 6 架“喷火”和 1 架“布伦海姆”沦为“屠夫之鸟”的饵料，而该大队第 1 中队的约瑟夫 · 沃姆海勒军士长独中三元，而这仅仅是他在这一天“表演”的开始。

又一轮“交接班”发生在 10 时到 10 时 30 分的时段，JG 26 第 3 大队赶来和“喷火”

继续交战，这次又打下了6架英国飞机。这轮空战结束后，德国飞机全部返回基地整补，迪耶普上空重新出现了宁静得令人不安的画面。

情况已经很清楚，德国空军对迪耶普登陆的反应非常强烈，两个战斗机联队的出击架次已超出以往历次行动，或者说，是完全按照英国空军所预期的那样在行动。然而，英国人料到了开头，却似乎没料到过程和结尾。

根据英国方面截至10时30分的统计，英国空军已经损失了27架“喷火”、1架“飓风”、2架“波士顿”和6架“野马”，另外还有13架“喷火”受重创，已无法再战。很显然，虽然聚歼德国战斗机主力的机会正在形成，但看起来执行者却并没有足够的能力去把握这一机会。

英国战斗机和德国人的苦战暂时告一段落，另一股参加迪耶普之战的空中力量——美国陆军航空队则开始做自己的努力。他们的想法是，与其与蜂群缠斗，不如端掉蜂巢。带着这一目的，美国陆航第97轰炸机大队的22架B-17“空中堡垒”式轰炸机开始扑向迪耶普东北60公里处的阿布维尔-德鲁凯特机场——JG 26第2大队的驻地即距登陆场最近的德军机场。

10时32分，这些“空中堡垒”轰炸机飞临阿布维尔上空。但是，想法和现实总是存在差距的。尽管空袭持续了8分钟，但是主要目标停机棚和指挥楼建筑几乎毫发无损，对于德国飞机的起降也没能发生多大的阻碍作用。这次轰炸的两个意图，打击德军机场和转移德国战斗机对迪耶普的关注，一个也没有达成。唯一值得庆贺的是没有轰炸机被击落，尽管有3架B-17遭受了重创。

当这支编队返航时，倒是目击了登陆场的糟糕状况。一位为“空中堡垒”护航的加拿大飞行员于3000米高度上飞越迪耶普时看到：“匆匆一瞥，便不难发现地面上、水中和空中的可怕情形。”

与B-17的经历相类似，当天参战的另一支美国飞行部队第31战斗机大队同样境遇不佳。作为投入迪耶普的唯一一支美国战斗机部队，第31大队本来想大干一场，飞行员们也都竭尽全力，但是对手阵营的战术和经验具有压倒性的优势。这一天，第31大队共折损7架飞机，有4名飞行员失踪、1人阵亡、1人重伤。这是他们在欧洲战场所上的第一课。

这时，盟军指挥官们终于明白了迪耶普的真实局面：登陆部队正在遭到屠杀，而飞行单位无力改变这一点。

10时30分，就在美国轰炸机去打击德军基地的同时，登陆指挥部发出了撤退的命令，奇怪的是，撤退代号居然是“征服”。令英国空军感到极为尴尬的是，德国空军已经在迪耶普上空实施了前所未有的兵力集结，然而英国人自己已根本谈不上去消灭这些敌机了，他们在为撤退的登陆部队提供空中保护的战斗中已自顾不暇，已经并且还要付出重大的代价。

在一线部队的技战术水平上，德国空军要技高一筹，图为准备升空作战的 Fw 190 机群。

统治者

美国轰炸机的行动略微推迟了德国飞机重新投入战斗的时间，到了 11 时 30 分，Fw 190 机群再次大规模现身登陆场上空，8 月 19 日最为猛烈的空战就此展开。

在这轮将要持续到傍晚时分的漫长交战中，最先取得战果的是 JG 26 第 3 中队的赫米岑，他在 11 时 38 分击落一架敌机，这仿佛吹响了进攻的号角。差不多在同一时段，JG 2 第 3 中队在几分钟内就打下 4 架“喷火”。而从 11 时 40 分到 12 时 6 分，这个联队的第 9 中队则连续击落 7 架“喷火”……

这时，德国空军已将 JG 2 第 1 和第 2 大队、JG 26 所有 3 个大队全部投入交战，而在德国飞行员不断取得战果的同时，盟军方面只能偶尔获得类似的成功。

一名在滩头上陷入苦战的英国军官成为空战的目击者：“突然间，在几乎和崖壁一样高的头顶上，一下子挤满了飞机，呼啸着、扭曲着，进行剧烈的缠斗……我在地上都可以看到坐在 Fw 190 座舱里的德国飞行员的脑袋，也可以看到‘喷火’座舱里的英国飞行员。”

大批“屠夫之鸟”在 12 时 45 分离场，之后经过几个波次的小规模袭扰，JG 2 联队的大部于 14 时过后重新现身迪耶普上空。第 5 中队的普菲费尔独自击落 2 架英国战斗机，其余人也不断增添着胜利的记录。

15 时过后，那位在上午已取得成功的沃姆海勒再度“开张”，从 15 时 16 分到 22 分打下 3 架“喷火”。这一时段堪与其媲美的是 JG 2 第 9 中队长施奈尔，他也在短时间内连续击落 3 架敌机。相比之下，在 16 时 3 分和 5 分之间打下 2 架“喷火”的迈耶尔就显得逊色多了！

英国空军被打得有些发晕。在从迪耶普飞越海峡返回英国的途中，一名“喷火”式飞行员克里斯滕森少尉被同伴的一声惊叫重新唤起了强烈的战斗欲望，“小心，Fw 190 接近，3 点钟方向！”他驾驶自己的黄色 1 号座机向来犯的飞机发起了短促而有效的攻击，迅速把那架 Fw 190 打成了一团火球。然而，就在那架飞机一头撞向大海时，这位飞行员才意识到，那是皇家空军的一架“台风”式！

Fw 190 成了迪耶普天空的统治者，而德国空军占据制空权的后果，是使登陆的盟军部队陷入了极其可悲的境地。在本方战斗机的有力掩护下，不断赶来的德国轰炸机纷纷投弹，加之德军炮兵向海滩的猛轰，迪耶普很快就成为比当年的敦刻尔克更为糟糕的地方。

登陆部队几近绝望，不顾一切地要求空军实施支援；作为后方指挥部的尤克斯布里吉，更是被淹没在了请求更多轰炸或空中掩护的声音中。但是如前所述，此时的皇家空军已经在迪耶普上空自顾不暇，登陆的部队几乎完全失去了空中保护。幸存者后来将向他们投弹的 Ju 88 称做“火焰喷射飞机”，这种德国轰炸机显然给遇袭者留下了恐怖的印象。

这天下午，盟军各军种间已全无协同可言。当 3 架“波士顿”式正打算施放烟幕时，竟然遭到了本方舰只的猛烈射击。13 时过后，留在滩头上的部队选择了投降，但是一批英国战斗轰炸机接着于 13 时 45 分向滩头展开了扫射，结果把不少已成为俘虏的加拿大士兵给打死了。

经过德国飞行员对战果数字的不断刷新，迪耶普上空的交战终于趋向零星。当 JG 26 联队长索普菲尔在 16 时 30 分击落一架“喷火”后，英国皇家空军已大规模离场——他们已经完全放弃了聚歼德机主力的意图。

当然，偶尔的交战仍时有发生。时至 18 时 30 分，索普菲尔少校又打下一架“喷火”，从而为 JG 26 联队取得了这一天的最后胜利。至于 JG 2 联队的“收官”，则是由沃姆海勒来完成的，他在 18 时 45 分击落的“喷火”，是他个人在这一天里取得的第 8 个战果！值得一提的是，在 8 月 19 日之前已经有 50 个战果在身的沃姆海勒，其身上还装有一条假腿。

有意思的是，当两个战斗机联队均已返回基地后，德国飞机最后还在 19 时 43 分击落一架“喷火”。不过这个战果和“屠夫之鸟”无关，而属于一架 Do 217 轰炸机上的机枪手。

得失之间

迪耶普登陆旨在试探欧洲大陆的坚固程度，这场对纳粹德国占领下的欧洲大陆的第一次反攻尝试，当天就以悲惨的失败而告终。而8月19日的空战则成为自1940年以来最为激烈的一次。事实表明，在面对面的空中格斗中，仍保持着充足兵力和良好士气的德国空军还是技高一筹。

飞行员们已经回家，参谋人员则忙着计较得失。皇家空军战斗机司令部宣称当日予德国战斗机部队以重大杀伤，但统计数字却恰好相反。英国飞机共出动 2955 架次，宣称击落 96 架德机，另外还有 103 架“可能击毁”。其实，JG 2 和 JG 26 联队加起来只损失了 20 架战斗机而已。

这两个德国联队倒是宣称击落 105 架敌机，和宣称的战果通常含有夸大的成分相反，英国空军在这一天的损失事实上还不止于此，而是 106 架！这是整个二战中英国空军单日损失率的最高纪录。其中，被敌机和高炮击落了 95 架，另有 6 架毁于本方炮火误击，1 架被本方飞机误击，2 架因机械故障坠毁，2 架在海峡上空相撞。

开战前，皇家空军高层确信他们将迎来一直所渴求的重创德国战斗机部队的大好机会。但当德国飞机大批出现时（当日出动超过 700 架次），这个机会看上去却并不是羔羊，而更像是难以下咽的刺猬。西线德国空军有生力量这一道“大餐”确实端上了桌，但英国“食客”却难以下咽。

不过得失之间，盟军方面也不无收获，英国空军付出的牺牲并非毫无意义。空战表明，打击第三帝国空中保护伞的战斗，还任重而道远。就战略层面来看，空军在此战中暴露出来的诸多问题，恰恰成为了最大财富。正是吸取了迪耶普的教训，盟军空军才得以建立起一套行之有效的空地支援体系，从而在后来的诺曼底登陆等战役中，发挥了至关重要的决定性作用。

至于以少敌多的德国空军，迪耶普空战无疑是他们的一场大胜，8 月 19 日这一天也成了“屠夫之鸟”Fw 190 战斗机在西线上空的最光彩记录。不过所谓时移世易，随着交战双方力量对比的此消彼长，他们此后将不再有能力掌握欧陆的制空权。Fw 190 在迪耶普上空的“美好时光”，也将一去而不复返。

第8章

伏尔加河畔的“黑死神”

斯大林格勒城笼罩在炮火硝烟中。从 1942 年 9 月到次年初，这座伏尔加河畔的城市颤栗着、挣扎着，却又坚定地经受着一场前所未有的火浴和血浴。在德国第 6 集团军的全力进犯下，城市的主体建筑几乎全部在地面交战中成为废墟，而在残破的街巷上空，不时飞过的双方战机，不断加重着这场惨烈会战的死亡气息。

穿行在黑烟和彤云之间，苏军阵营中装甲坚厚、火力强劲的伊尔-2 对地攻击机用自己的行动表明，它何以会从敌人口中赢得“黑死神”这样一个令人生畏的称号。

艰苦开端

由著名飞机设计师伊留申设计的伊尔-2，是在卫国战争爆发前不久开始装备部队的。1941年5月下旬，苏联空军的攻击机部队才得到了第一批伊尔-2，当时的这批伊尔-2还都是早期的单座型号。

这种重装甲、重火力、专职挑战低空空域的飞机最初的单座原型机于1939年10月2日首飞，1年零10天后推出重新设计的TsKB-57原型机，继而正式确定型号名为伊尔-2。初期的单座版伊尔-2在少量交付部队后即引起了作战单位的高度关注，在斯大林的直接关注下，这种攻击机最初即以火力强劲和防护坚固著称。早期型号装有2门7.62毫米ShKAS机枪和

今日，成为了纪念碑的伊尔-2。

2 门 20 毫米 ShVAK 机炮，翼下可挂载 8 枚火箭弹或 600 千克炸弹，座舱和发动机等关键部位都有装甲保护。

伊尔 -2 是苏联第一种为对地攻击而开发的专用机型，性能远非那些客串攻击机的老式双翼飞机可比。在拟制于卫国战争爆发前的空军装备更新计划中，伊尔 -2 就占据着极为重要的位置，预计到 1941 年末，5 个边境军区共将有 11 个攻击机团装备这种飞机，同时在离边境稍远的地区内，还将组建 6 个伊尔 -2 团。

而在苏德战争爆发的 1941 年 6 月 22 日，尽管工厂已经向苏军交付了约 250 架单座版的伊尔 -2，但这些飞机中的大部分还没能来得及形成战斗力，使得苏军的攻击机主力依旧还是伊尔 -15 和伊尔 -153。资料表明，6 月 22 日当天的几大边境军区加起来的伊尔 -2 装备量也只有 20 余架，分配到每个军区手里的更是屈指可数。只有在深远地区的哈尔科夫军区的第 4 短程轰炸机团配备有 63 架伊尔 -2，这算是当时唯一一个具有完整战斗力的伊尔 -2 单位了。

鉴于前线伊尔 -2 严重不足，原本在哈尔科夫地区整训并摸索战术的第 4 短程轰炸机团被火速拉往西部特别军区参战，而属于伊尔 -2 攻击机部队的传奇，就从 6 月 27 日开始了。

这一天是德军入侵苏联的第 6 天，而伊尔 -2 则在这一天第一次参战。当天傍晚过后的 19 时 40 分，在博布鲁伊斯克附近的公路上，在靠近别列津纳河的地方，5 架伊尔 -2 突然现身了。它们属于第 4 团，不过其时这个团的番号已经由短程轰炸机团变成了第 4 攻击机团。很快，这 5 架伊尔 -2 就向列队行进中的德国坦克和装甲车发起了攻击。攻击者在很低的高度上投下炸弹并发射火箭，造成道路上一片混乱。正在疾进中的装甲部队来自“闪击英雄”古德里安的第 2 装甲集群，这支来势汹汹的机动部队连日来一路高歌猛进，并没有把苏军的抵抗放在眼里，不料这一天突遭打击。

而到了第二天，第 4 团继续出动伊尔 -2 对同一支德军装甲部队再施攻击，到这天日落时，轮番出动的伊尔 -2 至少已经打掉了 20 辆装甲车，它们的行动也把快速推进中的第 2 装甲集群的前进计划至少拖后了 6 个小时。

但是在最初的成功之后，伊尔 -2 就陷入了苦战。尽管一亮相就显示了对地攻击的高效能，因受制于对攻击机的战术不熟悉、飞机的机动性能较差、缺乏后座机枪保护、没有足够的战斗机伴随行动等多重原因，各伊尔 -2 单位在 1941 年秋季的战斗中都蒙受了重大损失。

在那些日子里，遭到击落的伊尔 -2 是如此之多，以致许多攻击机团不得不把注意力从研究对地攻击战术转移到了如何提高自身生存能力方面。一个突出的例子是，第 11 攻击机团暂停了多日的出击，花了很多时间专门进行了空中缠斗的训练。这个团的两名资深飞行员莱申科和马特维耶夫就是最早接受空战战术训练的，团里交给他们的任务是：在必要的时候把自己的飞机当成战斗机来用，想出一套办法来，然后把这些东西再传授给飞行队里的其他人。

这样的努力收到了一定的回报，伊尔-2的战损率有所下降，而随着新飞机的不断装备部队，前线的攻击机实力也能保持在相当的水准上。之后的那个冬天，莫斯科城外，从阻遏德军“台风”行动的艰苦作战开始，伊尔-2又开始续写属于自己的传奇。

困顿于莫斯科坚城之下的德军，又一次感受到了伊尔-2的可怕。一名德国装甲部队的军官在日记里生动地写道：“（伊尔-2）从上面看是绿色的，从下面看是天蓝色的，从正面看则是黑色的。”这或许是该机“黑死神”绰号的发端吧。

毫无疑问，给敌人留下的深刻印象是用鲜血换来的，此时期战斗在莫斯科地区的伊尔-2单位普遍遭遇严重的战斗减员。翻看相关的档案和个人回忆材料，如下描述比比皆是：“第566攻击机团战斗的地方是在莫斯科附近。这个团里的每一个人都阵亡了，每一个人……”

在祖国的西南方

经过1941—1942年的严冬，苏德战场上的新一轮战斗于1942年5月中旬在哈尔科夫地区打响。配置在西南战场的第4航空兵集团军将麾下的攻击机兵力集中，于5月底编成第230攻击机师，全力支援地面部队的作战。

被飞行员们昵称为“伊留莎”、被陆军战士们称为“飞行步兵”或“飞行坦克”的伊尔-2，重现祖国的天空。此前，伊尔-2的生产一度因工厂整体迁移至乌拉尔山脉而大受影响，现在，在对这种飞机给予高度重视的斯大林的直接干预下，伊尔-2的产量已恢复到日产40架的水平。

而直到这个时候，苏联空军才算是真正摸索出了伊尔-2的正确使用之道，也是从那时起，其巨大的潜能才得以释放出来。之前，围绕着如何有效发挥伊尔-2能力这个问题，毫无经验的各飞行单位走了不少弯路，也吃了不少苦头。

苏德战争爆发初期，伊尔-2往往在低至20~25米、高至150~200米的高度范围内实施攻击，通常情况下，飞机会在一次俯冲攻击中投放完所携带的全部武器。如果没有敌机在场，则有可能会实施2~3次攻击。那个时期，攻击机自身的战术、攻击机与战斗机的协同等都在摸索中，全无成熟的经验可遵循。

巡航中的伊尔 -2 编队。

由于上述战法成效不佳，自 1941 年 9 月起，第 66 攻击机团开始采用一种自创的新战术，也即在 600 ~ 1000 米的高度上开始进入俯冲攻击。据说这样做能够提高打击精度，但却增大了被敌军高射炮击中的风险，结果这种战术受到了上级的严厉申斥。

整个 1941 年的情况都是如此，伊尔 -2 部队缺乏有效的战术体系，也没能对战局起到多少帮助作用。当年深秋，某个空军师的报告甚至对伊尔 -2 的表现给出了极低的评价："伊尔 -2 经常被无效使用。伊尔 -2 的飞行员们害怕被击落，经常无理由地采取低飞以躲避敌机，从而失掉他们的方向，结果就是无法完成指定给他们的任务。"

但是到了 1942 年春，从大量失败战例中走出来的攻击机部队已经变得不一样了。事实证明，对于坦克或卡车这样的点状目标，伊尔-2应该以25～30度角、在500～700米高度上发起攻击。为确保效果，应实施3次攻击，第一次在300～400米高度发射4枚火箭弹，第二次投放炸弹，第三次在300～400米高度实施机枪扫射。对于步兵或车辆编队，则以10～15度角、在100～200米高度上发起攻击。建议采取由至少6～8架伊尔组成的紧密的圈形编队，这是最有效的编队方式，既可以对地面目标轮番进攻，也可以在面对敌机时提供互相保护。

攻击机部队也意识到，除了打击敌人的地面目标，另外一个有效的任务是空袭敌人的机场，这能够沉重地打击德国空军。这也成为此时期伊尔-2最主要的任务。

5月25日，第230师下属的第7近卫攻击机团的一个三机小队，在莫斯潘诺夫的带领下，以低空切入的奇袭方式，攻击了康斯坦丁诺夫卡附近的机场。伊尔-2在100～150米高度上进场，在机场上来回通过3次，将22架敌机“点燃”，德军的高射炮甚至都没来得及反应。归航后，莫斯潘诺夫受到嘉奖，并被授予列宁勋章。

值得注意的是，出现了“近卫攻击机团”这样的称号。这一时期，苏军开始恢复源自沙皇俄国时代的“近卫”称号来作为对英勇作战部队的褒奖，而在装备着伊尔-2的攻击机部队中，将有许多部队相继获得“近卫团”这一荣誉称号。对于“飞行坦克”的驾驶者们来说，只要坚持出任过10次任务，他们就有机会获得苏联英雄称号的提名；由于伊尔-2的装备数量最终占到二战苏军作战飞机总数的1/3，因此在这种飞机的驾驶员中也不断涌现出大量的英雄人物。

2天后，第431攻击机团的6架伊尔-2同莫斯潘诺夫的部下来了一次漂亮的“竞赛”。在楚古耶夫机场上空，苏联飞行员们看到敌军飞行员正在他们的飞机前整齐列队，显然正准备接受长官的检阅。这正是攻击的好机会！在伊尔-2的一连串猛烈攻击后，机场上留下了20架敌机的残骸。

在接下来的10天里，伊尔-2等飞机又对6处德军机场实施了准确打击，其中尤以奇袭斯大林诺机场的行动最为成功。当参与此战的12架伊尔-2到场时，有超过50架德国轰炸机正在进行加油作业，结果有至少20架被炸毁。在此期间，领头的第7近卫攻击机团的扎博少校甚至还击落了2架试图起飞的Bf 109战斗机。

“你们要不停地出击”

尽管德军第4航空队在上述打击之下被迫减弱了飞机出勤的强度，但德军地面部队仍然继续朝他们的目标前进着，那就是斯大林格勒。

1942年8月初，两军在这座城市的最外围防线上交火，而调动到此区域的攻击机部队已增加了第226、206、228攻击机师等单位。空中行动的密度前所未有地增强，伊尔-2持续打击前进中的德军野战部队、机场、桥梁等目标。

在此过程中，攻击机单位承受着重大牺牲。一个典型是西什金中校的第800攻击机团，这个团参战还不到一个月便不得不退出战斗序列，当时其可用的飞行员和飞机都已降至可以忽略不计的程度。尽管看来好运气此时不在苏联这一边，但伊尔-2的飞行员们仍然继续表现出高度的勇气和牺牲精神。

8月4日，第504攻击机团的5架伊尔-2在有约20架敌机在场的情况下，仍然冲向德军车队，结果这5架飞机全部损失。3天后，第622攻击机团的团长泽姆良斯基少校为自己的人生画上了辉煌的句点。在斯大林格勒西南区域，他驾驶着已经起火的伊尔-2座机一头撞向地面的德军。8月10日，才第一次执行战斗任务的年轻人罗格尔斯基再现了泽姆良斯基的壮举，他奋力稳住被高炮击中的伊尔-2，接着俯冲撞向一队德国人的卡车。

8月12日，第686攻击机团的飞机在团长佐托夫少校带领下，成功轰炸了奥布利夫斯科机场。官方宣称该部炸毁了89架敌机，尽管这一数字可能有所夸大，但是来自敌方阵营的供词却是伊尔-2在这一天成功的有力旁证。

德军第16侦察机大队的霍策尔中士在14日被俘，当第686团两天前飞临奥布利夫斯科机场时，他正好在场。“空袭来得太过突然，根本没有一架战斗机来得及升空，高炮炮手的开火也太迟了”，这个德国人说道。“结果是我们遭到了重创。我所在的大队损失了16～27架飞机。我不太清楚另外大队的损失数字，但肯定不会比我们少到哪里去……我们单位人员的士气，本来在刚到前线时是非常高昂的，但现在却被这次空袭摧毁了。”

在这样的突击与反突击中，德军的前锋于23日下午进至伏尔加河岸，斯大林格勒城区已经在望。当天17点30分，第8航空兵集团军司令员克柳金将军命令伊尔-2单位集中反击德军。发给各攻击机师的命令写道：“你们必须立即集结所有能用的飞机，阻止敌人向斯大林格勒城郊的进犯。你们要不停地出击，直到夜色来临。”

伏尔加河上空出现了壮阔的景象：双方飞机的纠缠、搏斗；伊尔-2俯冲而下；由被击中目标的爆炸所引发的火光和烟柱；更多的苏联飞行员驾着受创的飞机撞向敌人的坦克……

此时，出现了伊尔-2的新型号，鉴于之前的单座版伊尔-2暴露出后背易受攻击的缺点，设计师推出了增加一名后座机枪手的双座版伊尔-2。这种飞机的最初亮相是在1942年深秋，恰好赶上斯大林格勒保卫战。这种伊尔-2自此成为量产型号，虽然最大载弹量从600千克降到了400千克，但却极大地提升了战场生存力。在各飞机制造厂全力开工的情况下，伊尔-2很快跃升为红军手中的一大利器，与T-34坦克洪流并肩奋战而一并成为苏军的象征性武器。

空中“巷战”

尽管苏军尽了最大努力，战火仍不可避免地蔓延到了斯大林格勒城区。当双方地面部队在城市中部和南部展开错综复杂的拉锯战时，伊尔-2同样继续参与作战。在苏联空军此阶段的飞行中，多达57%的出击次数是由伊尔-2执行的。

在城市上空执行作战飞行是一件殊为不易的事，飞行员一要面飞越如迷宫般残损的建筑群，一面要努力搜索躲藏在街道和房屋中的敌人。最早参与此类行动的是第504攻击机团的8架伊尔-2，这些飞机于9月17日在红十月工厂外围攻击了敌军坦克。之后，便有更多的“黑死神”单位投入到这场空中“巷战”中。

20日，第206和第226攻击机师联手，在一天之内派出5波飞机，对城区进行了集中“梳理”。6点45分，第504团的8架伊尔-2攻击了城郊的机场，第505团的7架在10点10分实施了第二轮攻击。下午1点，第三波的8架飞机空袭了火车站和中心广场附近的敌军车队。稍后，来自第607团的6架伊尔-2在火车站以北铁路沿线向德军步兵投弹。最后，则是第504团和第944团的联合行动。

这一天的大规模行动成效显著，鼓舞了本方士气，得到了第62集团军司令员崔可夫将军的高度肯定。更重要的是，通过这样的行动论证了集中伊尔-2大编队对目标实施饱和攻击的可能性，从而导致了后来所谓的“剃刀飞行”战术的成熟。

这时，参战的伊尔-2大多已改为双座型，后座机枪手负责操纵一挺向后射击的12.7毫米UBT型机枪，另外机翼上的20毫米ShVAK机炮也已换为23毫米的VYa-23机炮。不过在空中“巷战”中，最可怕的武器还是火箭弹。

伊尔-2挂载的火箭弹有两种，分别是82毫米的RS-82型和132毫米的RS-132型。这两种火箭弹均于1940年入役，可分别选装空心装药破甲战斗部和高爆破片杀伤战斗部。

由于技术的限制，火箭弹的命中精度低得可怜。曾有测试表明，在500米距离上发射186枚RS-82，仅有1.1%命中标靶。而在同样距离上发射的134枚RS-132中，命中率甚至为零。但这并不妨碍“黑死神”伊尔-2在斯大林格勒上空大量使用这种武器，并取得不俗的战果。原因很简单，当对目标实施密集的齐射时，命中概率就会有明显提升！

在 30 ~ 40 度的俯冲角上，每架伊尔 -2 每次发射出 8 枚火箭弹，有时甚至是 16 枚，一齐扑向目标。遭到这样“弹雨”笼罩的打击对象，通常都会厄运缠身。就像一名伊尔 -2 飞行员后来回忆的那样：“我们只是向大致的方向射击，不过击中的目标都会被摧毁，不管目标有多厚的装甲……一枚打不中，另一枚也会补上。”

在这样的行动中，一些杰出的人物出现了。

苏联英雄称号得主库兹涅佐夫就在斯大林格勒城下有了一次毕生难忘的经历。当时，在驾机从一次任务中归航时，他的伊尔 -2 不幸被敌军高炮击中，并不得不迫降。并未受伤的库兹涅佐夫藏身附近，不久后看着一架德军的 Bf 109 战斗机降了下来。那名飞行员显然是被落难的伊尔 -2 所深深吸引，他围着那架“飞行坦克”仔细检查，全神贯注。

脑子里飞快地转过一个念头的库兹涅佐夫从藏身处一跃而出，飞奔向那架德国战斗机。他机灵地爬进座舱，下意识地发动了引擎，然后成功地驾着那架 Bf 109 滑跑并腾空，空留下那

苏军地勤人员正在维护一架伊尔 –2。

伊尔 -2 号称“飞行坦克”。

个德国飞行员站在原地呆若木鸡。库兹涅佐夫一边飞行一边摸索着，他成功地躲过了本方飞机，然后降落回了基地。

另一位极为成功的伊尔 -2 飞行员是第 505 攻击机团的穆萨 · 加利夫上尉，他两度获得苏联英雄称号，而他所在的飞行团也以其在伏尔加河畔的突出表现而成为全军第 75 个获得近卫称号的作战单位。在斯大林格勒，加利夫的伊尔 -2 座机通体白色，机身涂着鲜红的编号 9，在很长一段时间里都是斯大林格勒战役期间伊尔 -2 部队的一个象征性图案。

“唯一”和“最多”

在斯大林格勒，战斗的焦点集中在三大工厂区。为减少损失，伊尔 -2 此时多在黄昏或黎明时分出击，有时甚至是在有明亮月光的晚上。战至 11 月 18 日，各攻击机单位共执行了 406 次出击，在这场城市保卫战中发挥了重大作用。

在斯大林格勒争夺战的后期，由于战斗机缺乏，苏军逐渐将拦截敌军轰炸机的任务也交给了伊尔 -2。“黑死神”临时客串起战斗机的角色，而且不乏战果。

10月22日，第945攻击机团的苏达金独自攻击5架He 111轰炸机，并击落其中一架，从而有效保护了正在卸货的苏军军列。11月11日，第505团团长丘梅琴科少校和他的僚机，使用火箭弹和机枪各成功打下一架Ju 88轰炸机。

4天后，第225团的两架伊尔-2在1000米距离上向一架He 111发起攻击，后者当即中弹爆炸。这两架伊尔-2在返航途中与另外两架He 111突然遭遇，这次的攻击距离近至只有100～150米，仍成功击落1架……

在伊尔-2扮演空中杀手的同时，苏军计划中的大反攻也在紧张准备中。11月19日，这一时刻到来了，旨在包围德国第6集团军的钳形攻势展开了。在地面部队如雪崩般推进之际，来自三个航空兵集团军的317架伊尔-2也全力投入了作战。攻击机飞行员们努力完成着自己的任务，为红军的地面进攻提供了强有力的支持。

尽管受到暴雪、狂风和极低能见度的困扰，但是在夺取胜利的信念之下，各伊尔-2单位保持着积极出击的态势，其作战强度之大，甚至达到前所未有的程度。

12月19日，第206攻击机师发出如下命令："前线军事委员会和第8航空兵集团军司令部要求我们在1942年12月20日摧毁突破的敌军。空中打击要执行尽可能多的出击数，并力求取得最大战果。"

命令发出的次日也即20日，这天的云层低垂，距地面仅250～300米，能见度也很差，但是为了执行上述命令，伊尔-2在这一天出动达393架次之多——这是整个斯大林格勒保卫战期间，飞机单日出勤纪录最高的一天。

1943年1月，苏军发起对被围德军第6集团军的总攻。这其中自然也少不了"黑死神"的身影，而第622攻击机团在这个月的9日对萨尔斯克机场的空袭，后来更被列入对地攻击的战术教导手册中。

当时，在苏军进至塔钦斯卡亚一线后，萨尔斯克机场已成为德军最主要的补给站。这一天，第622团的7架伊尔-2从厚厚的云层中俯冲而出，在从11点8分到11点23分的短暂时间里，共投下26枚炸弹和56枚RS-82火箭弹，并取得了惊人的战果。后来的航拍照片表明，有约72架Ju 52运输机被炸毁或损坏！

后来的事实表明，针对德军运输飞机所取得的巨大战果，使得城中德军的补给难以为继，也成为最终成功歼灭第6集团军的一个最重要的因素。2月2日，苏军最终取得了这场大会战的胜利。

伊尔-2的战绩得到了充分的肯定，继诸多"近卫"攻击机团之后，在师级攻击机单位中也

画家笔下的伊尔 -2 编队。

第一次出现了“近卫”的称号。3 月 18 日，苏联国防人民委员会发布命令，为在此战中表现出色的第 226 和第 228 攻击机师，授予第 1 和第 2 近卫攻击机师的光荣番号。

经历过战争初期困顿的“黑死神”在斯大林格勒得到了升华。人们将它称做“斯图莫维克”，这个拼写在俄语中是“对地攻击机”的缩写，伊尔 -2 由此成为以这个专有名词为代称的唯一一种苏联攻击机。

更多的伊尔 -2 不断向前，到 1944 年底，这种飞机已装备了苏联空军的 160 余个攻击机团，不断向敌人喷射复仇的烈焰。对于被美称为“飞行坦克”的伊尔 -2，战时苏联的最高统治者斯大林有过著名的评价，“红军需要伊尔 -2，就如同需要空气和面包一样。”在任何生产延误都被看作是“对红军的犯罪”的情况下，各飞机制造厂采取几班倒连续作业的生产方式，使得该机到二战结束时的总产量达到了 36163 架。这使伊尔 -2 不仅成为二战中产量最多的飞机，也成为世界航空史上产量最多的军用飞机。

第9章 苍天巨寇

巨大的 Me 323 运输机及其前身 Me 321 滑翔机，可装载 10 吨级的物资或超过 100 名的全副武装兵员，前者是后者的动力版本。它们是德国在二战期间，除 Ju 52 之外量产最多的运输机型。虽然它们的实际效用与其庞大的体躯令人遗憾地不成比例，但无论是在滑翔机或是运输机领域，这两种飞机都占有重要的地位。

Me 321：世界上最大的滑翔机

梅塞施密特公司的强项是战斗机，从 Me 109 到 Me 262，这家公司在活塞螺旋桨和喷气机时代都曾领先时代。而它在滑翔机领域的作品也堪称“大手笔”，大战中研发的 Me 321 重型运输滑翔机是名副其实的“巨人”。

这种军事史上最大的军用滑翔机设计起因于入侵英国的“海狮”计划。当时德军在全面考量了入侵英国的任务后发现，海军的运力明显不足，无法保证有效运送部队和物资到登陆场。在大幅

艺术家笔下的 Me 323。

提升海军运力短期内无法实现时，就有人提议使用重型滑翔机，于是研发工作就展开了。加上此前滑翔机部队在西欧闪击战中发挥的重大作用，使得军方需要装备一种重型滑翔机，以保证对英国的登陆战的决心得到加强。

最初，该项目的型号定为 Me 261，于 1940 年 1 月 10 日上呈希特勒，之后在 6 月 11 日正式启动。德国空军的技术部门为该项目所拟定的研发代号是“华沙”，并对运载能力开列了具体要求：一辆 IV 型坦克、一辆 III 号突击炮再加一辆半履带牵引车加 88 毫米高炮，或者 200 名全副武装的步兵。

“华沙”项目吸引来了两家公司参与竞争，它们分别得到了各自的细分代号。容克公司的项目代号为“华沙 - 东”，而梅塞施密特公司的项目代号为“华沙 - 南”。两家公司都在限期内交出了样机，“华沙 - 东”的样机型号是 Ju 322，诞生于莫斯堡；“华沙 - 南”则是 Me 321，完成于莱普海姆。

梅塞施密特公司的研发小组由梅塞施密特的高级工程师约瑟夫 · 弗洛里希牵头，参与的工程师多达 20 人。弗洛里希的工作于 1940 年 11 月 1 日正式展开，1941 年 2 月 1 日全部完成了工程总图。在这份工程图中，该项目被更名为 Me 263。梅塞施密特的设计师沿用了在当时滑翔机领域广泛采用的钢构蒙皮木制机翼的构造。

1941 年 2 月的首次试飞成了一件大事，为此调动了专门的装备和人员。由于根本没有在役飞机能够拖得动 Me 321，不得不找来了同样处于试验期的四发重型轰炸机 Ju 90V-7。试飞小组则由梅塞施密特的专属试飞员和德国空军中最优秀的滑翔机驾驶员共同组成，像克拉夫特和弗林舍等有战场经验的人员都在其列。

试飞的这一天，Me 321 的运载重量为 3.6 吨，首飞由梅塞施密特的试飞员鲍尔完成，来自空军的蔡勒作为观察员同机飞行。Me 321 的首飞一共持续了 22 分钟，在此过程中，Me 321 表现出了良好的飞行性能。但鲍尔落地后，却精疲力竭地报告称他们在拉操纵杆时感觉很吃力，那“耗尽了我们的最后一点精力。”正是试飞时只设一名飞行员做出的报告，使得后来规定每架 Me 321 的机组成员增加为 3 人。

经过此次顺利首飞，梅塞施密特的飞机被定名为 Me 321V-1。这架原型机真是个庞然大物，其翼展长达 55 米，单单是它的一个可抛弃的起落架就重达 1700 公斤！

3 月 5 日，鲍尔又完成了第二次试飞，这次也同样成功。两天后，另一位试飞员弗兰克和蔡勒完成了第三次试飞。第五次试飞的驾驶者则是曾经试飞过 DFS 230 的著名女飞行员汉娜·莱契。

在试飞前，这些试飞员都已进行过针对性的训练，主要的工具是一架加装了近5米高的起落架的DFS 230滑翔机，试飞员坐在这架被抬高了的轻型滑翔机的座舱里，感受即将试飞的新机种的高度。

巨人滑翔机是多方合力打造的产物。构成机身骨架的金属构件来自杜塞尔多夫的曼斯曼公司，用于机翼的木材由斯图加特享有良好声誉的五月家具厂提供。整机的装配车间则设在莱普海姆以及奥勃恰布林。

这样打造出的是世界上最大的滑翔机。工程师们自豪地说，“Me 321的载运能力相当于标准的德国货运火车。”这种翼展55米、机长28.15米、机高6.8米的重型运输滑翔机的运力是“容克大婶”Ju 52的整整6倍。它空重11290公斤，标准起飞重量12000公斤，最大起飞重量达到35000公斤。机动性方面，牵引飞行时速230公里，降落时速115公里。

Me 321和其他德国滑翔机在货（人）舱门设计方面有着重大不同。当时的滑翔机都是采用机身后部进出货物的构造，而Me 321则专门在机头下方设计了两扇向前对开的舱门，高度达到11英尺。这是由其特殊的载物能力所决定的，这样的前开舱门不仅非常方便士兵进出，而且可以使得装甲车辆畅行无阻。

除了第一批下线的50架Me 321A-1外，对后来新出厂的100架又设置了双重操纵系统，称为Me 321B-1。Me 321A采用两组机轮支撑机身，而Me 321B采用了轮径更大的支撑轮。Me 321A有1名驾驶，Me 321B有2名驾驶以及第3名机组成员。从1941年5月到11月间，共生产出166架Me 321，其中有15架被改装为Me 323。

牵引机不足的问题又摆在了眼前。能用的Ju 90还不成熟，而且总共也没几架，而理想的He 111Z又进度缓慢，于是尝试了同时用3架Bf 110牵引的做法。在这一方案里，牵引机要保持速度和高度一致，这是对Bf 110驾驶员的一大挑战。

但完成这一任务似乎太困难了，飞行事故不断发生。最糟糕的一次，3架牵引机和巨大的Me 321碰撞在一起，9名机组成员和搭载的120名步兵（尽管最多可运载200人，但120人是Me 321实战中的标准运量）就这样送掉了性命。

尽管如此，Me 321的强大运载力还是让空军不忍割舍，终于在1941年夏天正式列装并被迅速送往法国，准备执行希望尚存的“海狮”计划。随着“巴巴罗萨”计划的展开，巨人滑翔机则被调往俄国前线执行运输任务，在那里组建了3个装备Me 321的特别单位，次年又组建了另外4个单位。这些部队一次又一次使用三机同时牵引的办法，尽管风险很大，却也别无办法。

为了应对起飞时的种种困难，有关人员还进行了在 Me 321 机翼下加挂火箭，以进行增加起飞时推进力的尝试。加挂的火箭从 2 具到 8 具不等，装备的是可重复使用的瓦尔特火箭，每具火箭都装有降落伞，以便于起飞抛离后回收再次利用。

但是最终真正解决了“巨人”起飞问题的牵引机，还是双生轰炸机型的 He 111Z，首批 11 架该型飞机要等到 1942 年下半年才能被交付使用。

另外，还要提一下和梅塞施密特的“华沙 - 南”进行竞争的容克公司的“华沙 - 东”的结局。当“华沙 - 南”项目最终以 Me 321 的军方定型加入实战而告结束的时候，以生产 Ju 52、Ju 88 和“施图卡”等成功机型著称的容克公司却面临尴尬：“华沙 - 东”被证明完全是个错误。在和梅塞施密特展开的竞争中，为了减轻机身自重，容克准备打造一种全木制的滑翔机，但这在技术上给自己出了道难题。在它的第一次载重试验中，一辆 III 型坦克刚开进机舱就压断了机舱地板。不久后，空军技术总监恩斯特 · 乌德特宣称：“它永远也不可能飞起来！”

Me 323：一次运送一个连

实际上，当 Me 321 刚开始生产不久，对于这种重型滑翔机的动力版本的构想就形成了。虽然这种滑翔机性能优异，但滑翔机的先天缺陷在军方要求它发挥更大作用时制约了它。本身没有动力、牵引费力费神、只适合单程使用，这些都表明：如果德军需要一种能在广阔战线上灵活执行大运输量任务的飞机，就应该把 Me 321 动力化。

经过了 1941 年内的一系列为滑翔机加装发动机和固定起落架的试验，梅塞施密特于 1942 年推出了最初的原型机 Me 323V1，在此基础上形成了第一种型号 Me 323A，它只有 1 名驾驶员。

B 型则进行了改进，首批 Me 323B 装备的发动机选定的是法国出产的格诺姆 - 罗恩 14-N 14 缸气冷发动机，计划是装 4 台，因在试验中发现 4 发动机动力不足而增加到 6 台。法国发动机每部的爬升功率为 990 马力，巡航功率为 750 马力。之后的 6 架 Me 323C 同样是装备 4 部发动机。

于 1942 年 8 月定型的 D 系列是 6 发动机的方案。根据发动机系列和螺旋桨来源的不同，具体有两种细分型号。

一种装备的是 14-N-48 发动机，螺旋桨采用了法国布洛赫 175 式轰炸机的三叶桨片，因

Me 323 张开大口“吞”下卡车。

而被称做 Me 323D-1“布洛赫”；另一种使用装在里奥 451 式轰炸机上的 14-N-49 发动机，螺旋桨也换成了一种双叶桨片，被称做 Me 323D-2“里奥”。两者的最高飞行时速只有 218 公里，最大运输重量达到 16 吨。

至于为什么会选中法国的发动机和螺旋桨，这仅仅是因为这些部件的生产线现成可用，又不会给本已十分紧张的德国各工厂增加额外的负荷。

1943 年春出现的 Me 323E-1 改用了格诺姆 - 罗恩的新型 14-R 发动机，其爬升功率达到 1180 马力，最高飞行时速也随之提升到 414 公里。但由于自重的增加，它的最大运输重量却只有 9 吨。

E 系列的武装较 D 系列大为加强，是 1943 年 4 月以后的标准量产型。在齐柏林等公司参与下，还有过 F、G、H、V16、V17 等试验型号。其中 H 型据称最大运输重量超过 40 吨，但已没有时间付诸实践。

巨人飞机家族的最后一种量产型号是配备了重武装的 Me 323E-2/WT，它火力惊人，但却在空中罕见其踪影。

实战中，Me 323 可以采用以下的运输方案：2 辆 2 吨级的卡车，配备足额炮弹的 88 炮，130 名全副武装的兵员或者 50 桶 250 公升装的油桶。1 架 Me 323 的运力，相当于 6 架 Ju 52；而且前者只需要机组 5 人，后者则要占用 18 人。

在试验中，军方满意地看到，除了人员运输指标符合标准外，更重要的是几乎没有什么车辆是 Me 323“吃”不下的。从 VW 吉普车到 Opel Blitz 1.5 吨卡车，从“黄鼠狼”II 自行反坦克炮到牵引着 150 毫米榴弹炮的 Sdkfz 7 运输车，都能顺利地从 Me 323 机首那高达 11 英尺的载物门进出。

这种飞机设计有厚重的单悬臂，以便能运载重负。为了加强机翼，设计者还在翼下加装了几处支撑臂。为了减少重量和节约铝材，机翼是用木头和布制成的，下面的支撑臂是用金属、木头和布的混合物制成的，以承载机翼。

着陆装置最开始是使用 4 个机轮，但后来发现这一配置很不稳定，于是改为两侧各设一组 10 个机轮。事实证明，这一设计保证了 Me 323 能在条件较差的机场顺利起降。

驾驶舱位于机翼发动机之前、货舱的顶部，周围有装甲防护。早期型号包括 3 名机组成员：正副驾驶加无线电操作员。1942 年 12 月出现的 Me 323D-6 的机组成员从 3 人增加到了 5 人。新增的 2 人是随机工程师，他们的任务是让 6 部发动机随时保持同步，因为在此前的型号中发现这方面存在问题。人员还在不断增加，到了 Me 323E-1，乘员已多达 7 人，这次新增的 2 人是专门操纵机上的自卫炮塔的，已经类似美国重型轰炸机的机枪手角色了。除了机组，一般每架 Me 323 还配有 4 ~ 6 名装卸员。

Me 323 从 1942 年夏天开始量产，原本打算延续到 1945 年的生产计划在 1944 年春天就停止了，总共生产了 198 架，加上有 15 架从 Me 321 改装而来，这样 Me 323 的总产量是 213 架。

生产由几家公司联手完成，曼斯曼的科莫塔卢分公司负责机翼部分，曼斯曼的拉斯分公司负责机身，捷克境内的斯科达公司负责起落架部分，木材还是由斯图加特的五月家具厂提供。

事实上这种巨人运输机脆弱的生存力使它完全不适合用于真正的火线，它仅有的深入炮火前线的战例是于 1943 年援助被困于突尼斯的轴心国军队，但那次行动令它们损失惨重。在绝大多数时间里，巨人运输机都是在俄国战场远离前线的地方执行运输和补给任务。

艰难的时光

为了尽快投入实战，对飞行员展开了特别训练。各项操练在德国空军设于柯尼斯堡附近的耶骚滑翔机学校紧张进行。该校于 1940 年末创立，专门实施各种针对性的初级和高级训练。

在此基础上，还进一步在装配 Me 321 的两个地点设立了专门训练单位，分别由毛斯上尉和卡尔托夫中校负责。经过强化训练，牵引机组和滑翔机组的成员们已经能够胜任自己的使命了。

第一批机组成员连同他们的 Me 321 转场至法兰克福，在那里等待对英国行动的命令下达。当地的地勤人员都对这种飞机充满了兴趣，他们经常向机组成员打听这只“大鸟”的技术细节，不过后者对即将参加的任务可是讳莫如深。

不过，随着“海狮”计划被一推再推，巨人滑翔机也始终停留在训练单位的编制内。

“巴巴罗萨”的炮声改变了这一切，Me 321 终于要上场了，不过不是飞越英吉利海峡，而是飞越东方大草原。第一批组建了 4 个巨人滑翔机中队，每个中队有 6 架 Me 321。1941 年 7 月，部分 Me 321 经过 5 次中途转场，最终被运至波罗的海地区的里加。

巨人滑翔机的首次运输任务在 8 月展开，Me 321 从设在奥斯查的前进基地出发，分别向鲁达科沃、维亚济马 - 布良斯克等地运送了补给物资。首次前线任务则发生在 9 月 21 日，巨人滑翔机经受了第一次炮火洗礼，第 1 巨人中队的 4 架 Me 321 参与了占领奥塞尔岛的空中支援行动。

随着冬天的到来，不仅地面攻势失掉了劲头，冰封雪覆的机场同样制约了 Me 321 的行动，冒着恶劣环境执行的若干次任务让巨人中队蒙受了很大的损失。当次年春天到来时，4 个中队只剩下约 2 个中队的战力了。以这 2 个中队为基础，后来在增补新机以及 He 111Z 新式牵引机的条件下，成立了第 1 重型滑翔机指挥部。

战场条件越来越艰苦，各处都需要这种巨大的飞机带去补给品，Me 321 竭尽全力，同时损失惨重。1943 年初的那个冬天充满了艰辛与创伤。举例来说，在 1943 年 1 月有 12 架全新的 Me 321 投入克里木战线，到当月底就只剩下 3 架能用的了。而在 1 月到 3 月于斯拉维安斯卡亚地区运送补给品的 11 架 Me 321 中，最后只有 1 架幸存。

对于德国运输机部队而言，更大的打击也发生在此一时期，然而巨人滑翔机这一次倒是从

Me 323 在北非战场执行任务。

那个人间炼狱斯大林格勒幸免于难。

为了给被围该城的第 6 集团军运送物资，在 Ju 52 运输机部队连教学单位都被抽调上阵的情况下，巨人滑翔机单位也被紧急动员。1 月 16 日，临时成立了第 2 重型滑翔机指挥部，首批调遣 10 架 Me 321，指定的前进基地是靠近斯城的沃洛施洛夫格勒机场。基地的情形实在太糟了，根本无法用于起降大型飞机，而且短时间内要建立一整套运补系统的工作进展也很缓慢。

直到 1 月 24 日，当地还是无法满足 Me 321 起飞的需要，结果第 2 重型滑翔机指挥部只能派出一架原本是作为牵引机的 He 111Z 实施了象征性的任务。至于 10 架 Me 321，则从来没有出现在斯大林格勒上空过，它们躲过一劫。

新的一年里，由 He 111Z 牵引 Me 321 的组合总算显出了成效。在当年对库班桥头堡的救援行动中，不仅每架 Me 321 可以救出 100 名伤员，而且牵引它的 He 111Z 也能搭回另外 30 人。

1943 年的头几个月是非常艰苦的岁月，直到 5 月才迎来了休整期：两个重型滑翔机指挥部麾下的部分飞机都转至法国马赛地区整补。转至法国的战力为 20 架 Me 321、11 架 He 111Z。

然而在 8 月 17 日，两个整补基地之一的伊斯崔斯机场遭到猛烈的空袭，总共有 180 架军机在地面被炸，其中包括 5 架 Me 321，另有 2 架 Me 321 被击伤。

遭此意外打击的这批巨人滑翔机再也没有恢复元气。到了当年 11 月，具备出勤能力的 Me 321 总计只剩下了 4 架，其他的不是需要大修就是零配件短缺。空军终于做出了解散第 1 和第 2 重型滑翔机指挥部的决定，所有的巨人滑翔机被就地拆卸，牵引机 He 111Z 则转隶第 2 重型运输机大队第 4 中队。

此时，仍留在东线作战的剩下的为数不多的 Me 321 也迎来了最后的时光，它们要么是被改装成 Me 323，要么就受命执行对包围圈的最后补给任务，而且全部是单程飞行，全部有去无回。

第 5 运输机联队的苦斗

尽管被设计成具有一次运送整整一个连的运载力，但 Me 323 几乎没有机会执行这种向前线投送大批有生力量的气势汹汹的任务，实际上，它被计划用来当作拯救被包围部队的最后法宝。

一句话，它不是进攻的利器，而仅仅是败退的依靠。

Me 323D 的量产正好赶得及参加突尼斯之役——德国在北非的最后一战。在接收了两个 Ju 52 运输机大队的加入后，以巨人运输机为主组建起了一支空军特战单位 KG.zbv323。其番号数字 323 正是来自 Me 323 的机型序号。

特战联队下辖 3 个大队，每个大队辖 4 个中队，其中 3 个运输机中队各编有 6 架 Me 323，另一个指挥中队编有 3 架 Me 323。这样，满编的 323 特战联队共编有 63 架巨人运输机。

该部后来更名为第 5 运输机联队（TG5），指挥官先后为古斯塔夫 · 戴姆上校和古依多 · 纽德林格上校。第 1 大队指挥官为昆特 · 毛斯少校，第 2 大队指挥官为斯蒂凡中校，后者于 1943 年 4 月 22 日阵亡。

特战联队的 3 个大队都于 1942 年组建于莱普海姆，第 1 和第 2 大队成军后先后被用于希腊和意大利方向，并参加了援助困战突尼斯的德国非洲集团军的作战。而第 3 大队则被送往东线服务。北非上空是 Me 323 正式列装后最重要的战场，因为军方对这种巨型运输机寄予厚望，他们希望并且相信这种飞机能够对处于颓势中的德国非洲集团军起到重要的支援作用。

起先，在运输机的使用上，军方对 Me 323 和 Ju 52 进行了合理搭配，后者主要运输燃油和军需品，前者则负责运送火炮、卡车乃至战车。很快，这种严谨的分工随着北非前线的混乱而被打乱，Me 323 装满了汽油这样危险的物品，而且担负后送伤员、战俘的任务。

Me 323 机身固定的防卫火力只有两挺 7.92 毫米的 MG15 机枪，机身的一些窗子提供了额外的武装：被运载的步兵们通过那里用自己手里的 MG34 或 MG42 开火。在地中海上空飞了没几天，这一薄弱的武装就被加强了。MG15 换成了 13 毫米口径的 MG131，并且在舱门两侧配备了另外的两挺，但是这些依然不够。

盟军的战斗机很快就把 Me 323 当成自己重要的目标，因为他们发现，虽然这种飞机体形巨大，而且武装不凡，但是根本就不堪一击：只要打中几枪，就肯定会坠毁。

1942 年 12 月 18 日，5 架隶属第 1 大队的 Me 323 以各式各样的方式报废，突出表明了这种飞机的易损性。1 架在空中被英国的轰炸机击落，1 架在地面卸货时遭到敌机扫射而爆炸，1 架在地面维护时机翼突然断裂；另外 2 架都和迫降有关：1 架划破了机腹，1 架滑进了水沟。次年 4 月 9 日，第 1 大队在一次后送伤员的任务中同时有 3 架 Me 323 被击落。

其实巨人运输机的产量在 1943 年春天本来已达到了顶峰：差不多每天都有一架出厂。但是惨重的损失使工人们的努力徒劳无功。仅仅 4 月一个月内 KG.zbv323 就损失了 43 架飞机，其中 29 架是在空中被击落的。

在这个不幸的 4 月里，第 2 大队是最倒霉的。

22 日，第 2 大队的运力在第 1 大队部分飞机的增援下执行任务，结果和盟军的战斗机群遭遇，在一场从地面上看起来就像是麻雀围攻老鹰的战斗中，第 1 大队有 2 架 Me 323 被击落，而第 2 大队则整整损失了 10 架 Me 323；更糟糕的是，该大队指挥官斯蒂凡中校也当即阵亡。整个运输机群大队中只有 19 人幸免于难，另外 119 人全部阵亡。

此战使得第 2 大队基本丧失了战斗力，在将仅存的人员和飞机转隶第 1 大队后，该部就此从北非上空消失无踪。一直要到之后于东线才得以重新组建。

当德军于 5 月在北非彻底失败后，第 1 大队（包含第 2 大队残部）北撤至意大利佛罗伦萨地区，并于 1943 年秋天回到老家莱普海姆整补。

即使损失惨重，第 1 和第 2 大队亦总算有所贡献，而第 3 大队则一直不太适应东线的气候和机场，早早地在 1943 年 6 月撤销编制。在撤销第 3 大队的同时，北非劫余的 TG5 准备将力量东移。由于第 3 大队撤销，第 2 大队残部已并入第 1 大队，因此当 1943 年末来到华沙地区的基地时，能够向东线运送物资的巨人飞机联队实际战力就只有一个大队而已了。

Me 323 于东线临空，这次巨人运输机光临的地区北起里加，南至基辅，并且包括日托米尔和乌曼这样的交战激烈地区。随着东线德军的不断后撤，巨人运输机也在频繁的转场中持续扮演救火队的角色。1944 年初，第 1 大队进驻罗马尼亚境内，转隶活动于克里米亚的第 4 航空队序列，活动范围随之转到奥德萨、塞瓦斯托波尔。在那里待了没几个月，该大队又奉调前往匈牙利，那里成为这个特殊的空军大队最后的基地。

损失接二连三，原因各有不同：被敌机击中、迫降失败、飞行故障、游击队的打击。此间，Me 323 活跃在从维也纳新城直到塞瓦斯托波尔的广大地区上空，但是战损率已高到令 TG5 无法承受的地步。

3 月初，地勤人员不得不纵火烧掉了 5 架 Me 323，因为红军的前锋逼近了机场，而雨后的跑道又泥泞不堪，使得 Me 323 无法起飞。3 月 18 日，好不容易带着 70 名士兵起飞的一架 Me 323 撞毁在奥德萨地区，机上只有 7 人幸免于难。

在 1944 年的头几个月里，TG5 或者更准确地说是第 1 大队，足足损失了 22 架 Me 323。虽然第 1 大队举行了庆祝完成第 2000 次任务的活动，但巨人运输机部队几乎已不存在了。

哥利亚的末日时刻到来了，1944 年 6 月 14 日的一次空袭，报销掉了 TG5 差不多剩余的全部飞机。于是到了 8 月，TG5 最终被从空军战列中撤销。巨人联队比它的第 3 大队仅仅多存在了一年，这是牺牲重大而收效甚微的一年。

Me 323 这种巨型运输机迅速被人忘记了，而幸存下来的 TG5 的成员们则面临一条注定要他们与已经阵亡的同事们再度相会的糟糕道路：加入东线的步兵战。

Me 323 劫余的残骸。

最后值得一提的是这种巨人飞机的重火力版本：Me 323E-2/WT。这种被称做“高炮巡洋舰”的机型与其说是运输机，倒不如说是空中火力点比较合适，它那各种各样的武装使单机的机组成员达到 17 人之多。其具体武装配备有多种方案，其中最夸张的一种是 11 门 20 毫米 MG 151 机炮和 4 挺 13 毫米 MG 131，另加若干 7.92 毫米 MG17 机枪。机炮被分配在 5 个炮塔之中，4 个分布在两翼，1 个在主机身之上。

尽管火力强大，但却从来没有一架 WT 型被装备到各大队中，只有少数几架被直接掌控在联队一级。说到它有限几次的使用，TG5 的战时日志有如下记载：1944 年 3 月 28 日配合第 1 大队作战；1944 年 4 月几架 WT 被用于机场防御；1944 年 8 月转移第 2 大队时有一架 WT 坠毁。

其中用于机场防御的那次行动，终于让人明白它那绰号“高炮巡洋舰”的真实含义。4 月 Me 323E-2/WT 参与防御的机场位于芬斯特瓦尔德，当地正是 KG200 的基地。至于 WT 是如何参与防御的，原来德国人是把它摆在地面，用机身上装备的机炮当高射炮打——这一招已经被 KG200 在俘获的美军 B-17 轰炸机上得到了实验。

由此看来，“高炮巡洋舰”的称号只能算是德国地面防空炮火薄弱的写照，也是这种巨型飞机一种令人哭笑不得的悲哀。纳粹德国非常偏爱“重型”武器。在希特勒等人看来，重量级的装备可以恰当地展现第三帝国的威力和无与伦比的压倒性战术优势。在陆军方面，这个特点尤其突出，比如重型坦克和列车炮。而在空军装备中，本文提到的滑翔 / 运输机算得上是一个例证，而真正需要开发的“重型”军机（四发战略轰炸机）却莫名其妙地从来没有受到过重视。

诚然，Me 321/323 具有相当不俗的运载能力，即便是以今天的标准来看，也不失为一种优秀的运输机。但是，由滑翔机改进而成的这种先天性不足，使得 Me 323 在实战中漏洞百出，未能达到军方的初衷。

该机的机身结构并不坚固，防弹能力极其脆弱，再加上其缓慢的速度，因而当面对盟军飞机的攻击时，境遇是非常糟糕的。而其沿袭自 Me 321 的前开舱门的设计，也已经在当时和后来的运输机发展中被证明是不太适用的。

不过，就是这样的总体并不太成功的机型，却依然成为德国在二战期间，除 Ju 52 之外量产数最多的运输机型。这与其说是证明了这种机型的优越性，倒不如说是揭示了德国战时军机工业的结构性短板是何等的显而易见。

第10章

“开罐刀”挥向库尔斯克

作为有史以来最大规模的坦克战，即发生在 1943 年七八月间的库尔斯克会战，是苏德战争中的决定性战役之一，也是德军在东线所采取的最后一次攻势。为了遂行这场被他们称之为“城堡作战”的进攻，德国人多方调集重兵，其中的航空兵力多达 2050 架飞机。

本章当然无意探讨德国空军在整个库尔斯克战役期间的作战行动，而是将聚焦范围从这 2050 架德国飞机缩小到其中的 68 架——68 架带着特殊目的而生、执行特殊任务的飞机。这就是由亨舍尔公司开发的 Hs 129 单座双发攻击机——它是二战中最小号的双发飞机，也是世界上第一种“专业”反坦克攻击机。

表现 Hs 129 突击库尔斯克的绘画作品。

专打坦克的飞机

时至 1943 年春天，Hs 129 在东线战场服役刚满“周岁”不久。自 1942 年 3 月底初次亮相以来，这种新式飞机便迅速赢得了地面部队的好评。和大多数德国军机所具备的优雅外观不同，Hs 129 的粗壮外形简直近乎丑陋，而这只是它鲜明个性的一个方面，其他的方面则是：火力强劲，生存力高，对地攻击直接而高效。

这种由德国亨舍尔公司研发的重型装甲对地攻击机，在被自己人盛赞为“坦克开罐刀”的同时，却又被对手贬为“伊尔 -2 的拙劣仿制品”。Hs 129 开创了世界航空史上反坦克攻击机的先河，其原型机为 Hs 129A-0 ，此后有 Hs 129B-0/B-1、Hs 129B-2 和 Hs 129B-3 等系列型号及一些试验型号相继问世，但加起来产量仅仅有 1000 余架而已。

同盟国方面一直认为是苏联攻击机伊尔 -2 的出现刺激了德国军方，这种“黑死神”乃是德国人研制 Hs 129 的主要诱因。这一说法在多大程度上能令人信服呢？只要看看这两种机型的研发时间就行了。Hs 129 原型机，1939 年春；伊尔 -2 原型机，1939 年底。因此，这完全是两种各自独立研发的攻击机种——尽管伊尔 -2 在实战中的表现给予了 Hs 129 谋求改进的宝贵经验。事实上德国对重装对地攻击机的研发自 1937 年就已经开始，说 Hs 129 是伊尔 -2 的复制品的这种说法确实不太可信。

尽管 Hs 129 在原型机阶段存在着不少问题，但是在苏联战场上实施对地硬目标打击任务时倍感吃力的空军，却决定要加速装备这种新机型。于是 在 1941 年 12 月，第一架 Hs 129B-1 从工厂的组装线下线；次年 3 月，首批量产型 Hs129B-1 正式列装部队，并在 2 个月之后投入东部战线。

事实上，从投入战场之日开始，从哈尔科夫、沃罗涅日、罗斯托夫，到奥廖尔、伏罗希洛夫格勒，Hs 129 在对敌坦克装甲车辆、运输车队、坚固据点等点状目标的低空打击中表现极佳，对于本方步兵和装甲部队的作战起到了积极的支援作用。

根据 1942 年 1 月发布的技术规范，Hs 129B-1 的标准武力如下：2 挺 7.92 毫米机枪，各备弹 1000 发；2 门 20 毫米机炮，各备弹 250 发。但是这种武装配备在当时的苏联战场上完全不适用，面对红军的主力坦克，20 毫米机炮很难起到什么作用。于是在战场上的不同地勤单位手中，出现了五花八门的火力强化型。

——B-1/R1 是机翼加挂 2 枚 50 公斤 SC50 炸弹或 2 枚 AB24 人员杀伤集束炸弹（共有 2 公斤 SD2 子炸弹 48 枚）的方案。

——B-1/R2 则在机身下设临时吊舱，内装 1 门 30 毫米 MK101 型机炮，备弹 30 发。需要指出的是，在许多时候，R2 同样通过 R1 的 ETC50 炸弹挂架，同时携带炸弹出击，以增强攻击力。

——B-1/R3 在机腹加挂 7.92 毫米 MG17 型四联装机关枪吊舱一具，每挺机枪备弹 250 发，4 挺机枪并联向前，是对地面扫射的绝佳选择。R3 同样在机翼下挂有炸弹。

——B-1/R4 是在机翼装有 4 具 ETC50 炸弹挂架，可加挂 4 枚 50 公斤 SC50 型炸弹或 4 枚 AB24 人员杀伤集束炸弹（共有 2 公斤 SD2 型子炸弹 96 枚）的方案。这些挂架在特殊情况下可以改挂 250 公斤炸弹或 300 升容量的副油箱。

在所有这些加强型中，因为对抗苏联坦克是最重要的任务，所以装备有 3 门机炮的 B-1/R2 是运用最为广泛的。

而为了将这种新飞机的效能发挥至最佳，德国空军还专门在 1942 年初为之创立了一种新的编制体系，这就是攻击机联队。攻击机联队下辖 2 个大队（各 3 个中队），联队部还直辖 2 个中队，每个中队满编 12 架飞机，全联队理论满编数在 100 架左右。

这种特殊联队的定位，就是专门为地面部队提供近距离空中支援、压制敌军地面部队尤其是装甲目标的。不难看出，无论是攻击机联队的创立，还是 Hs 129 的研发装备，都反映出了德军对于一种能够有效压制苏军坦克的手段的极度渴求；反过来，这也印证了红军装甲洪流在数量上所占据的压倒性优势。

激战南俄战线

1942 年 5 月初，首批进入第 1 攻击机联队的 43 架 Hs 129 配合着当时德军主攻的重点，主要在俄国南部分两个部分展开，在克里米亚半岛作战的是直属第 4 中队和第 2 大队第 5 中队，第 6 和第 7 中队则活动于亚速海区域。

这些攻击机一到前线就迅速投入行动，它们对各种不同的目标实施了打击：摩托化纵队、火炮阵地、工事要塞。Hs 129 一般在 15 ～ 18 米的低空对目标实施突击，尽管在苏联防空炮火的打击下遭受了损失，尽管发动机的麻烦始终困扰着飞行和维护，但首批 Hs 129B 在这些任务中的表现还是相当令人满意的。

一种看法是，Hs 129 本身并没有达到设计者预期的那种理想效果，而且虽然有强装甲，但在战场上空它依然很容易沦为敌方战斗机的牺牲品。它的操控性是如此之差，以致许多原先在攻击机部队飞老式的 Hs 123 和改装的 Bf 109 的飞行员，都把换装 Hs 129 视作是一件不开心的事。

许多飞行员在飞过这种新型飞机后，都会产生对其操控性生厌而对其攻击力赞叹的矛盾情绪。对此，后来一位资深 Hs 129 飞行员的话是最有代表性的。

他回忆道，“在某些条件下，Hs 129 的飞行性能是相当糟糕的，以致我在战争结束多年后仍然会在熟睡时被紧急情况的噩梦所惊醒！它的方向舵操纵起来非常沉重，在攻击小型的地面

停机坪上的 Hs 129。

目标时，这种操控性是非常令人不快的，因为那让我们在瞄准时非常困难。飞行过程也不会让你感到愉快，真不知道是谁设计出那么一根又细又短的操纵杆！或许降落要算是整个飞行过程中最轻松的一环了，不过如果机场上出现了强气流，那就也够你受的了。”“但是”他接着说：“尽管这样，这种飞机还是一种好飞机，因为它的火力和装甲板是一流的。在打击坦克方面，它的武装简直是没话说！”

5 月中旬，红军在哈尔科夫附近发动了一次攻势，苏联方面对此次行动期望颇高，对面的德军承受了不小的压力。因而第 1 攻击机联队也从克里米亚转进至哈尔科夫附近空域作战。

在大队长布鲁诺 · 迈耶尔中尉的指挥下，第 1 攻击机联队的第 2 大队持续伴随不断向东推进的德军地面部队，从 6 月到 8 月一直在哈尔科夫和沃罗涅日方面支援作战。不时地，该部零星编队的触角也伸展到施塔洛夫卡、奥廖尔、库尔斯克等地。随着德军在哈尔科夫地区取得了彻底的胜利，第 2 大队也在 8 月底将前进基地推进到了塔钦斯卡亚，在那里该部庆祝了自己的第 2500 次成功出击。

俄国南部的德军一路向斯大林格勒方向突进，Hs 129 尽量对自己的地面部队提供支援。尽管不断受到大雾、低温、沙尘和冰雪的阻碍，第 2 大队还是一直把攻击的区域伸展到斯大林格勒城下。

11 月，联队部也向前推进，从原来的基地图佐夫转进到罗斯托夫城以北的米尔诺沃地区。11 月 16 日，一支包括有 250 辆坦克的红军突破了顿河上意大利军队的防线，造成斯大林格勒方向形势急剧恶化。第 2 大队用尽全力，配合友军的“斯图卡”以及 Bf 109 对这一突破口实施了攻击，其中第 8 中队的 6 架 Hs 129 在 2 天内打掉了 10 辆苏联坦克，但所有这些努力要抵挡住红军的洪流是不可能的。

刚到新基地不久就面临红军合围斯大林格勒的不利态势，不得已的第 1 攻击机联队只得往西撤退，曾经支援第 6 集团军向斯大林格勒城内突击的 Hs 129 部队就这样一步步被逼退，此时他们距离这座曾经近在咫尺的城市已经有 400 公里之遥。更糟的是，在冬天的恶劣天气下，尽管地勤人员竭尽全力，第 2 大队一次最多也只能派出 10 架 Hs 129 参加战斗。从那时起到 1943 年春天，Hs 129 单位只能在喘息中等待着新的机会。

大战前的“升级”

Hs 129 的威力不俗，但与需要压制的坦克数量相比，“压制者”自身的数量就少得可怜，其结果是少数几支攻击机中队经过战场消磨很快就变得缺兵少将。到了“城堡作战”发起前夕的 1943 年 5 月，几乎全部的 Hs 129 中队均奉命从一线撤出，迎来短暂的喘息。

不过有一个好消息是，Hs 129 的最新型号 B-2 这时已经投入量产——尽管月产量估计只能达到几十架。该型号机长 9.75 米、机高 3.25 米、翼展 14.2 米；空重 3810 千克，最大起飞重量 5250 千克；配备 2 台 700 马力空冷发动机，最大速度 407 公里 / 时，航程 688 公里，实用升限 5400 米。

此前的 B-1 型虽然配备了 30 毫米的 MK101 机炮，但在打击苏联坦克方面的表现也只是勉强而已。一份攻击机中队日志这样记载道：“MK101 机炮已经在许多次行动中被证明是无效的。有的苏联坦克在被连续击中数发炮弹后，仍然能够行动，尽管有时它已经起火并且冒出浓烟。Hs 129 需要新的更强力的武器，那种一到两击就能彻底摧毁敌人重战车的武器。”“那种尝试向坦克群中扔下航空炸弹的做法也一直收效甚微。因为炸弹只有在靠近坦克的地方爆炸才能收到反坦克的效果，但这种对投弹精度的要求只有偶尔运气好时才能达到。”

为此而推出的 B-2 型有针对性地提供了武装升级的“套餐”。基本的火力仍为 2 挺 7.92 毫米 MG 17 型机枪（各备弹 500 发）、2 门 20 毫米 MG 151 型机炮（各备弹 125 发），其中机枪设置在机翼翼根部位，机炮则在前部机身的两侧位置。作为增强的配置，则可以选择加装 1 门 30 毫米 MK 103 型机炮（备弹 30 发）或者改装 1 门 37 毫米 BK3,7 机炮，另外还可以选挂从 50 ~ 250 千克等不同规格的航空炸弹或人员杀伤炸弹。

MK103 机炮的性能比 MK101 优越，它具有更高的炮口初速度和更平直的弹道曲线，它被安置在机腹特制的半椭圆形的低阻机炮舱内，其炮口端是长方形的，这是一种消除后坐力的设计。这种火炮一般备弹 30 发，但亦可最多备弹达 100 发钨芯反坦克穿甲弹，炮弹在 300 米的距离上可以击穿 75 毫米厚的装甲。这一配置使得 Hs 129 自出道以来真正获得了反坦克的强劲火力。

至于 BK3,7 机炮，它置于挂在机腹的一个竖式纺锤状封闭舱内，但是在安装这种武器时，必须拆除机身原有的 2 挺 7.92 毫米机枪。BK3,7 在反坦克方面性能极佳，它的改型也被装载于“斯图卡”式俯冲轰炸机上用于反坦克。不过该炮自重较大，因而备弹量较小，只有 12 发，采用这种方案的 Hs 129 不是很多。

B-2 型还有其他改进。Hs 129B-1 的实战经验表明了其发动机不太可靠，在飞行中不能提供与其性能指标符合的出力数据只是小事，最严重的是进了沙尘后会毫无征兆地突然起火。亨舍尔的技术小组的改进之道是，在 B-2 型上将原来的圆形发动机进气口改为矩形，并在其上加装了改良的沙尘过滤器，同时调整了引擎罩的尺寸。

油路系统也进行了安全强化，安装了油压调整器，以减少尤其是两翼主油箱在过热条件下的危险。无线电系统得以改进，原先突起在机身上部的无线电天线桅杆被撤除，改用一条连接机身上部和垂直尾翼的电缆线。改进后的无线电效果更好，从而使得飞行员可以接收来自地面总部的更清晰、准确的信息。

与此同时，在座舱罩内新增的一面后视镜让飞行员有机会尽早发现从背后向自己扑来的敌机。有的飞机还在左侧面的风挡玻璃上绘有一组三根与地平线分交角为 10 度、20 度和 30 度的白线，用来帮助飞行员在发起攻击时掌握机身倾斜度。

在德军攻向库尔斯克的前夕，各亨舍尔攻击机单位普遍接受了 B-2 型的换装，不过全部能够投入使用的兵力，加在一起也仅有 4 个中队而已，它们分别是：第 1 攻击机联队第 4、第 8 中队，第 2 攻击机联队第 4、第 8 中队。

上述中队的总实力是 68 架 Hs 129，它们全部被置于第 1 攻击机联队第 1 大队长布鲁诺·迈耶尔上尉的指挥之下。28 岁的迈耶尔是一名空军老兵，曾驾机攻击过华沙和卢布林，向敦刻尔克和康布雷扔过炸弹，又在苏联战场上获得过骑士铁十字勋章。对于 Hs 129，他是空军中敢说对其“非常熟悉”的少数几个人之一。

迈耶尔把野战基地选在别尔哥罗德西南约 8 公里处的米科雅诺夫卡机场，Hs 129 将主要配合南翼的南方集团军群作战，基地的选址符合这一要求。与不少空军军官们空谈“战役的进展将取决于我们的飞机”不同，迈耶尔向本战区的地面部队提出了一个具体要求：从空中看一看“虎”式坦克。只有在飞行中能够辨认出这种本方的新型武器，才可以避免误击事件的发生。这自然是一个“行家”的建议。

“击毁 80 辆坦克”

7 月 5 日的清晨来到了，太阳照常升起，光线、飞尘和燥热随之而来，又一个典型的俄罗斯夏日开始了。库尔斯克大会战就在这一天正式打响。

米科雅诺夫卡机场上的 4 个 Hs 129 中队相继升空，准备倾泻它们的强大火力。然而，由于当面苏军的移动目标早已后撤或隐蔽，迈耶尔的部下们几乎无所事事。这位大队长在开战次日甚至降低了出勤安排频率，不少飞行员一天只出动了一架次而已。

不过战场的热度到了 7 月 7 日便骤然升高。在德军第 1SS“希特勒警卫旗队”装甲师沿公路疾进时，期待中的苏军坦克现身了。面对由 T-34 和 KV-1 组成的坦克群，4 个 Hs 129 中队轮番上阵，这场恶斗一直持续到薄暮冥冥才罢休，并以 Hs 129 击退苏军坦克群而自身无一损失为结束。迈耶尔在日记里写道：“乡村道路上呈现出一长串坦克熊熊燃烧的奇异景象，不时有坦克爆炸，将焰火猛地抛掷到空中。”

更激烈的冲突在 7 月 8 日下午来临。在别尔哥罗德东北面的树林边缘，突然出现了大量苏军部队，他们直接威胁到了行进中的德军第 2SS 装甲军的侧翼。于是，米科雅诺夫卡机场再次陷入了忙碌中。

飞临现场的大部分 Hs 129 飞行员从未见过这样的场面：庞大的步兵队列拉开 8 ~ 10 公里宽的正面，一浪接着一浪从容而进。这些步兵面对来袭的飞机毫无惧色，在他们的身后，似乎是源源不断的轻重坦克驶出树林。

迈耶尔大队长和他的中队长们带头攻击，在他们的带领下，Hs 129 排成一个又一个 4 机编队，向苏军发起车轮袭击。3 小时之内，树林边缘的大量苏军坦克便化为着火的残骸，剩下的则夺路而走。这次空中打击成功化解了对德军侧翼的威胁，而 Hs 129 则再度“无一损失”。

当天晚上，显然是受到惊吓的第 2SS 装甲军军部希望空军能够在次日清晨对该地区再做一次空中侦察。结果飞行员发现那里“一片寂静”。而根据德军第 4 航空队的战时日志记载，“反坦克攻击机取得了显著的成功——共击毁了80辆坦克。”

对Hs 129攻击机而言，7月8日的出击是一次教科书般的战斗。而其中战果最为突出的，当属第1攻击机联队第4中队。其时，这支中队的Hs 129B-2全部配备了新式的MK 103型机炮。

虽然MK 103和MK 101机炮的口径相同，但是两者的杀伤威力不可同日而语。炮口呈矩形的MK103机炮具有较高的炮口初速和较为平直的弹道，测试表明其炮弹在300米的距离上能够击穿75毫米厚的装甲。对于这两种机炮的反装甲效果，从使用者的评价便可看得一清二楚。对于MK 101，第2联队第4中队的日志写道：“MK101机炮已经多次被证明无效。你用它连续命中俄国人的坦克，但目标却依旧还能开！”对于MK 103，第1联队第4中队的日志写道：“这确实是仅仅打中一到两发就能完全击毁俄国坦克的武器。”

正是从库尔斯克战场上配备了MK 103型机炮的Hs 129B-2开始，这种飞机在德军内正式获得了“坦克开罐刀”的别称，也正基于这个原因，许多研究材料将Hs 129认定为世界上第一种专用的反坦克攻击机。

“树林之战”几天后，还是这个第4中队，又一次证明了Hs 129和MK 103的效率。在中队长多纳曼中尉的带领下，该部的Hs 129 B-2这回深入敌后，前去偷袭战线后方的苏军坦克集结区。通常，这类任务只适合轰炸机，因为轰炸机可以飞在高炮的射高之上并且投下大量炸弹，但这一次，它们的风头被“坦克开罐刀”占了。

伴随着天际的第一缕曙光，第4中队的Hs 129低空进袭，飞行员们可以清楚地看到排列在草原上的坦克。它们的乘员，就和衣睡在旁边。每一架Hs 129都从容打光了所有炮弹，然后掉头疾飞，猛烈的高炮炮火在身后为它们“送行”。此行的战果是：击毁近50辆坦克，“坦克开罐刀”又一次地攻击，无一损失。

难挨的日子

到目前为止，投入“城堡作战”的Hs 129部队顺风顺水，不仅在打击敌军坦克时威风八面，而且自身保持零损失。不过，这种“好景”已经到头了。

就在各Hs 129中队在库尔斯克战场南翼频繁出击的时候，战场北翼，也即德军中央集团军群的战区里，德国人的进攻在7月10日陷入了困顿。3天之后，苏军更是在这个方向上全线反击，撕开可怕的缺口，令德军各部拼命调动一切力量前去“填空”。空军亦不例外，开始紧急

这架 Hs 129 的垂尾上涂满了坦克击毁标志。

从南翼调兵北上应对危局，而 4 个 Hs 129 中队，便全部都在“应召”之列。

迈耶尔率部急赴奥廖尔以西的基地报到，他们在这里暂隶于第 6 航空队麾下。这里的紧张局势不言而喻，迈耶尔等人看到的情况是“一切能飞的都上天了”，但是他不会想到，本部的反坦克作战将就此迎来转捩点：徒然损耗而战果不彰。

第 6 航空队新成立不久，或许是因为经验欠缺的原因，指挥层在如何使用攻击机中队方面犯了严重的错误。在南翼战场，Hs 129 被有选择地投入防空火力薄弱、敌军坦克装甲纵队推进中的开阔地作战，因此每每取得重大战果；而在北翼战场，Hs 129 就几乎再也没有获得过这样的合适“舞台”，取而代之的，是频繁被投入据称有坦克集结的密林上空、配备了密集防空火力的筑垒地带、敌方战斗机活跃的空域。对于这样的安排，迈耶尔评价道，这是“近似自杀性的任务”。

Hs 129 机腹吊挂的火炮。

7月19日，在奥廖尔至布良斯克的铁路线上，第2联队第4中队就执行了一次“自杀性任务”。为了“援救 1 列德国军列”，这个中队的 Hs 129 撞进了苏军绵密的高炮火网，中队长马图谢克上尉的座机被击落而身亡。

同一天，大队长迈耶尔也执行了一次“自杀性任务”，这次他的上司居然把 Hs 129 当作侦察机来用，让他前去观察敌情。在此过程中，迈耶尔的座机被一架雅克 -9 战斗机击中，所幸他凭借经验得以迫降到本方战线之后⋯⋯

当然，在北翼作战期间，各中队的 Hs 129 克服种种不利因素，依旧取得了可观的战果。在不少德军地面部队的战时日志中都留下了对 Hs 129 的赞誉，诸如“他们再次化解了危机”、“及时得到了反坦克攻击机的帮助”，等等。可是，这些言辞无法掩盖 Hs 129 在库尔斯克已经陷入困苦时光的实情。到达北翼战场的第一天，Hs 129 部队就损失了 4 架飞机，而在从 7 月 14 日到 25 日的 11 天里，各中队的平均损失率已经高达 30%！

不久前刚刚打响“坦克开罐刀”名头的第 1 联队第 4 中队长多纳曼一言以蔽之：“这真是难

挨的日子。”

假如把 Hs 129 在库尔斯克的转折性遭遇完全归咎于指挥和使用不当，则肯定是以偏概全了，因为导致“坦克开罐刀”损失上升的一个重要原因乃是空中敌人——苏联战斗机飞行员的勇气和智慧。

战斗打到这时，Hs 129 固然已对苏军坦克造成重大杀伤，但是反过来，苏联红军对于这种德国飞机的认知也取得了质的提升。最初，苏军对 Hs 129 是全然陌生的，后来是一知半解，而随着信息渠道的增加——多架坠毁在苏军战区的飞机提供了研究标本、多名被俘虏的飞行员提供了重要的证言，苏军终于得以洞悉这个对手的优点和缺点。

在此基础上，苏联空军特别编制了一本《Hs 129 攻击手册》，专门配发给各战斗机部队的飞行员们，以便他们能够在空战中有的放矢。从实际情况看，这本手册所列明的 Hs 129 机身薄弱部位和相应攻击战法，都具有非常强的针对性。

Hs 129 以防护力强而著称，据称全机用于装甲的重量差不多占到最大起飞重量的 1/5，像驾驶舱和发动机这种重点部位都得到特别关照。然而，在苏军的手册中，就恰恰是拿这两个关键部位开刀。

Hs 129 的驾驶舱号称“装甲澡盆”，相当于是以钢铸件打造的一个防弹箱，飞行员的座椅下方钢板厚 12 毫米，身体两侧厚 6 毫米，背后厚 6 毫米，连仪表板下都盖着 12 毫米厚的装甲板。但是苏军研究发现，虽然其他方向防范可谓周全，但是飞行员头顶的座舱盖却是个弱点。虽然 Hs 129 采用的是防弹玻璃，但毕竟和钢板无法相提并论。

再来看发动机。为了保护引擎，Hs 129 在设计时就有意对位于机翼中部的发动机舱部位采取了整体铸造方案，其周围包有一圈 5 毫米厚的钢板。苏军研究发现，从侧面射击发动机舱固然效果不明显，但是如果从正面和下方施以准确的射击的话，发动机舱就能够被击穿。而一旦发动机舱中弹，其后果就很可能导致整架飞机坠毁。

就这样，按照手册的指引，苏联空军雅克 -1、雅克 -9、拉格 -3、米格 -3 的飞行员们奋勇出击，终于将库尔斯克的天空从“坦克开罐刀”的自由狩猎区变成了它们的噩梦之地。就这样，战至 8 月中旬，投入“城堡作战”的 68 架 Hs 129B-2 仅仅剩下了 27 架。

冲向库尔斯克的 Hs 129 就像一把把锋利的开罐刀，划开了许多“罐头”，但最终也被磕飞了刀锋。这种反坦克攻击机的表现同“虎”式、“豹”式、“斐迪南”式等地面重型装备共同证明了一个道理：仅凭新式武器，无法改变战争。

第11章

"空中堡垒"浴血滚珠轴承厂

62年前，在一座德国小城的上空，曾经两度发生壮烈的空中战役。为了坚定地执行盟军高层制定的击败德国的战略，美国陆航第8航空队的勇士们长空浴血，进行了忘我的殊死战斗。时光虽逝，他们的事迹却并未湮灭。只要提起盟军致德国于死地的战略大轰炸，就不能忘记这两次战役。因为正是这样的牺牲，使动摇德国战略基石从而拖垮德国庞大军事机器的目标得以达成，从而间接地使更多的牺牲得以避免。

战役中心的这一座德国小城位于巴伐利亚州，今天，这个宁静的地方并不会引起人们太多的注意——施魏因富特静静地座

B-17 机群白昼空袭德国的场面。

落在美因河畔。虽然不为人知，这里却物产颇丰，几种特产都颇有名气，比如：啤酒、染料，还有滚珠轴承。

没错，60 多年前，这里正是第三帝国的工业轴承中心。在那些年月里，施魏因富特绝对是声名显赫，这座小城对德国和同盟国来讲都可以说是至关重要。正是为了摧毁德国的战略基石，才有了美国第 8 航空队在 1943 年 8 月和 10 月两次对该城不遗余力的长程突袭。

第 8 航空队来了!

庞大的第 8 航空队于 1942 年 4 月开始进驻英国，分设航空勤务部、地勤补给部、战斗机指挥部和轰炸机指挥部 4 个指挥机构，总兵力分驻英国 75 个机场。其中轰炸机部队的编制如下：6 架为一个分队，2 个分队为一个中队，4 个中队为一个大队（基本作战单位），3 个大队为一个联队（基本战术单位）。由于战争，工业尚未开足马力，因此到 1942 年底，轰炸机部队并未达到预期编制架数，其时共编 4 个联队，其中第 1 和第 4 联队装备 B-17。

长程战略轰炸风光无限，但是对后勤保障却提出了极高的要求。以出动 500 架轰炸机为例，至少需要另外 700 架以上飞机待命替补，投入包括 75000 名人员、300 吨设备和 7500 吨零配件。当然，同盟国有足够的能力满足这一切。

美国人的主要手段是号称“空中堡垒”的 B-17 四发重型轰炸机。这种飞机贡献杰出、牺牲巨大，被人们认为是“最适合执行长程轰炸的战略轰炸机”。“飞行堡垒”这个称呼则源自西雅图的一名记者对这种飞机自卫火力发出的感叹。

从 1942 年 8 月开始，B-17 多次出击法国空域，对包括铁路调度场、机场、U 艇船坞在内的许多目标进行了轰炸，据称成果显著，而损失极小。从 8 月 17 日直到当年年底，第 8 航空队总计出击 1547 架次，飞机损失只有区区 32 架，战损率连 2% 都不到。从翌年年初开始，第 8 航空队提出“空袭德国 36 次、掌握胜利”的口号，B-17 开始成群结队地飞入德国的领空。

空袭取得了一些成功，但无法掩盖美国轰炸机部队正遭受越来越大的损失这一事实。这一年的头几个月还可以，但从 4 月间那次对不来梅的轰炸开始，战损率开始呈攀升的趋势。在不来梅被击落 16 架，受损 44 架；6 月 13 日在基尔被击落 22 架，22 日在霍尔斯被击落 16 架，受损达 170 架；7 月最后一周的“闪电攻击周”期间共被击落或失踪达到 100 架。“血染的夏日”由此得名。

不管怎样，第 8 航空队司令埃克尔将军仍然坚持要对德国工业目标实施昼间精确轰炸。他坚定地说：“我们的小伙子和飞机本身就足以证实，这就是我们要采取的最好方式。”经过深思熟虑，埃克尔计划——一份为第 8 航空队量身打造的具体攻击计划出台了。该计划列明，U 艇制造厂、航空工业、轴承工业、油料厂是最优先的目标，轴承工业首次被摆上桌面。

到了 1943 年 5 月，局势的发展却促使计划做出了进一步改变。由于盟军在北大西洋上反潜战的重大进展，U 艇的威胁已不那么大，U 艇工厂在目标中的排位也跟着下滑。海下的威胁少了，但空中的威胁却在增长。因此，德国航空工业在目标列表中的重要性得到进一步提升，而其中，轴承工业被认为与航空工业紧密相关而且目标集中易于攻击，因此被判定为“非常重要”而应予以重点攻击。

正是基于上述考量，一种目标已在决策者头脑中深深扎根，其重要性已凌驾于其他目标之上，那就是影响飞机生产至巨的轴承工业。

目标：德国轴承中心

毫不夸张地讲，工业轴承（尤指滚珠轴承）是使战争机器正常运转的润滑剂，几乎没有什么重要兵器离开了滚珠轴承还能正常运作的。虽然轴承的发明可远溯至古代时期（当时人们搬运重物时使用到的滚木），但真正意义上工业轴承的使用，为时却只有几十年。然而在这短短几十年中，轴承已然成为各国工业的重要一环。

轴承主要包括滑动轴承和滚珠轴承两种，滚珠轴承又有许多细分种类，构造则基本相同：在内外两个钢圈之间装有许多光滑的钢珠（滚珠或滚柱），应用时，轴承的内圈紧套在轴上，外圈固定在轴承座上。机器运转时，轴带着内圈转动，钢珠或滚柱在两圈之间滚动，摩擦大大减小。由于有效减少摩擦，滚珠轴承对于战车和飞机这样的现代装备具有极大的意义而应用十分广泛。举例来说，仅一架德国空军“多面手”的 JU-88，光是机体部分就需要用到 1056 个滚珠轴承。

根据 1943 年 12 月的统计数字，仅这一个月里德国飞机制造业所使用的轴承总量就达到 239 万个以上。知道这些，你就不难想象，当通过谍报网获知这些数据后，对轰炸目标举棋不定同时又对德国空军视如眼中钉的盟军高层，会做出怎样的目标选择。

德国的轴承生产中心，是属于巴伐利亚州的施魏因富特。德国享有盛名的库格尔菲舍尔公司（FAG）的主工厂就设在这里；来自中立国瑞典的瑞典轴承公司（SKF）的子公司 VKF 也在这里设有两座工厂。从数量统计来看，德国所需轴承中，有 75% 由境内的工厂来满足，剩下的 25% 来自瑞典、意大利等地。当然，境内生产不局限于施魏因富特，柏林、斯图加特、莱比锡也都有生产。但施魏因富特的轴承产量高达德国总产量的 55.2%，也即全部轴承需求量的 39.1%，这使得这里成为真正意义上的德国轴承中心。

到 1943 年，该城和轴承运转有关的共有 5 个工厂，除了前述的德国库格尔菲舍尔厂，瑞典 VKF 一厂和 VKF 二厂外，另有两家小型工厂也从事相关生产。

二战时期 B-17 的彩色照片。

库格尔菲舍尔公司始创于 1883 年，算得上德国滚珠轴承工业的开山鼻祖，其始创者菲舍尔先生本人是磨制滚珠的球磨机的发明者。当年，该公司是第三帝国工业链上的重要一环；今天，该公司已经和德国另一家重要滚珠轴承制造商伊纳控股公司合并而成德国 INA/FAG 公司，并继续在国际轴承市场施展着强劲的影响力。

创建于 1907 年的瑞典轴承公司则是当今世界最大的滚动轴承制造公司之一，占全世界轴承产量的 20%，业务遍及 130 个国家。1905 年，年轻的瑞典工程师斯温 · 温奎斯特由于受到轴承经常损坏的困扰，从而发明了世界上首个自动调心双列球轴承，将当时的轴承科技带入了新纪元，瑞典轴承公司亦随即于 1907 年创立。1943 年，其设在施魏因富特的 VKF 一厂负责生产轴承和组装，VKF 二厂则制造组装用的滚珠和座圈。

对轰炸机来说，这些厂区都算是上等的目标。因为若从空中俯瞰，不难发现施魏因富特的东区和西区在地貌建筑状态上呈现着极大的差异，工业区的厂房和居民区及附近的农田的反差非常之大，白昼轰炸时投弹手应该很容易锁定目标。或许是察觉到了这个问题，轴承工厂区不久就经历了一次迁移。但这次仅限于向美因河北岸搬迁，而且基于运输考虑，选址都集中在了火车站附近地块。这样一来，甚至反而更受盟军欢迎了，因为轴承工厂全部集中在以火车站为圆心、半径不超过 1 公里的大圆内，从空中看起来，目标更明显而易于辨别了。

通过空中打击摧毁德国一半以上的轴承生产力，这将对德国的战车、飞机、车辆、发动机生产都产生致命影响，这样的美好前景，正让参战人员充满着激情。

一座忘盖屋顶的堡垒？

在施魏因富特已经被明确的前提下，另一个地方被确定为要同时进行攻击的目标，那就是地处施魏因富特东南方的雷根斯堡，同时被选中的原因是这里有大型的梅塞施密特战斗机装配工厂。

任务确定于 1943 年 8 月 17 日实施，轰炸机兵力将把力量分成两路使用。照计划，首先由第 8 航空队第 4 轰炸机联队进袭雷根斯堡，然后第 1 轰炸机联队紧跟着飞入德国，负责轰炸施魏因富特，盟军希望此时攻击第 4 联队的德国战斗机已返回基地加油整补。攻击完成后，第 4 联队经由意大利飞至北非基地，而后转场飞返英国。第 1 联队则循从荷兰进入德国的原航线飞返英国。计算两支部队的航距，从英国的东安格里亚基地起飞，深入到各自的目标，第 1 联队的飞机需要来回飞行近 1300 公里，而第 4 联队的 B-17 仅到达目标就要长程飞行 800 公里，而脱离战场飞到北非更还有 1600 公里的漫漫长空。

尽管面临如此空前的长程奔袭，任务完成的前景还是看好。首先，装备副油箱的轰炸机完成这样的飞行距离应该在能力范围以内；其次，根据掌握的情况，目标空域的防御力量虽有所增强，但远非无懈可击。对于欧陆的德国防空力量，盟军普遍的看法是希特勒忘记在堡垒上加盖一个屋顶。

那么，施魏因富特，是“一座忘记加屋顶的堡垒”吗？

施魏因富特的防空力量，业已由 1942 年夏的“几挺轻机枪而已”，增强为 1943 年的 88 毫米、102 毫米及 128 毫米口径的高炮 44 门，20 毫米及 37 毫米口径的轻型高炮 57 门。这些防空武器大部分配置在工厂区四周。这些高炮由 49 架大型探照灯、3 个欺骗系统以及其他设备进行辅助。这样的炮兵火力预期能在略低于投弹点的高度集中炸射，即使不能直接伤害到轰炸机，也足以形成一层弹幕而令轰炸机无法准确瞄准投弹。

当然，相对于德国全境部署的庞大高炮兵力，轴承中心所分配到的算不上是特别令人生畏的火力，但是，德国人只把高炮部队视作辅助手段，真正具有对盟军轰炸机实施摧毁性打击力量的还是空军的战机。

到 1943 年，德军装备 Bf 109E 和 Bf 109F 的绝大多数战斗机联队已换装 Bf 109G，该型机并非广获资深飞行员的肯定，其基本特点是火力增强而机动性却有所下降。不过对于反制重型轰炸机的任务而言，火力的增强无疑是盟军不愿意看到的。除了传统的两挺 13 毫米口径机枪和被阿道夫 · 加兰德挖苦为“毫无意义的烟火”的一门 20 毫米机炮外，每个机翼下面还各加装了一门相同口径的机炮。这种装置对飞行速率和稳定性的影响显而易见，不过如果一起开火，确实也够敌人受的。

这一年，另一种强有力的战斗机也正式服役，那就是 Fw 190，至 1942 年底该型战机产量已近 2000 架。该种新型战机的火力甚至比梅塞施密特更强，除了 2 挺机枪，共配备有 4 门 20 毫米机炮，飞行速度也非常理想，并很快证明在性能上优于英国的喷火式等战机。但是该机的致命弱点是到高空后性能急剧下降，而盟军的轰炸机偏偏都选择在高空飞行。

德国的战斗力量就在这样的捉襟见肘中一点一滴地汇集。负责本土防卫的战机在 1943 年三四月间仅约 120 架，5 月初增为 162 架，6 月初为 255 架，7 月则达到 300 架，并最终在 8 月间达到战力的一个高峰状态，包括 405 架单发动机战斗机及 80 架双发动机战斗机。

那种景象真是终生难忘

8 月 17 日很快到来了。凌晨，预定参战的飞行员全部被叫醒，各自将飞行装具、降落伞等器材准备好。第 4 联队即进袭雷根斯堡的飞行员更被要求携带全套内衣、水壶、餐具甚至牙刷和剃须刀，这不免更令他们对任务萌生紧张情绪。

准备完毕的机组成员们涌进任务简报室，基地指挥官掀开了遮盖目标地图板的布幔，目标被用白笔仔细地描绘出来：施魏因富特的轴承厂和雷根斯堡的飞机厂。

这一天对盟军来说是个好日子，西西里战事就在这一天尘埃落定，盟军开进了墨西拿。不过对于当天首当其冲执行任务的第 4 轰炸机联队，运气却不那么好。英国恶劣的天气将浓雾牢牢罩在他们那比第 1 联队更靠近大海的基地上空，原定的凌晨起飞时间被迫推迟。

不过，虽然本应稍露曙色的天际仍然阴暗灰濛，但考虑到要在 17 日日落前飞抵北非，出击已是刻不容缓。于是参战的 7 个各编 21 架轰炸机的大队完成最后准备，飞机在地勤指引下开始滑就各自位置，排列位置符合每 35 ~ 40 秒起飞一架飞机的要求。

第 4 联队的轰炸机编成三个机群，也即组成三个箱形队形。所谓箱形队形，一般来说是指领头中队在前，第二中队在右上方，第三中队在左下方的飞行编队。三个中队编成一个大队的箱形，以此类推。这种第 8 航空队的标准队形于 1942 年深秋里进一步以“交错”原理进行改进。该理论强调中队与大队交错编组，组成火力强劲的包括多个大队的大箱形。到 1943 年初，箱形队形又有新的发展。下层大队处于中心拐角最不利的位置，习称“紫心角落”，为最受敌机注意的目标，此时可由上层大队以球形炮塔提供相当程度的保护。

17 日出发的第 4 联队，即在空中结成一个箱形队形在前、另两个分别在其上下方各 300 米距离的高度、整体伸展达 900 米高度的大箱形。第 4 联队准备坚决执行以下进击路线：越过海岸线转东飞行，之后不久即向南急转，至比利时边境大约 60 公里处再取西南西航向，朝烈日以东飞行；再转东南航向，朝雷根斯堡以东飞行；最后折向雷根斯堡。这样曲折的路线乃是经过精心设计的，目的是要尽量迷惑德军，并避免密集高炮地带。不过这样的安排并未收到太大的效果，从 10 点 15 分的零星高射炮火开始，德国防御力量开始紧跟第 4 联队，采取持续不断的打击。

事实上，从当日清晨开始，德国的无线电监听部门已经发现大量发自第 8 航空队基地的新增无线电通信，并准确判断大规模空袭在即，而空袭目标应该是德国中部或南部。在此判断指引下，各战斗机部队已奉命移防至莱茵河西侧的各基地，而这些基地正好对着盟军的进袭方向。

第 4 联队这个大箱形在低地国家上空折了几个弯，最终飞入德国，在凯泽斯劳滕上空开始转东飞行，直扑雷根斯堡，这时被击落的 B-17 总数是 7 架。进入德国领空后，飞行员的紧张情绪有增无减，晴好的天气下，不时有涂有各种徽饰的德国战斗机群扑上前来，一会是 Bf 109，一会是 Fw 190。在德国人前后共持续 90 分钟的攻击当中，雷根斯堡部队牺牲了 14 架轰炸机。

B-17 所向无敌的神话破灭了，一名飞行员这样说：“被 Bf 109 盯上，犹如坐在热锅上从险峻的山巅滚下。”他的同伴目睹一发 20 毫米炮弹把机翼打穿一个洞，“洞口之大，简直容得下一头羊。”最传神的描述则是这样：“近到看得见德国飞行员的胡子，实在太令人毛骨悚然了。”

将近中午时分，以各种编队和战术进行攻击的德国战斗机的油料纷纷告罄，他们开始返回基地加油，天空中安宁了下来。得以暂时摆脱死亡威胁的第 4 联队已经折损 14 架轰炸机，身临其境且尚未摆脱这种困境的恐怖气氛笼罩着机组成员们。第 100 轰炸机大队的一位轰炸机观察员对于同行飞机不断地爆炸、起火和坠落记忆犹新，他说：“场面的惊险恐怖，完全超乎想象，那种景象真是终生难忘。”

不过在飞过曼海姆以东空域后，德国战斗机尤其是单发战斗机的阻截明显减少，因此第 4 联队得以从 11 点 56 分开始，对雷根斯堡的梅塞施密特工厂实施轰炸，而后取南南东航向穿越德国南部飞往北非。德国人对第 4 联队取这一航向而非折返显然估计不足，只能在仓促间调动并未准备周全的 NJG101 夜间战斗机等零星部队进行阻截，结果只打下 2 架 B-17。

脱离了德国人，第 4 联队的苦难还不算完，因为机身损伤和人员疲劳在不断造成损失。先是在瑞士坠毁 2 架，接着在意大利坠毁 1 架，然后是 5 架因燃油耗尽而不得不尝试在地中海迫降，幸运的是人员全部获救。下午 5 点 28 分，第 4 联队的首架 B-17 终于在北非着陆，在长途奔袭中总共损失 24 架轰炸机后，雷根斯堡攻击队总算可以松一口气了。

现在再来看主攻部队，在第 4 联队出发后相当一段时间，即上午 11 点，担负攻击施魏因富特任务的第 1 轰炸机联队的飞机才顺利升空，总计 230 架 B-17 形成浩荡的银色“溪流”，之后不久替补的飞机回航，剩余的 216 架 B-17 编组成第 1、第 2 共两个特遣部队进发。两个特遣部队前后相隔 12 分钟，其所属各联队则前后相隔 5 分钟，分别在战斗机护卫下飞越北海。

队形配置上，每个联队都组成三个箱形队形，即先头大队、高位层大队和低位层大队，而每个大队又组成次一级的箱形队形。按照战术规范，先头大队的先头中队飞行高度为 7620 米，上位层中队为 7650 米，下位层中队为 7500 米；高位层大队的先头中队飞行高度为 7920 米，上位层中队为 7950 米，下位层中队为 7800 米；低位层大队的先头中队飞行高度为 7320 米，上位层中队为 7350 米，下位层中队为 7200 米。在飞往德国的途中，这样的空中堡垒集群的确是军容盛大，令人惊叹。

对轰炸机的大追逐

循着雷根斯堡部队航路稍偏南的路线，第 2 特遣部队先行，第 1 特遣部队跟进，保持着这样的队形，第 1 轰炸机联队的轰炸机部队相继飞越荷兰和比利时上空时折向东南，目的是避开密布在鲁尔地区的高炮群，同时也希望德国指挥机构会误判该机群的目标是雷根斯堡或者慕尼

“空中堡垒”组成的空中舰队。

黑。而比利时首都此时也笼罩在浓雾中，因此地面的高炮部队几乎没有攻击。似乎德国空军还未完成同第 4 联队交战后的整补，第 1 联队到目前为止进展顺利。

实际上，在柏林的德国中央防卫指挥部早已收到来自战机和北海海域伪装船的预警信息，研判出又一波美国轰炸机从英国各地会师入侵，并以最快速度向可能目标空域调集兵力，做好了轮番攻击的梯次部署，B-17 机群的宁静与顺利即将结束。

接到命令的德国战斗机从距离鲁尔 300 多公里的大队基地起飞，准备从亚琛空域开始进行全程拦截。第 1 联队正沐浴着阳光前行，虽然也做好了前途艰险的充分准备，但当时绝没有想到将要面对的力量是如此强大。

根据德国空军战时日志记录，当日对抗施魏因富特入侵者的部队，集中了 JG1、JG2、JG3、JG11、JG25、JG26、JG27、JG50、JG54、JG300 的绝大部分力量，战斗机总数超过 300 架。这支由久经考验的战斗机联队参加和享有盛名的飞行员坐镇的打击力量，由设在荷兰的第 7 航空队指挥部就近统一管制，对德国飞行员而言，“迄今以来最重要的一次空战”即将打响。

下午 2 点 26 分，第 1 联队的第 2 特遣部队飞越亚琛地区，此地区密布防空气球和高炮，而从这里开始向东直飞的一段航线，由卢森堡和萨尔及鲁尔区之间经过，正是计划中重点提到的充满危险的一段路程。

突然，涂着铁十字的敌机于刹那间逼近，战斗机的黑影忽隐忽现地穿过云雾在轰炸机群侧后或前方猛然闪现，神经早已高度紧张的 B-17 的飞行员们此刻更觉自己几乎处于崩溃的边缘。这些来自 JG51 第 5 战斗机中队的飞机构成了下午发起进攻的庞大德国机群的先锋。这些梅塞施密特战机在两个机翼下各装有一个大口径的发射筒，当距 B-17 机群 800 米左右时，其中的 210 毫米火箭就尖啸而出，这种火箭有 1 米多长、弹头重 80 磅，能形成相当有震慑力的弹雨。在混乱当中，第 1 联队有 3 架 B-17 宣告损失。

以此一轮火箭攻击为开端，轰炸机群开始尝到德国空军层出不穷的打击手段：正面有 Bf 109 和 Fw 190 的多机编队迎头攻击，后面则有 Bf 110 的火箭轰击，连上方都有 Ju 88 在那儿投掷炸弹。此外据报告，加入混战的还包括来自德国驱逐机部队的 Me 210 和 Do 217。德国战斗机攻击变化多端，从单机攻击到中队攻击应有尽有，它们尽可能背对太阳，从机群正面向箱形队形的低位层中队实施俯冲射击。

这时的德国空军已经把对付重型轰炸机视作空前重要的任务，为此，德国飞行员还专门发明了“四引擎工作”这个新名词来称呼对 B-17 的作战。各级指挥官对部下反复强调战斗的残酷性及重大意义，对下面这样的话，各部队飞行员都已十分熟悉：“杂技般的独立战斗已经结束了。天空中不再有搜索与躲藏，互相的追逐，抓住对方的尾部进入，选择最恰当的时间射击你选定的目标，等等。这一切都已经过去了，我们面对的不再是对方的飞行员，而是庞大的空中舰队，是一大堆用皮带把自己捆在炮塔里的机枪手，是天空中的步兵。我们只能也采用大编队作战。”

目标在望，B-17 机舱内的紧张气氛再度升高。轰炸员们要完成对 10 枚 500 磅炸弹的引信设定，并计算出投掷角度和地面气压影响，轰炸持续的时间不会超过 10 分钟，先前所遭受的和之后可能遭受的一切牺牲就是为了这几分钟。

下午 2 点 55 分，第 1 特遣部队完成对施魏因富特的投弹。3 点零 8 分，第 2 特遣部队开始投弹。施魏因富特的高炮反应有限，轰炸堪称顺利，于是全队向北转，向距施魏因富特 9 分钟航程的会合点集结，准备从那里编队返航。在 3 架 B-17 坠毁后，大部队终于会合。

下午 3 点 15 分和 3 点 25 分，两个特遣部队先后从会合点踏上归途。此时 B-17 的机枪手已全无斗志，弹药也已消耗殆尽，而补充完油弹的德国空军却仍然精神饱满。德国飞行员们开始信心百倍、斗志昂扬地投入猎杀四发重轰炸机的战斗中。一场由盟军发起的大规模空中袭击，至此已不幸演变成为德国战史描述的“对轰炸机的大追逐”。在飞抵安特卫普前，又有 7 架 B-17 遭遇不幸。

终于，荷兰海岸线在望，久违的己方战斗机终于加入护航行列，疲惫不堪的轰炸机飞行员，得以长出一口气。不过却还有另一种威胁。一份 B-17 的报告指出，“遗憾的是，所有的美国飞行员都欠缺准确的飞机识别能力，一架雷霆式战斗机在近距离向我机射击，所幸并无伤亡。”

8 月 17 日的行动中，第 1 轰炸机联队 B-17 被德国战斗机击落 33 架，被高炮击落 1 架，坠海 2 架，共损失 36 架。加上第 4 轰炸机联队的 24 架，首度进袭德国轴承中心之役，第 8 航空队出击的全部 363 架 B-17 中，共遭受 60 架 B-17 的损失，战损率达到骇人的 16%，从而不幸创下单日最高受损纪录。与此相对应的是，飞行员阵亡或失踪超过 370 人。

然而，除了这些战损数字，一个星期后还有更惨痛的事件发生。不幸的第 4 联队在从北非飞回欧洲的途中竟然有 63 架 B-17 损毁或失去联络。也就是说，这样一支精锐空军，在当日激战中只牺牲 24 架的情况下，在非战斗回航时居然有比这 2 倍多的飞机“人间蒸发”了。这样第 8 航空队加起来的损失达到 123 架，算得上是“空前的浩劫”。

但是，盟军的研判认定，这样的“浩劫”是“合理”的，因为他们相信，空袭达成了预期效果。估计共有超过 400 枚炸弹投到了工厂区，其中 80 枚炸弹直接命中库格尔菲舍尔厂和 VKF 二厂，其他工厂也受到“相当损失”。但实际上，施魏因富特的受袭工厂在仅仅停产数周后就又恢复了生产，而有的工厂实际上只损失了几幢办公楼。至于战斗机，德国空军当日有据可查的实际损失仅为 25 架而已。

尽管如此，盟军方面宣布假消息的动机还是可以理解的，那就是：让大众摆脱对昼间空袭德国造成重大牺牲的恐惧感，让轰炸机部队保持足够的信心，继续完成未完成的任务。

实在太令人胆战心惊

自 9 月以来，增援的飞机源源不断飞抵英国，新生力量的到来又增强了第 8 航空队的信

B-17 在二战中屡立战功，因此也成为航空画家创作的常见题材。

心。为了实施更有效的指挥，9 月 13 日，第 1、第 2、第 4 轰炸机联队改组命名为第 1、第 2、第 3 航空轰炸师，新的单位也在编制中。因此，从首次打击施魏因富特以来，第 8 航空队已尽一切可能地恢复了力量，并将第二次的打击纳入酝酿之中。盟军情报表明，虽然历尽打击，可是德国空军的实力仍然在不断增强，美国相信德国西部防空战斗机已超过 1000 架。这样下去，敌人的力量将增高到危险的程度，如果不能有效遏止，局面将更加不利。出于此种刺激，轰炸施魏因富特这个轴承中心的事必须再度提上议事日程了。

正如情报显示的那样，德国正进一步加强本土防卫力量。有情报指出，保卫帝国领空的战斗机数量已占到德国战斗机总数的 65%，这其中包括单发动机战斗机 964 架、双发动机战斗机 682 架。JG1、JG3、JG11 和 JG300 的全部，JG5、JG27、JG51、JG54 的大部都驻在德国本土，此外，JG2 和 JG26 驻低地国家。通过雷达探测以及早获得美国轰炸机集结警讯的技术也得到了进一步提高，战斗机的航程和火力也在不断加强中。

盟军方面，第二次进袭施魏因富特的计划很快拟制完成，时间定在 10 月 14 日星期四，计划由第 1 和第 3 航空轰炸师的 360 架 B-17 执行任务。轰炸机群由战斗机护航，不过和上次一样，护航的距离有限。但是实际兵力可能达不到计划的要求，因为第 1 轰炸师只能出动 164 架；第 3 轰炸师更少，为 160 架。想以第 2 航空轰炸师的 60 架 B-24 来加强这个空袭阵容的想法，也因为这样或那样的原因而不得不在最后关头放弃。

10 月 13 日天气仍然很差，但气象预报指出次日将会好转，于是第 8 航空队正式下达 14 日出动 294 架 B-17 第二次进袭施魏因富特的指令。

13 日晚间至次日凌晨，各项准备进入了最后阶段，轰炸机部队再次待命出击。这次的任务简报没有提前发布，而是在出发前发布。当 10 月 14 日早晨 7 点，飞行员们在简报室中得知将要再度飞临轴承中心上空时，他们的情绪显然并不高涨。据一位医务官的记录，“只要听到施魏因富特，飞行员无不心惊胆战，显然他们很多人怀疑是否还能生还。”因此，当简报官在台上讲述此行只是例行飞行任务时，台下有人开始不再注意听讲，而是低头祷告。

简报室外，和天气预报相反，几乎全英国的每个基地都笼罩在寒冷的雾气中，有的地方大雨滂沱，天气情况简直和上一次出击时毫无两样，真是令人对轰炸前景不敢乐观。

在天气的影响下，第 1 轰炸师的 151 架和第 3 轰炸师的 143 架 B-17 还是顺利升空并集结，但在这 294 架中还是有几架因为各种原因被迫返降。恶劣的天气使轰炸机为了集结成预定队形而不得不增加了盘旋飞行而损失了燃料，只好通过抛弃一部分炸弹的办法来确保全程用油，即使如此，原定的箱形队形还是不能按计划实现，有的联队根本跑错了层位。但不管怎么说，两个轰炸师还是上路了。

第 1 轰炸师于中午 12 点 20 分开始飞越北海，在须耳德河口附近就开始遭到德机攻击，第一波飞机据信来自著名的老对手 JG26“施拉格特”联队。由于此时尚有战斗机护航，所以可谓有惊无险。

下午 1 点 30 分，第 1 轰炸师机群飞近亚琛，此时，宣称击落众多敌机的护航 P-47 开始掉头离开。B-17 机群的既定路线是在此地把航向调整为东南东，飞抵法兰克福稍北方，然后折向东南穿越美因河上空，最后于纽伦堡西北约 110 公里处突然朝北偏东转向，直扑施魏因富特。在这一段漫漫长路中，第 1 轰炸师吃尽了苦头。

德国人照例耐心等到 P-47 离开才展开全力攻击，在亚琛到法兰克福的路上，从不来梅、罗斯托克等地远道而来的单发动机战斗机再度采取迎头攻击战术，全面进扑。德国飞行员以坚决的态度执行着迎头攻击战法，参战的战斗机无不强调不顾一切对领头轰炸机中队进行突击。

到了9月，德国人已经进一步了解到，B-17的轰炸系统是以先头轰炸机的目标信号为依据，因此集中打击“领头雁”，自然会影响到整个机群的轰炸准度。在这种战法中，往往会有一架或几架Ju 88担任指挥机，战斗机起初会与轰炸机保持相当距离的平行飞行，当见到负责统一联络的Ju 88发出攻击信号后，才开始接近并向轰炸机群扫射，然后脱离战斗位置，并再飞跃至轰炸机正前位置，进行迎头攻击。

那天的午后时分，隶属各不同中队的战斗机对着B-17轮番进攻，“他们像赶鸭子般地对着先头部队开火。”

与此同时，来自JG1的双发动机战斗机，则配合战友实施火箭攻击。参加过上次施魏因富特保卫战的战斗机部队纷纷加入，老旧的He 111也升空了，四发动机的Fw 200在轰炸机射程外进行观察协调，小型而灵巧的He 113则首次参战。

轰炸机的任务是向目标投弹，从一开始它们就是轰炸者而不是被轰炸者，可曾想过B-17也会扮演后者的角色？没错，德国空军就是用这种新奇战术来“轰炸”轰炸机群。

这种战法一般来说是让一架Bf 109携带1枚250公斤炸弹，设定一定的坠落高度以期在轰炸机群中爆炸。该战术在1943年3月首度对一群攻击威廉港的B-17采用，并成功击落一架。飞行员当晚还接到帝国元帅戈林亲自打来的祝贺电话。一位当时亲历这种特殊攻击的美国飞行员回忆道：“最初以为是打得够高的爆炸的高射炮火，但紧接着我就发觉那绝对是不可能的，因为我们正飞在大海上空，下面一门炮也没有。”他于是惊讶地抬头四望，“我终于发现那是一架敌机在我们上方差不多有600米的地方，向我们在扔炸弹！”

7月28日，这种轰炸战术进一步奏效，JG11第5战斗机大队的Bf 109g又“炸”掉了数架B-17，甚至有一位飞行员居然只用1枚炸弹就“炸”掉了3架。因此，各部队都在学习这种战术。到1943年晚秋时，该战术业已由看来特别精于此道的JG11在技术上加以完善。除单机轰炸外，还发展出高空由多机同时进行密集弹阵攻击的战术，不过这些并不算太成功。

虽然德军已多次对轰炸机采取轰炸战术，但美军似乎每次都搞不太清楚真实情况。虽然有那位飞行员的亲证，但第8航空队还是把大多数的损失归因于空对空火箭的打击。因此，当第二次进袭部队再度遭到这种攻击时，仍旧要付出代价。

在四面围攻之中，轰炸机飞行员在忙乱中估计围攻自己的德国飞机有400架之多。各种亲历者的见证可以证实这一估计也许并非过高：“连遭多次攻击的B-17在一阵灿烂的爆炸火光中彻底毁灭，只剩下4个小火球和几个油箱……”“有的飞机被直接命中，机上满载炸弹和照明弹，突然轰一声爆炸起来，烈焰冲天，五颜六色的火花朝各个方向狂射，那景象简直就如同美国国庆日的焰火一般。”

而在驾驶舱从近距离观看到友机被击中瞬间的驾驶员，更有非同一般的感受，“B-17 轰炸机在强烈的爆炸中，一瞬间即化为乌有，起火的油箱在坠往地面时即迅速燃尽，目睹这一切实在太令人胆战心惊了。”

牺牲的“代价”

一名第 306 轰炸机大队的飞行员对这段恐怖之旅的记述最为传神，他说道:“地狱之门全敞开着。”经历这段地狱般的航程，在到施魏因富特之前，第 1 轰炸师总共确定被击落 35 架 B-17，另有 20 架失去联络，下落不明。

另一方面，第 3 轰炸师比第 1 师稍晚离开英国，接近午后 1 点时飞临比利时海岸，迎来了护航战斗机。该师的航线是经由安特卫普至亚琛附近转向东南，至卢森堡折向东北。经特里尔（Trier）、美因兹、达姆斯塔特（Darmstadt）扑向施魏因富特。相比第 1 师，他们的损失要轻微许多。因为德国战机正纷纷缠着第 1 师的 B-17 而无暇他顾，因此第 3 轰炸师的运气相对较好，直到飞临特里尔地区才有 1 架受损，之后则有 14 架下落不明。

这样，下午 2 点以后飞临目标上空，开始对施魏因富特投弹时的兵力，已从出发时的 294 架下降为 224 架。第 1 师于 2 点 39 分至 45 分间完成轰炸，投弹效果良好，但他们造成的烟雾却严重影响了几分钟后抵达的第 3 师的投弹。尽管如此，当天战果最好的却仍是在一片模糊视界中投弹的第 3 师的第 398 轰炸机大队。

完成投弹的 B-17 取不同航向，准备飞至美因兹南方的会合点整队返航。第 1 师离开施魏因富特空域后，先转南继而转西方飞行，旋即遭到以慕尼黑为基地的 JG3 和 JG51 的攻击，不久，来自斯图加特的双发动机战斗机赶到助阵，造成第 1 师 10 架 B-17 的损失，该轰炸师总计被击落已高达 45 架。

第 3 师亦取差不多的航线返回，但其在返航时的损失，则远比出击时严重。刚离开施魏因富特不久，这个机群就遭遇到 160 架单发动机战斗机和数十架双发动机战斗机。很快便有 14 架 B-17 被击落，要不是德国飞机的油料不多，第 3 师的损失还会更大。等到德国人返回基地，机群才又得以保持住在第 1 师以北约 24 公里处的航线，与第 1 师保持 10 分钟间隔飞行。

尽管已踏上归途，但每一位飞行员仍心有余悸。在“飞行堡垒”的座舱里面，此时呈现这样一番景象，“驾驶舱内很冷，飞行员却已是汗水淋漓，汗水从额头涔涔而下，渗入了他的氧气面罩……”每架B-17的每位组员都已精疲力尽，接受命运的无奈感已经替代了面对死亡的恐惧感。“我在心理上早就接受死亡这个事实了，但这是我第一次体会到，人可以在面对死亡时如此逆来顺受，毫无惊恐。”这名飞行员的话，正是当时孤立无助的空中堡垒机组成员们共同的心路写照。

下午5点左右，两个轰炸师饱经磨难，终于先后成功飞越英吉利海峡而进入英国，回到了他们的“家”。

第二次进袭施魏因富特，共造成65架B-17的损失，其中被战斗机击落58架，被高炮击落2架，其他原因坠毁5架，战损率比第一次更高，达到25%！事实上，除了确定被击落的以外，另外的轰炸机几乎非损即伤，勉强称得上完好能够使用的总共只剩下62架。各轰炸机部队都蒙受了惨痛的损失，阵亡或失踪的飞行员超过了600人，这一场“壮烈战役”谱写了美国空军史上众所周知的“黑色星期四”。

抛开自身损失不谈，轰炸的精度过低，更是一个令人痛心的事实。可靠的数字是，空袭中投下的1122枚炸弹中，真正命中厂区的，仅有88枚而已。第3轰炸师在面对第1轰炸师攻击后所造成的大量浓烟时，根本谈不上什么命中精度，该师的绝大多数炸弹，都扔在了美茵河南岸地区。那里没有轴承工厂，那里有的只是水果加工厂、商业区和普通住宅。

两次进击施魏因富特，从战术层面考量，用一个“得不偿失”已算是比较客气的说法。因为，若按照这种损失比例继续战斗，第8航空队恐怕几乎要退出欧洲上空了。而即使付出如此巨大的牺牲，却仍然得不到预期的结果——摧毁德国轴承中心。

75%，这是10月空袭后盟军认定的对轴承工厂造成的损害程度的统计数据。实际效果呢？8月轰炸的影响已如前述，生产仅延误数周；10月轰炸后果较严重些，据信持续造成了数月的混乱状态。大战结束后美国对战略轰炸的调查评估中做出下述结论：3座主要轴承工厂损失不过10%，其中3.5%被摧毁，6.5%受损。

从战术层面看，对轴承厂的空袭是失败的；但从战略层面考量，对施魏因富特的攻击却是积极而值得纪念的。

流血让美国人做出的最重要的一个改变是停止无护航的昼间轰炸，并大力发展远程护航战斗机。事实证明，在一把强大空伞保护下的轰炸机群几乎难以对付，并最终搞垮了德国的一切战争资源和潜力。

而第 8 航空队在进击施魏因富特行动中所表现出来的勇气、忘我精神和团队协作，开始让他们的对手德国空军感受到了前所未有的巨大压力。对德国飞行员来说，攻击“空中堡垒”的战斗，已经成为“空中的凡尔登”，天空中浩荡的 B-17“溪流”成为众多德国飞行员记忆中永难抹掉的灰暗图景，在他们之中，最终只有少数人得以幸存。德国空军在取得险胜，同时也在丧失元气。

1943 年夏秋发生在德国上空的历史活剧，已经谢幕。然而当时的一切慷慨壮烈，时至今日依然令后世难忘，英年早逝的飞行员们，正如一块无名烈士墓碑上所写的：“为了你们的明天，我们付出了今天。”

B-17 在德国上空进行轰炸。

第12章 孤独的狮鹫

He 177“狮鹫”(Greif)是二战中德国空军装备的唯一一种多发重型轰炸机。这种孤独的机型，恰当地印证了德国空军对战略轰炸重要意义认识上的苍白。“狮鹫”自身问题多多，因此被许多战史家批评为是投入实战的最糟糕的德国飞机之一。

这样的批评多了，逐渐使He 177的面目变得模糊起来，甚至有许多人觉得，它可能根本就没有参加过实战。今天我们要说的是，尽管不算成功，尽管产量很少，但是这种重型轰炸机也有过自己的风光史：对地作战，对海作战，投放世界上最早的制导炸弹……

He 177 的尾部特写。

需要指出的是，“狮鹫”并非 Greif 的完整译述，这个词源自希腊神话，意为一种狮身鹫首的神兽。德军似乎非常喜欢它的象征意味，空军不仅用它来为自己唯一的重型轰炸机命名，也用它命名了一个轰炸机联队——KG 55；陆军元帅隆美尔的 Sd.Kfz 250/5 半履带指挥车的名字叫 Greif；在大战末期的阿登战役中，武装党卫队的斯科尔兹内战斗群所实施的特攻，又被称做 Greif 行动……

踉跄起步

20 世纪 30 年代中期，欧洲两大空军强国英国和德国都没有多发的重型轰炸机。不过随着英国人开始研制四发的“斯特灵”式轰炸机，相应地，德国人也搞出了 Do 19 和 Ju 89 两个预想案，它们以苏联境内的纵深目标为假想敌，因此被称做“乌拉尔轰炸机”。

这一萌芽随着德国空军中仅有的战略轰炸的热心支持者瓦尔特 · 韦福中将在一次航空事故中的丧生而几乎画上句号。其他有发言权的人，戈林、乌德特、凯塞林，都只对战术空军感兴趣。“乌拉尔轰炸机”项目迅速被修正为一种具有俯冲能力的中型轰炸机，这便是所谓的“轰炸机 A 计划”。

5 家公司，容克斯、亨舍尔、亨克尔、布洛姆 - 福斯以及梅塞施密特，参与了 A 计划的竞标。2 个月后，亨克尔的标书胜出，P.1041 项目也即后来的 He 177 开始上路了。

航空部的要求是：航程远，速度快，载弹量大，具备俯冲能力。在设计总监海因里希 · 赫特尔博士的支持下，亨克尔的首席设计师西格弗里德·冈特准备尝试一些前所未有的创意，或者说，将遇到一些前所未有的难题。

最独特的设计无疑要算是发动机的配置了。这是一种多发轰炸机，但是从外观上看就像是普通的双发轰炸机，因为机翼上只有两具螺旋桨。冈特采用了双联动耦合发动机方案，即用串列或并列的两台发动机共同驱动一具螺旋桨。这一特别设计倒不是异想天开，而是对现实条件的让步。如果一字排开 4 台发动机和螺旋桨，那么俯冲就无从谈起了。2 台并列的发动机，能够以较小的空气阻力获得较优的机动性能。

可供设计师选择的似乎只有戴姆勒 - 奔驰的 DB 606 内置双联发动机，该型发动机实际上是由 2 台 DB 601 液冷 12 缸直列发动机并列而成，最大出力为 2600 马力。问题是，这种发动机在 1937 年还没有成熟到可以拿来就用的阶段。

为了能俯冲，不得不安装更大的俯冲减速板，这样就凭空增加了自重。此外，甚至在主翼上安装了几乎和机翼一样长的襟翼！在任何重型轰炸机项目中，你都不会再看到这种令人无法相信的画面了。一些人开始把 P.1041 项目戏称做“大型斯图卡”。亨克尔的当家人恩斯特 · 亨克尔（Ernst Heinkel）博士毫不掩饰自己对俯冲这一要求的厌恶，他说“那根本是不可能的”。

最后，航空部将终结这一场闹剧。原型机的遭遇证明，该机在结构强度上根本不适用于俯冲轰炸，在攻击目标被炸弹命中之前，飞机就很可能已在俯冲过程中解体了。

到了 1937 年底，尽管才刚起步，亨克尔的重轰项目几乎就要被中止了。原因是英国首相张伯伦挥舞的和平旗帜，一方面鼓舞了纳粹德国的侵略野心，另一方面却也在某种程度上“误导”了第三帝国的决策者们。有人提出：和英法大战机会很小，大型轰炸机难有市场，这种飞机今后的唯一用途恐怕就是担任海军的巡逻机。

不过到了 1938 年初，形势突然发生了变化。现在，从空中打击英国的可能性正迅速变大，空军一下子面临现有轰炸机型不能满足要求的问题。但是，这种局势变化多端的后果已经显现出来，一个例子是，DB 606 发动机的配套研发根本就没人过问，直到此时还没有做好装上飞机的准备！

在这种情况下，设计师开始认真考虑换用别的发动机，比如 BMW 的产品，或者容克斯的 Jumo 212。然而就在他还没有考虑清楚的时候，亨克尔公司居然在 1938 年底收到了来自航空部的订单。

订单表明，军方已经将此机型正式定名为 He 177，并且不顾这还是一种带有问题的不成熟机型的现实，要求亨克尔尽快投入量产。订单要求，正式的量产应于 1940 年 2 月开始，而从当年夏天开始的月产量应不低于 120 架。乌德特将军进一步强调：首架原型机要在 1939 年 8 月完成。

空军急迫的要求在技术人员中间造成了普遍的惊讶，他们知道这张时间表是不可能完成的。一个明显的例证是，直到 1940 年 12 月，久违的 DB 606 发动机才得以正常供应。

首飞的时间还算扣得比较准，就在那次试飞后不久，乌德特热情地造访亨克尔公司，并暗示要提高 He 177 的项目等级和产量，他说这种飞机到 1943 年 4 月时“至少应该生产出 800 架”，这倒是让亨克尔博士受宠若惊。此时的德国空军已经很清楚，面对着自由游弋在大西洋上的英国皇家海军，自己的轰炸机鞭长莫及。

然而直到此时，高层对重型轰炸机的态度变化还远远没有结束。

1940 年 2 月，也就是“正式的量产”预计开始的月份里，帝国元帅戈林讲话了。他在 9 日下达了严格节约的命令，向一些在短期内无法完成的项目宣判了“死刑”，因为“现有的原料要用来生产在实战中取得战果的成熟机种”。

随后的几个月里，德军在西线战场取得令人吃惊的胜利，于是 He 177 的用途再遭质疑，乌德特宣布：推迟这种重型轰炸机的量产。

再次无情地警醒了德国空军的是不列颠之战，此时，He 177 又被人想了起来。于是到了 1942 年——比预计迟了整整两年，几乎已经对此项目失去热情的亨克尔公司，终于开始正式量产这种重型轰炸机。

在机场上待命出击的 He 177。

靠不住的发动机？

He 177 的总产量为 1094 架。与其他机型相比，这个数字是非常小的。别看产量不高，He 177 的型号可不少。但是不管型号如何改进，靠不住的发动机始终是“狮鹫”的梦魇。

1939 年 11 月 9 日，He 177 的首架原型机 V-1 抵达空军的莱希林试飞基地。试飞员福兰克中尉兴致勃勃地进行了首飞，但是他只飞了 12 分钟就着陆了，发动机油温过高让他大感惊慌。尽管事先得到了一笔丰厚的报酬，他也不愿在天上再多待哪怕 1 分钟。

这次试飞拉开了伴随“狮鹫”的发动机之困。很快，先后有 3 架原型机坠毁，几乎都是由于发动机的问题，莱希林的一名资深试飞员里克特还死在 2 号机里。

接下来，飞行员们给 He 177 取了一个很不好听的绰号：“重型轰炸打火机”。

发动机到底出了什么情况？

简单地说，就是无法解决把 2 台发动机串在一起时那显而易见的过热问题，其实这一开始就是俯冲轰炸惹的祸。本来，亨克尔有一种专利设计，循环液化空冷系统。这一冷凝系统在 He 100 这样的单发飞机上试验非常成功，但是面对散发巨大热量的 DB 606，却根本不起作用。

发动机的构造缺陷，进一步将过热变成了火灾。

这种缺陷有很多，比如高压喷油泵的泄漏、发动机室没有安装防火隔层、电气接线靠得太紧、回油泵的尺寸不合要求等。此外，在机身呈大角度状态时，比如急速爬升或俯冲攻击时，油料竟然会滴落到发动机汽缸的排气管上，并且在发动机外壳积聚起来，这当然很容易导致起火。

下面让我们简要看一下“狮鹫”各型的情况。

早期型的 He 177A-0 型在 1941 年生产了 35 架，其中至少 25 架在测试过程中损失掉了。

稍加改进的 A-1 型于 1942 年 3 月至 1943 年 6 月，共生产了 130 架。它可携带 48 枚 50 公斤 SC50 炸弹，或 12 枚 250 公斤 SC250 炸弹，或 6 枚 500 公斤 SC500 炸弹，或 4 枚 1000 公斤 SC1000 炸弹。

1943 年 10 月，亨克尔开始生产第一种正式装备型的 A-3 型，它将发动机位置向前移，并改进了排气系统。在加长 1.6 米的机身上，加装了 1 座机背遥控炮塔，内装双联 MG 131 机枪。A-3 完成了挂载并发射 Hs 293 和“弗里茨 X”滑翔制导炸弹的测试，该型最终生产了 170 架。

A-5 是最后一种量产型号，它产量最大，也是最成功的。

除 A 系外，还有一种 B 系。技术要点是换装 4 台独立的 Jumo 211 发动机，以解决双联动耦合发动机引起的可靠性问题，但这个方案很快就被德国空军打入了“冷宫”。

最后，是一系列从未取得实质性进展的特殊改型。

在机鼻下方加装 75 毫米机炮的 A-3/R5，生产了 5 架；专门实施鱼雷攻击的 A-3/R7，生产了 3 架；A-4 通过改变尾翼和加装增压舱的做法，想使这种轰炸机成为一种高空版本，最终在法国工厂才找到愿意制造它的人；A-7 把翼展增加到了 36.60 米，没有引起多大关注，倒是惹得日本人兴趣浓郁，希望能购买生产许可；还有一架由 A-5 改装而来的 He 177V-38 显得神秘莫测，原来，打算用它来投掷德国的原子弹……

A-5 型是 He 177 最成熟的型号，它依然保持了这种重轰标志性的长筒型机身，机翼为全金属悬臂式中单翼，起落架为可收放式后三点起落架，主起落架向内折叠收入主机翼，后起落架向后收入机尾，收放动作由液压操作。从 1943 年 2 月到 1944 年 10 月，A-5 至少生产了 565 架。

该型乘员 6 人，其中飞行员、副驾驶兼投弹瞄准员兼前部机枪手、导航员兼无线电报务员兼机腹机枪手坐在机首；1 名机枪手操纵机背前部的遥控炮塔，1 名机枪手操纵机背后部的炮塔，另 1 名机枪手操纵尾部的炮塔。

主操纵杆可以整体向左右两方转动，以方便正副驾驶员在他们各自的位置上操纵飞行。副驾驶的座椅可以随时拆开，座椅下方就是投弹瞄准镜。尾部机枪手的座椅也可以调整，他可以选择坐着或趴着射击，当然，坐姿更舒服，但是俯卧时的射击视野较佳。

机身的中部隔舱容纳着三个主油箱和炸弹舱。前部隔舱可以加装用以固定滑翔炸弹的特制弹槽。后部隔舱里有两个大型的筒罐，里面装着二氧化碳，用于紧急应付发动机室随时可能发生的火情。

主机翼采用单桅结构，翼尖是可拆卸式的。每侧主翼都容纳有两个油箱和两个机油箱，其中油箱居于两侧。主翼前缘各有两具滑油冷却器，当需要在翼下安装滑翔炸弹支架时，其位置在滑油冷却器外侧。

A-5 最大的特点是采用了改进的 DB 610 发动机，这是一种并列两台 DB 605 的发动机，最大出力达到 3100 马力，这使得 A-5 的有效升限提高到了 8000 米以上。发动机驱动着桨叶长 4.52 米的 VDM 四叶金属螺旋桨，发动机过热问题非常突出，以致在每个桨叶的根部都要额外安装一个金属套，以降低高温的影响。两具螺旋桨反向运转，左侧的逆时针转动，右侧的顺时针转动。

防护方面，驾驶员的椅背装甲厚 9 毫米，底部厚 6 毫米；机首下方炮塔的装甲厚 6 ~ 7 毫米；机背前部遥控炮塔装甲厚 9 毫米；机背普通炮塔装甲厚 7 毫米。尾部炮塔的装甲是最强的，周边厚 18 毫米，底部厚 9 毫米。至于长筒型的机背部分，约有 2/3 的范围都被半圆状的装甲板笼罩着。

A-5 在机鼻配备 1 挺 7.92 毫米 MG 81 机枪；机首下方炮塔内，前部为 1 门 20 毫米 MG 151 机炮，后部为双联 MG 81 机枪。机背前部遥控炮塔内装有双联 13 毫米 MG 131 机枪，普通炮塔内装有 1 挺 MG 131 机枪，尾部炮塔内有 1 门 MG 151 机炮。在机背遥控炮塔前面约 3.65 米处，也就是更靠近机首的地方，是遥控射击手所在的瞄准塔。除了给瞄准具露了一条缝外，那里全部由装甲板保护着。

该型的携弹能力为 10 枚 500 公斤炸弹，或 6 枚 1000 公斤炸弹，或 2 枚 2500 公斤炸弹。不携带常规炸弹时，理论上可以选择 3 枚 Hs 293 或 Hs 294 制导炸弹，其中两翼下各 1 枚，机腹 1 枚。

海天进攻：糟糕的开始与结束

从一开始，KG 40 联队第 2 大队就热切地盼望着 He 177 的到来，这将是第一支大规模装备新式重轰的单位。战斗在北大西洋上空的他们，觉得手里的Fw 200“兀鹰”还算过得去，不过如果有了真正的重型轰炸机，那么对付盟国船队就是另外一回事了。

1943年秋冬季，“狮鹫”的海空出击已箭在弦上，配合它的是一种秘密武器：Hs 293A-1滑翔炸弹。这种由亨舍尔公司生产的新奇兵器，是一种加装了液体火箭发动机的炸弹，看上去就像是一架小飞机，它所具有的划时代意义，使许多专家将它称做世界上最早的实用空舰导弹。

本来，He 177可以享有第一种使用这种滑翔炸弹飞机的荣誉，但是生产上的延误使得这个风头被Do 217抢走了。其时，He 177的机组正在红酒之乡波尔多的基地里加紧练习。不过他们很快就会看到，这种武器对盟军而言已不再是秘密。

在11月初的首次行动后，He 177终于在稍后的21日赢得首次击沉的战果。这次出击的指挥官是第2大队经验丰富的大队长蒙斯少校，他指挥着25架He 177升空，目标是SL 139护航队，后者当时正航行在西班牙菲尼斯特雷角外的航线上。

虽然亨克尔公司宣称每架“狮鹫”可以挂载3枚Hs 293，但为了稳妥起见，这次每架飞机只挂载了2枚。这个决定无疑是正确的，因为目标上空阴云四合，要有效地操控滑翔炸弹几乎不可能。坏天气还让大部分飞机错过了主力船队，结果只能把怒火发泄到2艘落单的商船上。

被击沉的是“马萨”号，然而，在5架He 177围攻这艘4405吨级商船的过程中，抛开结果不谈，只是证明了船长T·巴克尔的机智与勇敢。通过他的报告，这次交锋的过程大致如下：

第一架He 177在15时39分投下一枚滑翔炸弹，巴克尔“立即转向，使得船艉朝向炸弹，结果它在距船艉150英尺处落水并爆炸。”那架He 177于是投下第二枚滑翔炸弹，巴克尔冷静地等待着，然后用了同样的招数再次避险成功。

第二架He 177扑上来了，先后投下了两枚滑翔炸弹，这次巴克尔采取“右满舵规避”，炸弹分别在左舷和右舷外“落水爆炸”。

第三架He 177连续发射滑翔炸弹，然而却都“冒着烟落入了海中”。起先船长觉得有点费解，后来他想到，一定是自己命令船员不断向飞机开火的做法，使得“投弹手完全无法控制飞行中的炸弹。”

第四架He 177继续努力着，它投下的炸弹仍然没有命中。这时巴克尔看到了意外的一幕：“那架飞机的左引擎开始冒烟，很快整架飞机都笼罩在黑烟之中，它迅速以一种怪异的角度飞行，要么这是有计划地摆脱烟火的办法，要么它已经失去了控制。”巴克尔看到的怪异状况，对于德国飞行员来讲将会司空见惯：发动机问题。

在这次观察后不久，16 时左右，第五架 He 177 投下的滑翔炸弹终于致命地击中了“马萨”号的左舷。

至于其他一些 He 177，无巧不成书地和英国皇家空军海岸司令部的一些 B-24“解放者”式轰炸机相遇，英国机枪手们猛烈地开火，He 177 只好寻求云层的掩护，其中至少 2 架的“尾部拖出了浓烟”。

新式飞机没有一个好的开头。2 架“狮鹫”因为炸弹架故障而提前返回，2 架在返航途中坠毁，1 架在返航途中迫降，1 架在攻击过程中落海，另外 4 架被打得遍体鳞伤。

艰难亮相后，5 天后的行动中损失更加惨重。

26 日，第 2 大队出动 21 架 He 177 袭击正穿越阿尔及利亚海岸布日伊角的 KMF 26 护航队，起飞后不久，就有一架 He 177 的发动机发生故障，它试图迫降但失败，坠地爆炸。

其他飞机来到目标空域后，发现天气条件极利于进攻——能见度良好。不过正是在这种视线优越的条件下，机组成员很快看到了朝自己扑来的盟军机群：皇家空军第 153 中队的“英俊战士”，美国陆航第 350 大队的 P-39“空中眼镜蛇”，以及自由法国空军的“喷火”。凶猛的进攻击落了 6 架 He 177，也要了大队长蒙斯少校的命。

德国方面唯一的安慰是滑翔炸弹击沉了运兵船“罗纳”号，夜色加剧了混乱，结果有 120 名船员和 1050 名美军士兵丧生在波涛之中。本来，这勉强可以算是第 2 大队成功的一天，但是本方基地恶劣的天气加重了损失，在狂风暴雨中，又有 2 架 He 177 在着陆时坠毁。

接任大队长的道契曼上尉清楚，如果继续在日间出击，那么他的大队很快将荡然无存，尽管此时的“狮鹫”，已经装备了多样化的电子设备以便更好地执行海空攻击任务，比如高频的 FuG 10，特高频的 FuG 17Z，用于敌我识别的 FuG 25，用于操纵 Hs 293 滑翔炸弹的 FuG 203，以及据称可以在 80 公里外发现大型船队的 FuG 200 探测雷达。

德国人开始采用夜间攻击，虽然夜色使得发现目标的困难大增，但夜色至少也能保护一下轰炸机。至于此阶段的战绩，当然也就完全消失在茫茫夜色中了。大队的轰炸机数量，尽管有夜空的保护，仍然不可避免地从 35 架降至 13 架。

1944 年 1 月 22 日，盟军在意大利安齐奥登陆，第 2 大队终于再次采取较大规模的行动。He 177 和 KG 100 联队的 Do 217 联袂出击，然而两支部队的战果都不理想。盟军采取了一系列对抗滑翔炸弹的措施，包括加大战斗机拦截力度，大规模施放烟雾，加强防空火力，以及采取电子对抗。

He 177 的第一架原型机。

盟军专门在几艘驱逐舰上加装了无线电干扰设备，德国轰炸机发现，Hs 293 的遥控频率经常受到干扰，而这种干扰对 He 177 影响更大。到 3 月 4 日德国空军停止在此地区使用滑翔炸弹时为止，KG 100 联队还是取得了一些击沉的战果，而 He 177 几乎一无所获。

下一次行动是在诺曼底上空。1944 年 6 月 6 日，第 2 大队赶不及在第一时间打击盟军了，这支被戈林称做“反登陆急先锋”的重型轰炸机大队，直到 D 日的晚上才做好了出击准备。在和澳大利亚皇家空军第 456 中队的遭遇战中，He 177 的运气很差，先后有 4 架被击落。这些轰炸机甚至都没有来得及投放滑翔炸弹就被打爆，然后掉到了海里，其中至少有 1 架的发动机在战斗中自燃。

澳洲战斗机飞行员们甚至很从容地在座舱里打量自己的对手，一个澳大利亚人仔细地进行了观察，他后来报告道:“修长的机身，伸展的主翼，球状的机首，很显然，这是一架 He 177。我可以清楚地看到它主翼下悬挂着的滑翔炸弹。”

第 2 大队的 26 架 He 177，仅仅在第一天的战斗里就有半数被击落，剩下的飞机于第二次再度行动，结果又被击落 7 架。应该承认，这些德国飞机进击得很勇敢，但是不可能有大的作为。事实上，在接下来的 10 天里，因遭受空中打击而沉没的盟军舰船只有 5 艘而已。此时的盟军已经有了更有效的无线电干扰技术，不过这些装备有些浪费，因为在己方的全面空中优势下，德国轰炸机根本不太可能飞近船队。

接下来，“狮鹫”的任务降格为水雷施放作业，很快，所有的反舰飞机部队全部奉命撤往德国和挪威休整。He 177 的海空作战，正式宣告结束。有一些飞机由于找不到油料而停在法国机场上，最终成为盟军的战利品。

危险的夜空

1943 年 12 月，帝国元帅戈林给他在西线的指挥官发去手令："为了报复敌人对德国的空袭，我决定强化对英伦三岛的打击，打击目标包括重要的城市，尤其是工业中心和港口……"

这位空军司令要求必须调动尽可能多的空军单位参战，而且这些部队的基地要尽可能地分散，以防被盟军侦察机轻易发现而招致反报复空袭。具体的安排是，只是在空袭开始前的数小时，分布在各基地的中队或大队才统一集合到前进基地中。

He 177 参加到了这场代号为"野山羊"、更多地被称做"小型闪电战"的对英国的报复性空袭中。

1944 年 1 月，KG 40 联队第 1 大队和 KG 100"维京"联队第 3 中队的 46 架 He 177A-5 被征召，集中转场到奥斯纳布鲁克以西的莱恩以及奥尔良西南的机场上。

21 日夜里，这些 He 177 以 8 小时为间隔，分成两个机群出发。正是在这次行动中，出现了第一架坠落在英伦土地上（此前是在海上）的 He 177，击落它的是皇家空军第 151 中队的 H·肯普。当时肯普的"蚊"式夜间战斗机差一点失掉了目标，不过很快又得以重新锁定并开火，倒霉的那架 He 177 隶属 KG 40 联队第 1 大队，机组中 2 人身亡、4 人被俘。

"野山羊"行动持续而耐心地实施着。从表面看，此时期的 He 177 保持着相当高的出勤纪录：1 月 29 日至 30 日，第 1 大队和第 3 中队全部出动；2 月 3 日至 4 日，第 3 中队出动；2 月 13 日，KG 100 联队第 2 中队赶来加强。但是实际的出勤率并不理想，因各种原因而导致中途返回的比例在 15% 左右，有时候只有 5 ~ 6 架 He 177 能成功飞到伦敦上空。

在 2 月 13 日的那次行动中，戈林亲临现场，视察刚从德国南部调动而来的 KG 100 联队第 2 中队。在司令的注视下，这个中队和第 3 中队的 14 架 He 177 发动了引擎，除了 1 架外，另外 13 架全部成功升空，可是马上就有 8 架因发动机过热而提前返航，最终从英国飞回来的只有 3 架。

2 月 24 日深夜，一个 170 架的机群再临伦敦，目标是政府大楼集中的威斯敏斯特区。包括 He 177 在内的机群得到了全新的指引，被称为"指路者"的 KG 66 联队第 1 大队的 Ju 88 和

Ju 188 向目标上空抛洒着供识别的信号，这些发光弹悬吊在降落伞下，向目标缓缓飘落。在轰炸机行进路线的转折点上，容克斯飞机抛下红色信号，当到达目标上空时，则抛下白色信号。

He 177 的飞行员们普遍采用高空俯冲的战术来保护自己免受英国战斗机的打击。他们先把 He 177 拉升到极限的接近 9000 米的高度，然后在俯冲中使速度达到 700 公里 / 时，以躲避英机的拦截。很难说这些空袭取得了多大的成果，但可以肯定的是，这些轰炸机在行动中的消耗与日俱增，不仅战斗损失和发动机故障同时困扰着 He 177 部队，糟糕的机场也帮了倒忙。

莱恩前进基地是一个临时机场，那里简陋的条件使得一些最基本的维修和保养都显得很困难。在黑暗而起伏不平的跑道上，飞行员们都不敢把载弹量带到最大。经验最丰富的飞行员往往会带上 2 枚 1800 公斤的炸弹和 2 枚 1000 公斤的炸弹，其他人则一般带着 4 枚 1000 公斤的炸弹起飞。由于照明无法指望，前一架 He 177 起飞时会一直亮着尾灯，当升空后飞行员才将其熄灭，这是在给后面那架飞机发信号：你可以起飞了。

等到 4 月 18 日德国对伦敦发起了最猛烈的进攻时，能够参战的 He 177 只剩下 5 架。

这一天是报复英国的“小型闪电战”的高潮，也是尾声。

尴尬的多面手

1942 年晚秋，驻勃兰登堡地区的 FKG 50 联队第 1 大队接收了第一批 He 177A-3 型，这几架“狮鹫”看来能让德国空军骄傲一下了：涂着铁十字的重型轰炸机终于将长途跋涉，奔袭在敌国的纵深腹地！

然而，这些新式飞机并不是去执行首次战略轰炸，而是被当作了运输机：参加为援救被围困在斯大林格勒的第 6 集团军而实施的空运。He 177 的炸弹舱在装运物资时显得太小了，另外，即便是俄国的冰天雪地，也无法稍稍改变发动机极端过热的状况，许多飞机因此而坠毁，该部的指挥官甚至还没有飞临斯城上空就在事故中身亡！

接下来，就在一个 He 177 大队和两个 He 177 中队摸黑打击英国人的同时，一支完整的 He 177 联队正在德国紧张地创立，这就是霍斯特 · 冯 · 里耶森指挥下的 KG 1 联队。

1944 年 5 月，该部的第一个大队宣布做好了战斗准备，并进驻东普鲁士的基地。到这个月底，另外两个大队也先后入驻。很显然，里耶森麾下的目标是俄国战场。而这 90 架 He 177，也是到当时为止东线上交战双方所从未拥有过的最强大的长程空中威慑力量。空军希望通过用一战东线英雄兴登堡的名字来为联队命名的做法，来鼓舞部队的士气。

尽管如此，这支力量仍然被消耗在战术任务上，像坦克工厂或者炼油厂这样的重要目标，从未出现在 KG 1 联队的命令表上。不过，那时的德军在东线上已经处处被动，所有飞机都要尽一切可能来支援地面部队，因此，即便有人提出价值更高的目标，恐怕也会被视为不切实际了。

在经常而零散地对俄军集结地和物资仓库这样的目标进行轰炸后，一些和战略任务搭得上边的行动往往能激起轰炸机联队异样的热情。在一次针对大卢基铁路枢纽的空袭中，联队长里耶森带领全部的 87 架 He 177 倾巢而出，这些大鸟编成整齐的 V 字编队，进行了这支本可以有更大作为的部队的一次最让人难忘的实力展示。

随着苏军在 1944 年夏天对中央集团军群实施的毁灭性打击的到来，He 177 连常规的战术任务也失掉了，现在它们要做的是近距离对地攻击。没错，挂上炸弹，甚至临时改装上 75 毫米的反坦克炮，对滚滚西进的红军装甲纵队做低空俯冲攻击。这种做法给“兴登堡”联队所带来的毁灭性后果，是不难想象的。

回顾在东线的作战，有一点是和在另外战场上饱受打击的兄弟单位不同的，那就是在俄国上空飞翔的 He 177 要稍微舒服一点。飞行员们可以选择在白天出动，“狮鹫”飞在自己的最高高度上，俄国人的地面炮火和战斗机，很少想到去拦截它们，即便有些战斗机做出了努力，也很快就会放弃。

联队的损失还是很大。零配件短缺、养护工具的缺乏、经验不足的飞行员，让轰炸机在短短 2 个月里就失掉了数十架之多。

然而，同 KG 4 联队和 KG 100 联队在大西洋、地中海和不列颠上空的明确任务相比，在俄国作战的 He 177 的定位无疑是最含混不清的。最开始，在斯大林格勒，它们被当成 Ju 52；之后，它们又差不多成了 Ju 88；最终，在退出东线之前，这些 He 177 又被错误地当作 Ju 87 和 Hs 129 来使用。

即使有人想扭转这种错误，也没有机会了。

8 月，德国航空汽油的产量相比 5 月骤降 9 成以上，很显然，除了少部分一线战斗机外，其他飞机已经不太可能获得起飞的机会了，这其中重型轰炸机 He 177 当然首当其冲。事实上，它的量产差不多也在此背景下突然中止。

KG 1 联队的飞机静静地停在了毫无保护的机场上，这些经历过硝烟的飞机旁边停着的也是 He 177，那是些新出厂的崭新的家伙。在被生产出来的 He 177 中，参加了战斗的只有

200 架左右，其余超过 900 架的 He 177 此时有很大部分就这样横七竖八地趴在跑道和停机坪上。当盟军战斗机扫射这些机场时，那里甚至连一张伪装网都没有。这时，“东线多面手”的 He 177，又有了一个最新的角色：靶机。

这还不是最后的角色。

有人提议，对这些没能力飞起来的大家伙进行废物利用，把它们也列入“槲寄生”计划。既然用 Fw 190 挂载 Ju 88 可以成功，那么用 Fw 190 来挂载 He 177 应该也没有问题。不过已经没人有精力来做这些事了。

与那些名留青史的同盟国轰炸机相比，He 177 本来就是要和它们竞争的，“狮鹫”只有一点是超越前者的，那就是它无比复杂的整体设计。也正是这种设计的复杂性，让它自始至终麻烦不断，让它始终无法提高作战效率，也让它从来没有赢得过自己机组成员的好评。

有一种说法是，如果 He 177 能在 1941 年批量生产，德国就可能赢得战争。这是由一个观点引申而来的，那就是认为德国空军的致命错误在于没有生产远程轰炸机——“乌拉尔轰炸机”。事实上，当一支空军急于在短时间内形成足够的威慑力时，选择战术兵器是很自然的事。戈林说，希特勒在战争前夜问他的不是“你的轰炸机有多大？”,而是“你有多少轰炸机？”这是有其道理的。

这种战术建设的成效在闪电战初期显露无遗，你可以讲这是短视，可以讲这是急功近利，但是，如果起先就把有限的资源集中在战略兵器上的话，就不会有二战开始时的那种局面了。

况且，所谓的短视也并不完全是那么回事。在大战爆发后 3 个月，He 177 就进行了试飞，这个时间虽然比“斯特灵”式和波音 B-17 要迟,不过比“哈利法克斯”式和“解放者”式都要早。这种先发的优势最终被浪费掉了，这才是真正意义上的短视。

多发轰炸机，在德国空军看来，始终逃不出战术使用的范围。这是因为，闪电战的巨大成功使得德国人的战术优势反倒成了一种“迷思”：从少数人关注战略轰炸，演变成没有几个人还懂得战略轰炸。

这样一来，He 177 当然面临着不断的困扰。首先，它要参与俯冲，于是不得不采用了怪异的发动机布局，这使它成了“重型打火机”；其次，它要参与地面攻击，像斯图卡和 Hs 129 攻击机那样装上笨重的加农炮来打坦克！

设计师不知道空军要什么样的东西，空军不知道该拿这种轰炸机来做什么，最后，飞行员们不知道它什么时候会在空中突然起火……孤独的“狮鹫”，诚然是一种从一开始就被误读和浪费的飞行器。

第13章

帝国领空的“梅塞施密特重拳”

说起德国的梅塞施密特公司，人们自然而然地会想起活塞飞机时代的佼佼者 Bf 109，以及喷气飞机时代的先驱 Me 262。与这两个成功的范例不同，同样是由梅塞施密特开发的重型战斗机，却呈现着螺旋上升的曲折态势。曾被寄予厚望的 Bf 110，几乎在每一次昼间空战中都被证明存在着重大缺陷，直到“变身”为夜间战斗机后，才最终找到了感觉。本文的主角，Me 410 重型战斗 / 轰炸机也是如此。

Me 410 的前身 Me 210，是一种专门为替换掉 Bf 110 而研发的机型，这种设计非常糟糕，以致很快被判定“如果投入现役便是死路一条”。不过，在经过一番伤筋动骨的改造后，变身而来的 Me 410 却成功地实现了“脱胎换骨”。

失败者

Me 210 计划开始于 1937 年，是作为 Bf 110 的替代机而设计的。梅塞施密特公司在 1938 年启动设计工作，第一架原形机 V-1 在 1939 年 9 月 2 日首飞，Me 210 所获得的支持非常广泛和明显，以致当它在原型机阶段时，就已经接到了 1000 架的订单！

Me 210 是一种双发双座全金属结构的重型战斗机，采用悬臂下单翼和双垂直尾翼的布局，机身为轻合金单体横造结构，表面覆以应力蒙皮。它配备的火力可谓强劲，硕大的机首同时容纳了 2 门 20 毫米 MG 151 机炮和 2 挺 7.9 毫米 MG 17 机枪，前者各备弹 350 发，后者各备弹 1000 发。机首下部可以选择配备炸弹挂架。

一种创造性的装备是，设计师试验性地在两侧机身各安装了一个 FDL 131 遥控机枪塔，内置后向射击的 MG 131 机枪（可向外伸展 90 度），各备弹 450 发。机枪塔的位置在翼根稍后的地方，由无线电报务员通过遥控实现射击。

然而 9 月的首飞后，驾驶者赫尔曼 · 沃斯特却一脸的不高兴，他在报告中写道：V-1 原型机的操纵稳定性极差。不要说是爬升了，就连水平稳定飞行都很难做到。这位梅塞施密特的首席试飞员甚至暗示，他绝不会再飞第二次这种飞机了。

尽管试飞反响很差，但帝国航空部却明确表示：这种飞机应该马上装备部队！不过在数架

新出厂不久的 Me 410。

预生产型的 Me 210A-0 在 1940 年底被交付到了德国空军测试单位之后，又引来一片反对声，这样直到 1941 年春天，德国空军才勉强认可将 Me 210 纳入生产计划。

预生产型的 A-0 总共生产了 94 架，连续生产出来的新机主要是被送去进行各种各样的测试。面对测试中接二连三出现的各种问题，德国空军技术总监乌德特将军不得不在 7 月 25 日，提笔给梅塞施密特博士写了一封措词严厉的信。信中称："这个月，将 Me 210 用于实战测试的安排再次被推迟。我的印象是，自从第一架原型机问世以来，您所做的改动已经过多过频，这样的后果是每次测试的结果都无法对实战前景评估起到任何帮助。"

1941 年快结束的时候，情况已经很清楚，各方反馈的信息表明：作为一种重型战斗机，Me 210 完全不能合乎要求。令人惊奇的是，生产线并未因此叫停，两种改进型 A-1 和 A-2 的生产反而紧接着在 11 月上马了。

这两种改进型在 1942 年春天陆续进入一线部队服役，事故率很快就高得吓人。空军忍无可忍，生产这才在 4 月被叫停。

不管愿不愿意，SKG 210 快速轰炸机联队第 1 大队在 1942 年 1 月被改编为在东线作战的 ZG 1 驱逐机联队的第 1 大队，这是空军正式装备的第一批 Me 210A-1。这支新部队始终排斥新机型，令人尴尬的是，一段时间之后，该部就强烈要求换回原来的装备：Bf 110。而在此过程中，大队长乌尔里希 · 迪辛自始至终都拒绝交出自己的 Bf 110 座机。

第 1 大队的恶评迅速传播到兄弟单位的第 2 大队。这支部队刚刚在布良斯克重组完成，大队长洛尔夫 · 卡尔德拉克上尉可不想自己的新部下开着这种飞机去"自杀"。于是他采取不合作的态度，一方面接收新机，一方面保留旧机，把新送到的 Me 210 全部停放在基地上，让其对起降作战的 Bf 110 作壁上观。

1942 年夏天，西线的空军单位也开始接收 Me 210，这就是当年 8 月成立于低地国家的 Epr.Gr 210 特别测试大队。虽然以测试为名，但该部很快就在成立的当月对英国展开行动，从而演出了 Me 210 这种重型战斗机在英伦上空的处子出击。

不幸的是，该部在 13 日创下了"首架被敌机击落的 Me 210"的纪录，当时这架 A-1 被"喷火"式击中。德国飞行员当场死亡。至于无线电报务员，此君在被英国人发现并俘虏之前，没吃没喝地在水上漂浮了整整 6 天！

在更多的 Me 210 连遭击落后，德国飞行员们就不惜对这种飞机抱以最刻薄的评论了，最经典的一句话甚至传到了戈林的耳朵里："如果 Me 210 没有被造出来，我们就能活得更久一些。"

脱胎换骨

使用者的尖刻批评极大地刺痛了威利·梅塞施密特博士本人和他的设计团队，他们决定想尽办法，来挽救这个已经耗费了数千万帝国马克的项目。

设计师们首先想到的是，把 Me 210 改造成一种高空机型，通过换装发动机、增加翼展和装配加压舱来实现。这种改进型一经试飞，设计者就将它们命名为 Me 310A-1 和 A-2，希望借此有一个新的开始。但是事实很快表明，这只能是换汤不换药。

看起来还是得继续改，新一轮改动包括加长机身，改装自动前缘襟翼，换装 1750 马力的 DB 603A 发动机，以及重新设计副翼、散热器和发动机室。这样，虽然从外形上看，它和前作几乎没啥差别，但新机更符合气动力学的要求。

1942 年底，第一架这种改进型飞机试飞，它被正式称为 Me 410V-1。命名从 210 跳越到 410 本身也说明，设计方急于表明这是一种完全不同的作品，并且期望它能获得成功。

结果，首飞大获成功，这些改动的组合鬼使神差地使得飞机的安定性得到了显著改善；至于操控性，甚至可以用非常舒适来形容。这些改动终于找对了地方，Me 210 基础设计的瓶颈似乎在瞬间得到了突破，Me 410 将是一种符合空军需要的机型。

Me 410 的自重比前作稍大，起飞载荷也得以有效加大。改进的机体和新式发动机令 Me 410 的实用升限和最大速度都大为提升，其时速几乎比 Me 210 快了将近 160 公里。

1943 年 1 月，Me 410 的第一种正式量产型 A-1 开工了。不仅如此，这种飞机还得到了优先生产权，在资源紧张的当时，这可不是件易事。原因是 A-1 被界定为一种快速轰炸机，而这一点正好投了希特勒之所好——他一直希望有一种报复性的轰炸武器。

A-1 基本型的武备和 Me 210 一样，但携弹能力有所增加。然而，就在空军准备将 A-1 用于对英国的日间空袭时，却发现其炸弹舱设计有点先天不足。机首下方的炸弹舱装载 8 枚 SC 50 炸弹还行，但是在封闭状态时却装不下 2 枚 SC 500 炸弹，于是舱门只好向左略微打开，这对飞行性能的影响不言而喻。

这个缺陷，在专业人士看来简直无法接受。德国轰炸机部队指挥官奥伯斯特·派尔兹（Oberst Pelz）将军就极力主张用 Ju 88 取代这些“快速轰炸机”，只是由于后者生产出现了延误，才使这位将军不得不同意派 A-1 执行轰炸任务。

基本型之外，生产厂又为 Me 410A-1 准备了多种武器套件，以备根据不同任务而调换。

Me 410 拦截美国轰炸机群。

具体来说，A-1/U1 是侦察机，拆除了 2 挺机枪，增加了航空照相机；A-1/U2 是重型战斗机，在原先武备之外，又在机首下部加装了 WB 151A 武器吊舱，内置 2 门 20 毫米 MG 151/20 机炮；A-1/U3 是计划机，打算改成单座型；A-1/U4 是专门打击盟军轰炸机的截击机，机首下部加装了 1 门 50 毫米 BK 5 火炮，备弹 21 发。BK 5 是 KwK L/60 火炮的空军改进版，后者被装在 Sd.Kfz 234 这样的装甲车上。A-1 系列全部采用 Revi C 12/D 或 ZFR 4A 瞄准具，后期改用 Revi 16B。

很快，新的衍生型 A-2 也开工了，它回归了重型战斗机或者说是驱逐机的原始定位，用 2 门 30 毫米 MK 103 机炮替换掉了机首的 2 挺 MG 17 机枪，安装位置也是在机首下方。这一系列的型号中，A-2/U1 是侦察机，A-2/U2 在机鼻部加装了雷达而成为夜间战斗机，A-2/U4 的配备则和 A-1/U4 几乎完全一样。

1944 年初，更新的 B 系投产，这让 Me 410 的生产进入了新的提速期。

B 系列采用了功率更强的 DB 603G 发动机，输出功率达到 1900 马力。和 A-1 一样，B-1 的基本型也定位为快速轰炸机，它的主要改进包括：主翼下可选择加挂 300 升的副油箱，强化的起落架，用 2 挺 MG 131 取代了机首的 MG 17 机枪，其载弹量为 1000 公斤。事实上，B-1 和 A-1 一样，都从来没有让轰炸机部队信服过，因此航空部在 1944 年 5 月下令将这两型全部改装成重型战斗机。

B-1 的重型战斗机衍生型包括：B-1/U2，在机首下方加装 2 门 MG 151 机炮；B-1/U4，机首改装 1 门 BK 5 火炮。

接下来出现的 B-2 类似 A-2，也是重型战斗机。B-2 有 3 种厂方标准衍生型和 4 种战地组装衍生型。厂方型包括：B-2/U2，机首增强 2 门 MG 151 机炮，各备弹 250 发；B-2/U3 是对舰作战版本，用 1 台 FuG 200 搜索雷达取代了 2 挺 MG 131，机腹下吊载 1 枚鱼雷；B-2/U4，用 2 门 MK 103 机炮和 1 门 BK 5 火炮换掉了全部的机首武备。战地型包括：B-2/U2/R2，加装额外的 2 门 MK 108 机炮；B-2/U2/R3，加装 2 门 MK 103 机炮；B-2/U2/R4，加装 2 门 MG 151 机炮；B-2/U2/R5，在机首下方横向排开 4 门 MG 151 机炮。

B-3 之后的其他型号都只进行了小规模生产，其中，B-3 是一种侦察机；B-5 则是鱼雷轰炸机，它挂载了一种新型的滑翔制导鱼雷，这种试验武器的名字居然叫“和平天使”。为了使轰炸机的作战范围尽可能扩大，拆除了机身两侧的遥控炮塔，取代其位置的是燃油箱。机首下方也改成了特殊的挂架，可以选择携带 2 条常规鱼雷。B-6 看起来是和 B-5 配套作战的，它主要负责对海面目标实施搜索，有时也被称做海军的驱逐机；B-7 和 B-8 是差不多的战斗 / 侦察型。

到 1943 年底，除了梅塞施密特在奥格斯堡等地的工厂，道尼公司的生产线也开始生产这种飞机。Me 410 各系的总产量在 1130 架左右。

夜色袭人

首批 Me 410 在 1943 年 1 月加入德国空军，到 4 月，这个数字已经达到 48 架。

第 2 轰炸机联队 KG 2 的第 5 中队就在该月用 Me 410A-1 换掉了 Do 217 轰炸机，不过这些飞机还没飞上几次，就接到命令换回 Do 217。这并不是因为新机性能有问题，而是此时戈林力推的报复英国的空袭“小型闪电战”即将开始，各轰炸机联队都有任务在身。

为此，KG 2 联队专门组建了第 5 大队，专门使用 Me 410 作战。7 月，第 5 大队拥有 48 架 Me 410A-1，但也就在这个月，被英国战斗机和地面炮火几乎打掉了 1/4。8 月，这些 Me 410 继续在英国上空扮演“快速轰炸机”的角色，又陆续损失了 15 架之多。好在飞行员们终于想到回敬之道，那就是转变角色，以重型战斗机的姿态去拦截英国人的轰炸机。

事实证明，这才是 Me 410 的强项所在。8 月 11 日下午，第 16 中队的两名飞行员分别击落一架“斯特灵”式轰炸机。一周后，“快速轰炸机”甚至击落了一架在夜袭中返航的英国单发战斗机。

于是，这个轰炸机大队很快就形成了非常独特的战术：飞行员们先是驾机前往英国进行投弹，之后在返回本方领空时搜索并攻击敌方轰炸机。在此目的下，飞行员们更是争出奇招。第 14 中队的中队长阿布拉罕齐克专门把自己 Me 410 的下部全部漆成黑色，以增强隐蔽性。

格雷伯军士长在 8 月 24 日凌晨的行动是范例式的。当时，在他向伦敦投弹完毕后，就折返法国航向，当他的 Me 410 飞越剑桥以东时，格雷伯注意到前下方有一个硕大的黑影，便迅速压下机头并连续射击。这位军士长后来报告称这架四发轰炸机坠毁，“时间是 4 时 8 分。”

9 月 11 日，第 5 大队转场至阿姆斯特丹附近的一个野战机场，大家士气高涨，因为那里的维修保养设备是一流的。随之而来的是第一批 Me 410A-1/U2，这可是真正的重型战斗机型。最先驾驶着新型号升空作战的，是大队长沃尔夫·迪特里希·梅斯特少校本人，他于 9 月 23 日成功地在英国领空击落 1 架“兰开斯特”式，地点是林肯市上空。

这支轰炸机部队的战术是如此奏效，以致于当德国空军调集兵力迎击美国陆航对轴承中心施魏因富特的那两次著名空袭时，都不忘召唤第 5 大队参战。在 10 月 14 日，也就是美机的第二次进袭中，该部的 Me 410 打下 3 架 B-17，其中一个战果属于大队长梅斯特。这之后，梅斯特转调第 51 轰炸机联队 KG 51 的第 1 大队，日后更成为 KG 51 的联队长。

当然，战争不可能总是喜剧，对英国的空袭也造成了持续不断的损失。1944 年 1 月 21 日夜，接任第 5 大队大队长的库特·海因兹在驾机升空后就永远消失在茫茫夜空中，他最后的话是：“我们正被战斗机攻击……着火了！……”

海因兹的继任者赫伯特·福斯接到的第一道命令是：全体转编为 KG 51 联队第 2 大队。对 KG 51 这支绰号为“雪绒花”的著名轰炸机联队而言，Me 410 也已不是什么新鲜事物。1943 年夏天，该联队的第 1 大队就得到了一批 Me 410，短暂的熟悉后，这种飞机得到了飞行员们的一致好评。不止一个人这样说道：“拥有像 Me 410 这样的飞机简直可算是我们的梦想，最重要的是，它可以让我们也能对敌机痛下杀手。”

在大队长克劳斯·哈伯伦的倡议下，该部的 Me 410 大都在翼下装备了 WGr 21 火箭发射管，这个轰炸机单位同样非常乐于扮演空中拦截的角色。1943 年 9 月 6 日，10 架这样的飞机升空，当它们面对一个 200 架的 B-17 机群时，都异常兴奋地扑上前去。

这是一些以前只知道投弹的飞行员，现在他们要面对全新的任务，而当他们发射的火箭在击中轰炸机后引发一大团火球时，驾驶舱内的情形就因激动而混乱。一位飞行员回忆道：“一下子耳朵里充满了尖叫声，身后，同伴在尖叫；耳机里，大队里的其他伙伴在尖叫。”

在空袭英国的过程中，这可能是让英国人最恼火的一个单位了，直到 1944 年 7 月转用喷气式战斗机时为止，第 1 大队被英国人击落的 Me 410 只有 10 架，当然，另外还有 15 架因各种原因而坠毁。

这些快速重武装的飞机的出现，对英国人而言可算是大吃一惊，而且感觉非常不快。现在，同样经验丰富的第 2 大队开始来为第 1 大队助阵。

指挥第 2 大队首次出击的是普特法肯上尉，他取得了一连串的成功。4 月 12 日，该部的 Me 410 尾随返乡的英国轰炸机，在一名同僚取得战果后不久，普特法肯就连中两元：一架“喷火”式和一架“哈利法克斯”式。

4 月 22 日，又是一个狩猎日。16 架 Me 410 击落了 10 架英国飞机，其中普特法肯击落 2 架，这是他本人取得的第 4 次和第 5 次夜间空战胜利。然而就在数小时后，也即 4 月 23 日的凌晨，他就因座机在坎特伯雷上空被击落而身亡。

接下来，15 架 Me 410 成功实施了一次“跟随轰炸”，当时它们尾随返航的美国轰炸机，一直飞到美国陆航第 2 轰炸机师的基地上空，差不多就在 B-24“解放者”式开始降落的同时，这些 Me 410 猛地投下了炸弹。多架 B-24 被炸毁，只有一架 Me 410 被仓促开火的地面炮火击落。

继普特法肯之后的另一位作战好手是普凯默尔上尉，在一次深入英国上空的作战中，他运用自己装备着雷达的 Me 410 灵活作战，一举击落 5 架英国轰炸机。

第 2 大队坚定地执行着深入英国作战的任务，一直持续到盟军在诺曼底登陆时，不过代价也逐渐高昂。6 月，有 10 架 Me 410 被击落；7 月，情况也没什么好转，尽管最新的 Me 410B 装备了部队，但是以 6 架损失的代价仅仅换来 2 个战果而已。

好斗的“大黄蜂”

驱逐机部队方面，ZG 1 联队第 3 大队成为第一支将自己的 Me 210 换装 Me 410A-1/U2 的部队。而两支著名的 Me 410 部队，第 26 驱逐机联队 ZG 26“霍斯特·韦塞尔”联队第 2 大队和第 76 驱逐机联队 ZG 76，也将先后换装新机。这些部队都担负着保卫帝国领空的艰巨任务。

从外形上看，Me 410 比 Bf 110 要小一号，但其硕大的机首显得气势汹汹，多少有点头重脚轻的姿态反倒使得这种飞机在进攻时具有格外猛烈的架势，主翼上那增大加长的发动机室好像拳击手握紧的双拳，蓄势待发。这种重型战斗机很快就赢得“梅塞施密特重拳”和“大黄蜂”这样的绰号。一段时间之后，ZG 26 联队甚至都被直接称做了“大黄蜂联队”。

“大黄蜂”这一称谓来自一名 Me 410 飞行员，在 1943 年 12 月 11 日埃姆登上空的交战中，眼看着多架 Me 410 围攻 B-17 的场面，这名飞行员通过无线电脱口而出：“这多像是围着蜂巢的一群大黄蜂！”

ZG 1 联队第 3 大队从 1943 年 7 月起取得击落美国轰炸机的战果。不过在 10 月 10 日，该部蒙受了较大损失，4 架 Me 410 被击落，大队长也当场身亡。在新任指挥官埃德瓦德·特拉特上尉接任后，该大队改编为 ZG 26 联队第 2 大队，当时这个联队的另外两个大队都装备着 Bf 110。

1943 年初夏以来，E.Kdo 25 的 Me 410 一改 Me 210 初登场时的颓势，连战告捷。首开纪录的就是特拉特本人，他在 5 月 21 日拦截一群进袭威廉港的 B-17，用机上的 30 毫米火炮成功打下一架。接下来的胜利发生在 7 月 25 日，他的部下霍斯特·盖耶一举击落 2 架 B-17。

3 天后，盖耶继续着自己的好运气。当另一群“空中堡垒”飞入德国领空后，他的队友击落了 3 架 B-17，而当这些轰炸机开始返航时，盖耶找到了机会，他连续击落了其中 3 架！特拉特另赴他任后，盖耶接任分遣队指挥官，接着他又在 11 月 26 日击落 2 架 B-17，地点是不莱梅上空，用的武器则是火箭弹。

此时，在进驻柯尼斯堡基地后，ZG 26 联队第 2 大队准备和美国第 8 航空队的轰炸机大干一场。特拉特手下有 39 架 Me 410，他抓紧一切时间对属下言传身教，同时一有实战机会就亲自上阵，现身说法。

11 月 13 日，他率领 13 架 Me 410 拦截空袭不莱梅的美机，在己方的单发战斗机还未赶到时就抢先攻击，结果特拉特和一位部下各打下一架 B-17。到了月底，他又如法炮制打下一架。

12 月的欧洲已是白雪飘飞，气温骤降，可是第 2 大队和美机的交战正在趋向一个白热化的阶段。在对索林根和勒沃库森这样的目标的进袭中，特拉特的 Me 410 每次都要面对数百架的“空中堡垒”。冲突在 8000 米的高空展开，电热航空服和供氧装置保持着人的基本活力，尽管地面天寒地冻，但参与这种战斗的 Me 410 飞行员却无不汗流浃背。

1944 年紧跟着来了，第 2 大队的开局不佳。1 月 11 日的空战中，2 架 Me 410 被击落，另有 3 架严重损毁。接下来几天的情况也差不多，取得猎杀的胜利不再那么轻而易举。因为从此时开始，美国人已经改变轰炸机没有战斗机护航的局面，每次出击，B-17 的身旁总有成百架的战斗机护驾。

这种战术上的改变对德国的驱逐机部队而言是致命的，与灵巧快速的“野马”式或“雷电”

式相比，Me 410 是毫无空中优势可言的。2 月 10 日的交战就是一个证明，在美国第 55 战斗机大队的打击下，第 2 大队被击落 5 架 Me 410，击伤 2 架，6 人阵亡，5 人负伤。20 日又是一场大混战，尽管又损失了 2 架 Me 410，不过这一次击落了 3 架敌机，其中包括一架 P-47 战斗机，大队长特拉特又取得一次个人战果。

但是悲剧在两天后也即 22 日来临。

诺特豪森上空，14 架 Me 410 冲入敌阵，先后击落了 3 架 B-17，但是第 2 大队损失了最重要的一架 Me 410：特拉特的座机。就在这位大队长全神贯注于 B-17 的时候，美国第 55 战斗机大队第 354 中队的杰克·奥伯汉斯利咬住了他的机尾，一阵点射之后，特拉特的座机在空中爆炸。

特拉特是德国空军驱逐机部队的头号王牌，除了空中击落的 38 架敌机外，还在地面击毁 26 架飞机，另外干掉过 24 辆坦克和 312 辆卡车。3 月 26 日，他被追授橡叶骑士十字勋章。

面对着强劲的敌人，飞行员们有了一个共同的要求：“配备更强的武器！”作为回应，第 2 大队很快接收了 16 架 Me 410A-1/U4，这种新型号装有一门 50 毫米的火炮。这时，队里一位极具个性的飞行员，鲁迪·达索少尉决定要更加强劲的武装。在征得大队长同意后，他对自己的座机进行了改装，在机首塞进了 8 门 20 毫米的 MG 151/20！此举让达索的座机赢得了“淋浴喷嘴”的称号。别人是这样评价的：“在空战中看着达索用自己的‘淋浴喷嘴’猛烈开火，的确是件令人振奋的事。”

3 月，ZG 26 联队的另外两个大队，第 1 和第 3 大队，也终于用 Me 410 换下了 Bf 110G-2。第 3 大队指挥官尤汉·科格勒少校对新装备非常满意，“与 Bf 110 凶恶的外形相比，这种飞机显得比较斯文”，这位大队长说，“但看过它们在空战中的表现，你就会知道这是一位长着娃娃脸的杀手。”

“娃娃脸杀手”的含义很快在 3 月 16 日又得到了证明，Me 410 和 Bf 110 联手，在南德上空拦截一个庞大的轰炸机编队，双发的德国飞机用火炮和火箭弹猛烈开火，结果共击落 18 架 B-17 和 B-24。

4 月起，ZG 26 联队整体东调，以法斯堡为基地。11 日，两支新装备“大黄蜂”的大队在空战中使这种重型战机的强有力截击达到一个新高潮。

当日美军出动 900 架 B-17 进袭德国东北部的目标，当这些轰炸机飞近斯坦丁（今波兰什切青）上空时，第 2 和第 3 大队的 Me 410 发现了攻击的机会，它们在 11 时 50 分开始猛扑。当时，负责护航的 6 个 P-51 战斗机大队和 4 个 P-38 战斗机大队的大部正在波罗的海上空同德国单发战斗机纠缠在一起。

美国陆航第 45 和第 13 轰炸机联队遭遇到了由 Me 410 实施的恐怖的火箭弹攻击。这些重型战斗机一般在距美机 800 米、600 米，有时甚至是 500 米处开火，210 毫米火箭简直是喷涌而出，这种 7 米多长的火箭在发射后形成令人炫目的烟火，虽然实际命中精度并不高，但是却给轰炸机乘员相当的震慑；而且，一旦被其命中，“威力至少是 88 毫米炮弹爆炸的 4 倍。”第 5 中队的希拿军士长首先喊叫起来：“那架 B-17 被拦腰截断了！”

接着，那位著名的达索驾着他的“淋浴喷嘴”赶到，他的机首在开火时“就像爆裂的大火球”，8 门机炮的威力很快打碎了一架 B-17。达索迅速拉升座机，“空中堡垒”碎片四溅，更多的 Me 410 顾不上撞击的风险继续扑进。很快，科格勒少校也有建树。他在当天的日记里写道：“最可惜的是，一年前我们还没有这种飞机。”

12 时 50 分，这场空中屠杀结束。总计这一天的交战，美国第 8 航空队共损失掉 52 架 B-17、12 架 B-24 和 16 架护航战斗机！其中起码有 1/3 的战果是由 Me 410 取得的。

这种来自“大黄蜂”的火箭弹雨对盟国飞行员的心理造成了可怕的影响，美国陆航的戴维·布朗少尉在一次对马格德堡的进袭中驾驶一架 B-24，当他的座机被击落后很久，才向人透露了自己的遭遇。

“魔鬼现身了”，他说，“黑色的双引擎飞机，我们的机枪手正准备开火，它就猛地发射了火箭，我只感觉到迅速被火光和浓烟包围，不一会我看见我的伙伴们正在往下掉落——降落伞都没有张开。至于我的副驾驶，天哪，他是被一发炮弹直接撕碎的。当时那架敌机就正对着我冲过来……”

在前线的 Me 410。

保存在博物馆里的 Me 410。

他的难友于是同情地询问击落他的是哪一种德国飞机。“有点像 Bf 110，不过稍微小一些。”少尉并不确定。“那一定是 Me 410”，同样吃过苦头的一位飞行员说。

“不”，布朗喃喃自语，“那是一个魔鬼。”

帝国上空的“小羊羔”

在 ZG 26 联队熟练地运用 Me 410 之后，另一支驱逐机部队 ZG 76 联队终于在 1944 年春夏之交也得到了这种飞机，接收者是驻在布拉格附近的第 1 和第 2 大队。

“娃娃脸杀手”一开始也迷惑了新的接收者，第 2 大队指挥官赫伯特 · 卡明斯基少校无法掩饰自己第一眼之后的失望，“和 Bf 110 停在一起，新飞机简直是阿尔萨斯人脚下的小羊羔。”在第一次试飞后，他就迅速改变了看法，认为其性能很可能“超越 Bf 110”。

5 月，美国陆航开始了对第三帝国石油重工业的打击。12 日的首次拦截就让第 1 和第 2 大队蒙受了不小的损失，5 架被击落，1 架重创，4 名飞行员死亡，3 人重伤。这一开局表明，接下来的交战将会异常艰难，在灵巧快速的护航战斗机面前，Me 410 有可能真的会沦为“小羊羔”。

Me 410 的运气持续下降，第二天简直要算是第 2 大队的灾难日。当 Me 410 升空后正在接近 B-17 机群时，突然遭到从高空扑下来的约 20 架“野马”式的扫射，有 12 架 Me 410 报销掉。

唯一有所收获的是沃尔夫冈·马丁军士长，在他和无线电报务员从起火的 Me 410 中跳伞之前，他驾机狠狠撞到了一架 B-17。

同一天，遭殃的还有 ZG 26 联队。这一次，仍然是在斯坦丁空域，但情形却完全不同，“野马”式紧飞在 B-17 的上方和下方，这令第 2 大队的飞行员大吃一惊，他们的飞机迅速就被咬住，整整一打的 Me 410 被击落！德国人甚至都没有机会发射火箭弹，他们简直成为“沉默的羔羊”。

似乎在转瞬之间，这种重型战斗机的优势就将不复存在。原因很简单，惨痛的损失让美国人重新审视护航战术，他们不断完善这一战术，不断扩充护航兵力，而且，技术上的进步让美国战斗机已经完全可以在离英国基地更远的空域作战。在多机种机群的联合打击下，将有越来越多的 Me 410 起飞后就不再回来。不过，在 Me 410 最终被打败之前，这种飞机还将取得一系列的成功。

ZG 76 联队肩负着在这些地方的大部分抗击任务。6 月 15 日，第 1 大队在 JG 300 和 JG 302 联队护卫下起飞拦截一群“解放者”式，取得击落多架的成绩。第二天该部和第 2 大队一起，又击落 8 架“空中堡垒”式，其中尼哈希奇少尉居然在一轮火箭齐射中就击落 2 架。

6 月 20 日，从法国北部腾出手来的第 8 航空队恢复对德国的空袭，当日多达 1361 架轰炸机在 1000 架战斗机护航下，气势非凡地进袭汉堡等地。在接到警报后，德国飞机升空了，在 9000 米高空，目标在望。

Fw 190 竭尽全力冲向护航机群以便为 Me 410 清出道路，已升任 ZG 26 联队第 2 大队大队长的鲁迪·达索率部俯冲，他在座机里已有一个新的可怕外号，叫“绞肉机”。他指挥部下分三个方向发射火箭弹，飞在 7000 米高度的 B-24 不得不离开紧密的队形，于是落单的“解放者”式成为容易下手的目标。达索很快打下 2 架，其他飞行员也都连续中的。“火焰、烟雾和飞机的尾迹布满天际，爆炸声、火炮的咆哮声和火箭弹的嗡嗡声不绝于耳。”一位德国飞行员这样回忆道。

那一天，取得击落战果的德国飞行员的名单排成了一长串，只有 2 架 Me 410 损失掉，击落的四发轰炸机总数则达到 32 架之多！这是 ZG 26 联队在整个大战中最成功的一天。其他的战斗机和驱逐机部队也都有建树，据美国方面的统计，该日第 8 航空队的损失数为 55 架轰炸机和 5 架战斗机，另外 486 架轰炸机遭到重创。

6 月 21 日，美机再度进袭，这一次能够升空的 Me 410 就只有 10 架而已，其他的都在地面接受维修。和受伤的飞机一样，德国飞行员们日益感受到身心疲惫的煎熬，日复一日的出击渐渐成为一种命运的无奈，他们都清楚，也许这一次出击就是生命中的最后一次了。

到 6 月底时，ZG 26 联队第 1 大队损失 8 架 Me 410，是情况最好的；第 2 大队损失多达 31 架，ZG 76 联队第 1 大队损失 29 架，第 2 大队被击落了 17 架。

又一场血战紧接着在 7 月 7 日上演，在这次保卫石油精炼厂的空战中，ZG 76 联队面对 1129 架轰炸机及其护航战斗机。一开始，护航的美国第 20 和第 55 战斗机大队并未注意到 Me 410 的逼近，经过连续出勤，Me 410 这一天的升空规模很小。直到德国飞机打下了几架 B-24 后，这些 P-38 才从高空俯冲下来，并造成了严重的后果。

美国人迅速掌握了空战的优势，先后击落的 Me 410 达到 16 架之多！德国人也宣称击落多架 P-38，不过得到美军确认的只有 1 架。

接下来的几天，战斗局面也如出一辙，驱逐机联队连续遭受打击，Me 410 很难再随心所欲地狩猎。情况已经很清楚，在曾经的成功之后，重型战斗机 Me 410 的故事快要画上句号了。

与敏捷的 P-51、P-47 和"喷火"式相比，"大黄蜂"在空战中获胜的几率很低，它们就像"小羊羔"那样无助。考虑到拦截任务已变得太过危险，德国空军最终在 7 月中旬不情愿地宣布解散 ZG 26 和 ZG 76 这两个驱逐机联队。

7 月 12 日，ZG 76 联队第 1 大队变更番号为第 76 战斗机联队 JG 76 第 1 大队，转而接收 Bf 109G 战斗机；第 2 大队在接收了 Fw 190A 之后，稍后成为第 54 战斗机联队 JG 54"绿心"联队的一部。7 月底，ZG 26 联队第 1 和第 2 大队变更番号为第 6 战斗机联队 JG 6 第 1 和第 2 大队，装备 Fw 190A。

紧接着，Me 410 的生产线也在 9 月被关闭。这样一来，零配件的短缺更使得这种风光一时的重型战斗机愈发消失了踪影。1944 年底，整个德国空军中就只有 ZG 26 联队第 11 大队和 KG 26 联队第 1 中队还有几架 Me 410 能飞了，这些侦察型飞机驻扎在挪威，在严寒风霜中起飞，孤零零地在茫茫北地努力搜索着什么……

直观地看，2 架单发单座的 Fw 190 的作战效率肯定要远远高于 1 架双发双座的 Me 410。好在，在盟军的护航战斗机全面掌握空中优势之前，Me 410 在拦截四发轰炸机的战斗中就已经证明了自己的价值，作为一种空战兵器，这也应该足够了。

有 2 架完整的 Me 410 得以存世。其中一架是被美军缴获于意大利西西里的 A-3，被运到了美国某处研究机构。而另一架 A-1/U2，则被收藏在英国科斯福德的皇家空军博物馆内，当时，它是在丹麦被缴获的。

今天，军事爱好者们在这架曾经叱咤风云的 Me 410 面前驻足、观望，这架"大黄蜂"早已洗去了战争的痕迹，如今只是安静地矗立一隅，仿佛在告诉世人：我已经接受了自己的命运。

第14章 苏联海航的美国多面手

当《租借法案》于 1941 年 3 月生效后，大批美国作战飞机陆续被送往苏联，红军飞行员驾驶着它们，投入了对抗德国侵略者的战斗。“租借”飞机在卫国战争中谱写了属于自己的辉煌篇章：著名飞行员波克雷什金等人用 P-39“空中眼镜蛇”式战斗机取得了引人瞩目的胜利，而 B-25“米切尔”式轰炸机也赢得了苏联机组成员们的喜爱……

不过，早在该法案实施之前，甚至远在卫国战争爆发之前，就已经有一种美国飞机加入了苏军的阵营。这便是后来在太平洋和大西洋为同盟国在反潜、远距离侦察、海上搜救等领域立下头功的 PBY“卡塔琳娜”式水上飞机。

尽管这种飞机在中途岛和所罗门群岛等地的战斗中留下了无尽的传说，但关于它在苏联的服役，却是一段鲜为人知的故事。机身上涂着红星的“卡塔琳娜”，在历史的天空中忽明忽暗，仿佛同其主要活动的极圈海域一样，笼罩着缥缈悠远的薄雾……

从“谷巴”号说起

“谷巴”号是二战期间速度最慢的飞机之一。有人说，它甚至有被飞鸟群从后面赶上攻击的危险；还有人说，这种飞机的领航员需要的不是手表，而是一本日历。

在欧战爆发之前，它已经算得上是一种陈旧的设计，而其主要使用者美国海军在 1939 年也认定该机已经过时。

然而，战争改变了一切。历史已经证明，没有哪一种水上飞机可以同联合公司设计制造的 PBY“卡塔琳娜”式水上飞机相提并论。

这种飞机的量产持续长达 10 年，总产量高达近 4000 架，不仅是世界上产量最高的水上飞机，其数量甚至超过了二战中所有其他型号水上飞机数量的总和。

从 PBY 正式诞生前的 XPY-1、P2Y 和 XP3Y-1 开始，到 1936 年 10 月首次交付美国海军的 PBY-1，再到不断对机身结构做出改进的 PBY-2（1937 年 6 月）、PBY-3（1937 年下半

一个苏联 8 人机组和座机合影。

年）、PBY-4（1938 年）、PBY-5（1940 年 9 月）及其后的 PBY-5A 水陆两栖型，直到最后生产的 PBY-6A（1945 年 1 月）水陆两栖型，联合公司的 PBY 家族不断推陈出新，不断充实着美国海军一线战斗中队的力量。

在上述所有型号中，最具特殊地位的应该是 PBY-5。从这个型号开始，PBY 的机身中部机枪窗口被改为水泡形观察窗，从而成为该机的标志性外观特征。

每架 PBY 的机组成员为 5 ~ 12 人不等，在满编状态下，通常包括 1 名机长、2 名负责替换飞行和导航的飞行员、1 名机工长和数名机械师、2 名无线电报务员、2 名机枪手。当在执行海上搜救等任务时，机组成员则会降至 5 人。

PBY 的机首装有 2 ~ 3 挺 7.62 毫米机枪，机身中部则有 2 挺 7.62 毫米或 12.7 毫米机枪，这是勉强还过得去的自卫火力。机上的油箱最多可装载 1450 加仑燃油，这可够它飞上很远的距离了。而翼下可挂载 3000 磅武器的载弹能力，也使得 PBY 具有不错的多任务平台功能。

在所有机械设备中，最令机组成员放心的当属普拉特 - 惠特尼发动机了，这两台极为可靠的引擎装在伞式半悬臂机翼之上，这一结构使其在相当程度上可以避免海浪的侵扰，而发动机自身过硬的质量也确保了海上长距离飞行时的安全——在大洋上空作战，这一点是至关重要的。

至于“卡塔琳娜”这个名称，则是英国皇家空军于 1940 年 11 月接收首批 PBY 后为它命名的。当时，英军习惯于用美国的风土人物来命名得自美国的武器，“卡塔琳娜”指的是加州一处滨海旅游胜地。自此以后，这便成了 PBY 各型号的统称。

不过，苏联军方得到的第一架“卡塔琳娜”，却是从一个探险家和一架民用版飞机开始的。

事情要回溯到 1937 年，当时苏联政府正为探险飞行家西基斯蒙德 · 列凡尼夫斯基的失踪而焦虑不安。此前，列凡尼夫斯基与他的机组展开跨越北极、从苏联直飞阿拉斯加费尔班克斯的长途飞行。这次壮举在行前便赢得全球瞩目，列凡尼夫斯基也因此被誉为“俄国的林白”，然而他现在却消失在了中途。

苏联空勤和地勤在“卡塔琳娜”下露出自信的微笑。

在此关键时刻，苏联军方却拿不出航程远、结实可靠的飞机来实施搜救。这时，属于美国探险家的一架飞机引起了苏联人的注意。这便是联合公司刚刚推出的第一架民用型 PBY，它被理查德 · 阿克伯德博士买下并命名为“谷巴”号，即将用于在新几内亚的探险。

苏联政府向博士出价 23 万美元，希望他能割爱。阿克伯德慨然允诺，并推荐加拿大探险飞行家休伯特·威尔金斯主导这次搜救。“谷巴”在巴布亚语中的意思是“狂风暴雨”，现在这架飞机没有机会去体验热带的狂风暴雨，倒是即将钻进极地的暴雪飞霜了。

救援者尽了最大努力，但是多达 10 次的飞行均一无所获。威尔金斯在日记里详细描述了搜救途中所遇到的极端天气，而这一切清楚地表明，PBY 的性能是非常可靠的。这名加拿大人写道：“航程 19000 英里……处于极为恶劣的天气情况下，飞越大片地图上从未载明的区域。与此同时，飞机因塞满油料、补给品和装备而处于最大载荷状态下。”

威尔金斯还给联合公司的设计师写去一封感谢信，他在信中表示，与其说是由他去救援苏联探险家，倒不如说是出色的 PBY 飞机一次次救了他自己的命。“我要毫无保留地向您和所有参与这种飞机设计工作的团队表示由衷的谢意，没有这种了不起的飞机，我们是根本不可能展开如此艰巨的任务的。”

这一切引起了苏联军方的高度重视。虽然救援行动完全失败，然而美制飞机的表现却相当成功。于是，就在国家哀悼失掉杰出的探险家之际，军方有理由为找到一种适合在本国海岸线活动的飞机而感到高兴。

长途跋涉而来

1937 年底，“谷巴”号返回苏联，军方人员立即对其展开测评。

该机的伞式半悬臂机翼通过支柱与船形机身相连，机身两侧还各有一对支柱与机翼相连以加强支撑。可收放式的浮筒在起飞后收回变成翼尖，有效降低了飞行阻力。机身内部分隔成 5 个水密舱，从而提高了机体的抗沉性。

综合来看，这种翼展极长、外观漂亮的水上飞机，显然具有遂行海空作战的巨大潜质，而苏联海军航空兵当时在此领域尚是空白。军方遂将其命名为 L-2，并在 1938 年夏天将其送往莫斯科进行军用改装。

经过工程人员的作业，这架探险机迅速变身为作战飞机。现在机身上加装了 4 挺 7.62 毫米机枪、6 具炸弹挂架以及通信设施等。尤为值得一提的是，为了在机身中部容纳 2 挺机枪，工程人员专门特制了 2 个水泡形舱室。这一苏联式的创举后来竟成为“卡塔琳娜”的通行做法，此后联合公司也为众多型号的 PBY 增设了水泡形机枪舱室。

与此同时，苏联对外声称该机将用于邮政运输，有的资料从此以讹传讹，至今还说 L-2“被用于通用运输任务”。实际上，L-2 执行了一系列作战任务，其中包括参与搜索 PQ-17 护航队的幸存者。1942 年 7 月 25 日，系泊在莫勒湾诺瓦亚赞姆亚港的 L-2，被突然出现在水面的德国潜艇击毁，从而结束了这一段小小的传奇史。

军方自然不会满足于只拥有这样一架“民改军”的 PBY，于是他们开始对美军使用的 PBY 详加考察。这时，美国海军装备的主要是 XPBY-1 型。该机装有 4 挺机枪，还可携带 4 枚深水炸弹或 2 条鱼雷。该机配备 8 人机组，分别为飞行员、副飞行员、领航员、无线电操作员、投弹手兼机枪手、机械师、2 名腰部机枪手。

在直接购买军用 PBY 尚无可能的情况下，苏联采取了“迂回”策略，具体办法就是：以邮政运输机的名义，向联合公司购买 3 架民用型 PBY，同时购买在本土建厂的生产许可证。

这一切进行得很顺利，不仅购自美国的 3 架民用型水上飞机陆续抵达，而且位于亚速海港口城市塔甘罗格的工厂也很快投入运行。根据苏联北方海域的实际情况，厂方对机身构造做了适当改动。比如为了适应极地的寒冷天气，缩小了发动机舱前端的进气口，以及重新设计机腹舱门等，苏联把这样的 PBY 称做 GST。尽管这些飞机出厂时都是完全无武装的民用型，但是苏联军方很快就对它们进行了军用改装。

关于 GST 的产量，此前人们总是相信一位曾到过苏联工厂的美国工程师的说法。据他估计，在德军于 1941 年入侵该地区之前，共生产了约 150 架 GST。不过最新披露的材料表明，这一估计大大高于实际情况，真实的产量只有 27 架而已。这看起来有些奇怪，不过也在情理之中。毕竟，卫国战争的爆发对许多军工厂造成了直接冲击。

大批量“卡塔琳娜”的到来，还是在《租借法案》实施之后。从 1943 年开始，美国开始向苏联提供正式的军用版 PBY，而且是最新的型号 PBN-1“游牧民”。

“游牧民”由美国海军对“卡塔琳娜”基础型号改进而成，该型号的船形底部经过更为符合气动力学的设计，后机身延长 1 米多并安装了水下刹车片，翼尖浮筒也进行了重新设计。除此之外，海军工程师还将尾翼显著增高，从而进一步增强了飞行稳定性。

为了不影响原有 PBY 型号的生产，海军重新建立了一条新的生产线来专门生产“游牧民”，因此直到 1943 年 2 月才得以交付这种飞机。不过在总共 156 架“游牧民”中，有多达 137 架根据《租借法案》提供给了苏联。苏联军方称 PBN-1“游牧民”为 KM-1。

继“游牧民”之后，第二批由美国提供的型号则是“卡塔琳娜”最后的生产型 PBY-6A。该型在“游牧民”的基础上进一步加强了装甲防护、机载火力以及雷达。在战争的最后一年里，苏联共得到了 48 架 PBY-6A。

这些“租借”的 PBY 先后经过 3 条航线前往苏联，每条航线都需要做长途飞行，可谓前路漫漫，艰难跋涉。

这架苏军的“卡塔琳娜”停在水面，一艘小艇正向它靠拢。

1943 年，从美国向苏联交付 PBY 的行动由苏联和英国机组成员合力完成。旅程的前半段由英国人负责，他们驾机从美国北卡罗来纳州的伊丽莎白市出发，途中先后经过波多黎各的圣胡安、巴西的纳塔耳、冈比亚（当时为英属西非）的班朱尔、摩洛哥的利奥提港、突尼斯的杰尔巴、埃及的卡法雷等地，飞抵中转站伊拉克的哈巴尼亚。苏联机组在哈巴尼亚接机，在后半程中飞越巴格达和巴库，最终抵达目的地苏联黑海港城塞瓦斯托波尔。

这条过于漫长的航线在 1944 年被弃用，“游牧民”从美国出发后，改经阿拉斯加南部的科迪亚克岛、西伯利亚东北部的阿纳德尔河流域和尼古拉耶夫斯克等地，抵达苏联太平洋港城海参崴。之后的 PBY-6A 则采取第三条航线：取道纽芬兰和冰岛前往苏联的极圈不冻港摩尔曼斯克。

在这样的长距离飞行中，“卡塔琳娜”的稳定性经受了充分的考验。自美国海军 VP-11F 中队于 1936 年 10 月首次接收这种飞机以来，PBY 在美军中的换装基本上都是采取从换装地直飞基地的做法，这一传统在航程更为漫长的“租借”交付中也得以保留下来。

所有 137 架“游牧民”都经受住了长距离飞行的考验，安全抵达苏联。事实上，本来应该还有第 138 架，不过这架在途中因事故坠毁，成为仅有的未能完成“租借”飞行的“卡塔琳娜”。

战斗进行曲

大量“租借”PBY的到来，使得苏联海军航空兵的“手头”宽裕不少，而涂着红星的“卡塔琳娜”的作战行动也开始变得活跃起来。

此前，苏军或是仅仅把为数不多的自制GST用于侦察行动，或是把它们用于一些概念武器的测试。比如，GST曾参与过一种苏联母子机也即槲寄生计划的试验，这个方案非常离奇，是在一架GST的宽大的两侧主翼上各固定一架I-15双翼战斗机。

而现在，情形完全不同了。时至1944年，在苏联海军服役的“卡塔琳娜”除执行侦察和海上搜救等任务外，开始向反潜巡逻、船队护航、两栖突击等方向全面出击。当年6月22日也即卫国战争爆发整3周年纪念日，随着苏联红军在白俄罗斯发起“巴格拉季昂”行动，红军全面由守转攻，从而使卫国战争进入战略反攻阶段，而海上作战也相应地提升了规模和力度。

在波罗的海、巴伦支海、白海和黑海，都可以看到涂着红星的“卡塔琳娜”的身影。

1944年10月24日，一架“卡塔琳娜”在为DB-9护航队护航时，和海面舰只联手，成功击沉一艘德国潜艇。而在1945年4月，另一架“卡塔琳娜”更是独自发起攻击，用深水炸弹把一艘德国潜艇打到了海底。

最成功的反潜行动发生在黑海。当时，机长潘尼契金中尉在驾机巡航时敏锐地捕捉到水面上有一具伸出的潜望镜。他迅速指挥机组成员投放深水炸弹，并一举将这艘潜艇击沉。生还的德国艇员们挣扎着浮出水面，他们被一一打捞了起来。令人奇怪的是，居然“捞”上来2名艇长！原来，当时正好有另一艘潜艇向该水域驶近，结果在德国侵略者自己都没搞清楚彼此位置的情况下，潘尼契金他们扔下的深水炸弹就正好来了个“一石二鸟”。

除了反潜，“卡塔琳娜”在救援任务中也是得心应手，毕竟当年那架L-2就是干这个的嘛。1944年8月19日，一架“卡塔琳娜”不仅救起了一名落水的苏联飞行员，而且接着还把冲过来的一架敌机给击落了！

这次的敌人是真正意义上的对手，那是由德国布洛姆-福斯公司制造的Bv 138水上飞机。这种敌机的个头和“卡塔琳娜”差不多，不过翼展稍短，速度也较慢。但是德机上装有强劲的武装，包括2门20毫米机炮和4挺不同口径的机枪。因此，这次苏德水上飞机直接较量的胜利堪称来之不易。

在两栖登陆中，“卡塔琳娜”则成功扮演兵力投送者的角色。1944年8月29日，一支登陆兵力由科尼亚采夫上尉驾驶的“卡塔琳娜”运送，成功地在罗马尼亚港口康斯坦萨附近实施了突降。

而在苏军于1945年对远东日军的反击中，“卡塔琳娜”还曾在中国港口留下惊鸿一瞥。约有 10 架“卡塔琳娜”把 135 名红军战士运到了旅顺口，而另外 7 架则把 90 名伞兵送到了大连。另一次鲜为人知的行动是，1945 年 8 月 27 日，第 48（独立）海军侦察航空兵团的飞行员马斯林，曾驾驶一架 PBY-6A 把一批战士运送到了日本择捉岛的机场上。

在某些情况下，“卡塔琳娜”负责投送的还是些特殊人员。1944 年 9 月 8 日，这种水上飞机成功地将一整个政府班底送到了保加利亚的黑海港城瓦尔纳，从而在亲德的保加利亚政府倒台之际，确保权力顺利交接而没有出现真空状态下的混乱。9 月 9 日，也即成功机降的次日，一个新的保加利亚政府就宣告成立了。

在所有作战区域中，“卡塔琳娜”最活跃的地方是在北方海域，尤其是白海。

白海是北冰洋的巴伦支海伸入苏联西北部内陆的一片水域，这里以狭长的“咽喉”海峡著称，北极圈正好从白海中穿过。这里气候严寒，终年冰雪茫茫，由于阳光照射冰雪呈现强烈的白色反光，故得名为白海。负责拱卫这片水域的白海区舰队是苏联红旗北方舰队的下属部队，于 1941 年 8 月正式编组而成。

被编入白海区舰队（独立）侦察航空兵团的“卡塔琳娜”在保卫滨海港口、保护海上交通线、支援陆军作战，尤其是打击德国潜艇等方面，都发挥着极为突出的作用，写下苏联“卡塔琳娜”作战史上最亮色的一笔。

1944 年 8 月 12 日，2 架“卡塔琳娜”在白海入海口发现一艘潜艇，其中由卢班驾驶的一架立即用机枪发起攻击，不过那艘德国潜艇或许是对水上飞机的到场根本无所畏，居然没有立即下潜，而是大摇大摆地用艇上的火炮直接还击。卢班召唤来了更多的“卡塔琳娜”，在一阵深水炸弹攻击后，潜艇消失了，只留下了艇身碎片和泄漏燃油的痕迹。同年 9 月 5 日，德国的 U-362 潜艇被击沉在基洛夫岛水域，这是“卡塔琳娜”和扫雷舰 T-116 联手作战的结果，好一次漂亮的海空联合作业！

这样的反潜战例还有很多。事实上，在整个卫国战争期间，白海区舰队乃至整个北方舰队的反潜航空战都是非常出名的。在破坏敌海上交通线的战斗中，北方舰队的潜艇一度曾居主导地位，而从 1943 年下半年起，作战的主角就变成了海军航空兵。而“卡塔琳娜”对德国潜艇的作战，就是这场空中反潜战中至关重要的一环。

卫国战争结束后，北方舰队依旧保持着反潜战的优良传统，并一直延续至今。尽管舰队陆续装备了许多大型的水面战舰，尽管常规动力之外又增加了核动力，尽管导弹逐步取代了火炮的传统地位，但是整个舰队的战斗核心体系依然不变，那便是：潜艇和反潜航空兵。

毫不夸张地说，涂着红星的“卡塔琳娜”的海空纵横，已经牢固地成为北方舰队引以为荣的反潜航空兵传统的一个组成部分了。

第15章

“呀，就像一只跳蚤！”

1941年10月2日，一架带着独特三角翼的体形粗短的飞机在德国佩讷明德试验场静待升空时刻的到来。此前的当年春天，这种试验型飞机已经完成了滑翔试验，今天的科目是要进行动力试验。

这架新型飞机由一架Bf 110驱逐机牵引升空，在4000米高度上与牵引机脱离，接着座舱里的试飞员海宁·迪特马便点燃发动机并不断加速。测试结果表明，这种飞机的最高速度竟然达到了1000.4千米/时（马赫数0.84），这比当时敌我双方所有的飞机都要快得多。

保存在博物馆里的 Me 163。

在现场观看这一“表演”的德国空军技术总监恩斯特·乌德特被深深震撼了，他当即下令暂停这一项目的进行。当然，他并不是要扼杀这个项目，他是在了解到只有迪特马一个人负责试飞这种新机型之后才做出这一决定的。在他看来，必须有更多的资深飞行员参与进来，以免这一“宝贵”的项目遭受挫折。

这种快得让人头晕的飞机，便是由梅塞施密特公司研发的 Me 163 火箭战斗机，是德国所有千奇百怪的、设计理念超越当时技术水平的“幻想机”中最早投入实战的项目。可惜的是，它如同其名称“彗星”一样，只是在二战后期的天空中匆匆划过。

由牵引车拖行的火箭战斗机。

新技术、新问题

Me 163 的研制始于二战之前，它是以三角翼滑翔机 DFS 194 为基础、以高空高速拦截机为定位开发的机型。最初在佩纳明德进行测试的是 Me 163A 原型机，之后进入量产的称为 Me 163B。

而成立于 1942 年 4 月的德国空军第 16 实战测试分队（EKdo 16）正在位于奥登堡的巴特茨威辛南郊机场等着接收这些飞机，这个特殊单位的任务就是要验证 Me 163 究竟能否成为一种有价值的作战机型。对于分队指挥官沃尔夫冈·斯佩特中尉而言，任务是艰苦的。他和他的团队，面对的将是一种与以往迥异的全新飞行器：以使用液态燃料的火箭发动机推进的战斗机。

在得到新飞机后，斯佩特等人对于 Me 163 的第一印象是起降非常困难。出于节省燃料和便捷性的考虑，可以使用牵引机拖曳该机起飞，但是当要靠自身动力起飞时，Me 163 就暴露出了难以控制方向的毛病。一般而言，飞行员得选择迎风方向起飞，因为在横风条件下的 Me 163 极易在跑道上“跑偏”。所以，每次 Me 163 做动力起飞时，救护车、消防车和用来吊起机身的“翻身车”都得在场待命。降落的麻烦同样不小，由于 Me 163 的双轮式起落架在起飞后即被抛离，飞机在降落时是完全依赖固定在机腹的滑橇，只要起伏稍大的地面都可能导致飞机碰撞、侧翻甚至爆炸！

升空之后的 Me 163 确实飞得很快，当以大于 70 度角爬升时，这种火箭战斗机只用 2 分钟就可以达到攻击高度，但是问题也随之而来，症结也就是“速度”。由于飞得过快，空气压缩效应有可能使飞机瞬间失速并进入危险的螺旋状态。

对飞行员来说，Me 163 的整体式风挡让人又爱又恨，它的好处是提供了良好的视野，坏处是在高速飞行状态下根本不可能打开，而这就意味着飞行员几乎不可能爬出座舱跳伞。对飞行员的另一个坏消息是：他们实际上是坐在随时可能爆炸的“火药桶”上。相对而言，飞行员得到的防弹保护还算完善，前有 15 毫米的装甲鼻锥，侧有 13 毫米的头肩部装甲，后有 8 毫米的装甲靠背。但是，危险来自内部。

原来，火箭燃料中的 C 液（57% 的甲醇、30% 的水合肼）极不稳定，很可能被 Me 163 降落时的冲击诱发爆炸；另外，它还会挥发出剧毒气体。另一种燃料 T 液（80% 的过氧化氢）则具有很强的腐蚀性，接触皮肤的后果不堪设想。为此飞行员得穿上特制的防护服，但是其效果却谁也没有把握，而且，T 液的容器部位就在飞行员的屁股底下！

毫无疑问，第 16 测试分队接受的任务非常危险，另外，事务还很琐碎，比如他们要研究如何运输和储存极不稳定的火箭燃料、研究构建有效的无线电导航体系、研究适用于新机型的新战术……。因此，尽管空军高层急切地关注着这个分队的表现，但事情的进展却并不顺利。

原定于 1943 年 7 月末展开的飞行测试不得不延期，原因是配套的地面设备要到 10 月才能到位。在无所事事中，斯佩特倒是有时间对从各部抽调而来的 21 名飞行员细加斟选，结果这一来就导致其中两人被淘汰，其中一位是对新任务“显得兴趣缺乏”，另一位则是“不够健康”。

等到“热身”训练终于展开时，飞行员们先是坐进由滑翔机牵引的 Me 163 升空，在无动力飞行中熟悉新机型的座舱环境；然后从 11 月起换由 Bf 110 实施牵引飞行。

斯佩特分队很快就在秋季的迷雾里招致了第一个损失，当月 30 日，阿洛伊斯 · 沃恩德尔驾驶的 Me 163A 坠毁，他本人当即身亡，分队给出的报告含糊地称沃恩德尔“未按规则飞行”。整整一个月后的 12 月 30 日，轮到波赫中尉在他的 Me 163A 上送命，他试图驾着发动机停转的飞机迫降，但机身几乎是砸向地面的。

直到 1944 年 2 月，才有了实质性的进展。其时 Me 163A 型和 B 型累计分别完成了 86 架次和 82 架次飞行，或许是量变引发质变，原 JG 1 联队第 3 大队长、骑士铁十字勋章得主罗伯特 · 奥勒耶尼克上尉在当月第一次完成了 Me 163B 的自身动力起飞。

不过奥勒耶尼克很快就被调离第 16 分队，而去负责德国空军的第一个 Me 163 战斗单位。

原来，心急的德国空军等不及第 16 测试分队的“成果”，从去年底就开始筹组正式的

Me 163 战斗单位了。起先这个单位还遮遮掩掩地称做 JG 1 联队第 20 中队，到 1944 年 2 月便变更为 JG 400 联队第 1 中队，在序列上被置入帝国航空队麾下。从这个全新的联队番号看，Me 163 至少是要装备一个联队的。

新成立的第 1 中队入驻韦特蒙德哈芬基地后，奥勒耶尼克便于 2 月 20 日前来上任，在他的拣选下，数名第 16 测试分队的飞行员亦随后前来报到。3 月 10 日，第一架 Me 163 由奥皮茨中尉“驾驶”来到，它其实是被 Bf 110 牵引而来的，接着更多飞机以同样方式到达。外号“皮茨”的奥皮茨和 Me 163 试飞员迪特马一样担任过德国滑翔飞行研究所的试飞员，1939 年加入高度机密的滑翔机空降突击队，在二战前期曾参加过奇袭艾本 - 艾马耳要塞等战斗。

虽已正式成军，但第 1 中队被要求保守秘密而未获战斗许可。奥勒耶尼克的人只能选择云层间的裂隙为“标靶”，使用机上的武器试射一番。至于不时可以看到在高空掠过的英军“蚊”式飞机，虽然其尾迹“极易追踪”，飞行员们却只能仰望而已。

即便没有交战，危险同样存在。4 月 21 日，中队长奥勒耶尼克在座机刚升空离开地面时突然听到发动机异响，他立即决定降落，Me 163 在草地上连蹦带跳后总算停下。已经满脸是血的奥勒耶尼克跃出座舱开始狂奔，那架火箭战斗机就在他身后数米处猛然爆炸。

这位对敌机一枪未发的中队长被送进了医院，奥托 · 波纳上尉在 5 月前来接手，不过后者在当月 28 日的一次类似事故中同样受伤。6 月底，奥勒耶尼克重回岗位，身上还打着绷带。

“一种新型敌机”

中队长缺席期间，第 1 中队的飞行员倒是另有他用，比如奥皮茨就被“借”回第 16 分队，执行一次“重要任务”。

原来，包括戈林、米尔希，以及日本和意大利驻德武官等在内的“贵宾”于 5 月初“光临”巴特茨威辛参观火箭战斗机的“表演”。由于此时第 16 分队可用的 Me 163 已经不多，遂从 JG 400 联队第 1 中队借来飞机和人员。

不过 Me 163 在到访者面前并不“给力”，奥皮茨的飞机在降落时意外翻转，结果泄漏出的 T 液渗过飞行防护服，烧伤了奥皮茨的手臂（这足以证明防护服是不太有效的）。把他拖出机舱的地勤人员对他说道：“你好啊上尉，够走运的！”奥皮茨自语道：“我真的吓坏了。”

汇报表演之后，Me 163 终于迎来重要的“第一次”。5 月 14 日，已晋升少校的第 16 分队指挥官斯佩特在这一天实施了 Me 163 的首次战斗出击。他那红色涂装的火箭战斗机疾飞而上，并且在地面引导下准确地看到了敌机，但是这架 Me 163 的发动机在关键时刻冒出危险的火光，斯佩特只得在到达 6500 米高度后便掉头而回。

这天的晚些时候，斯佩特又实施了第二次出击，但是天空上空空如也——这一次，是 Me 163 的高度计出了问题。接下来，斯佩特没有更多的机会了，他在月底被调往 JG 54 联队，留下的空缺由安东 · 塔勒上尉继任。

5 月余下的日子里，飞行员们实施了更多的战斗出勤，收获了更多的“无功而返”。19 日的纳尔特、22 日的奥皮茨、28 日的朗格中尉等，都是如此。

情况在 5 月 29 日有了变化，不过不是火箭战斗机取得了战果，而是它终于惊动了敌人。奥皮茨中尉在这天 13 时过后升空，他打算拦截的那架英国飞机注意到了奇怪的来袭者。英国飞行员在报告中写道:“一种新型敌机，试图在威廉港附近空域拦截一架侦察型‘喷火’。”

这应该是盟军方面第一次意识到 Me 163 的存在，情报部门随后对那名“喷火”飞行员做了长时间询问，后者称自己看到的是无法识别的型号，“(敌机) 几乎就像是一整片机翼，后掠式的”。

这次遭遇的第二天上午，便有一群美国飞机赶来空袭巴特茨威辛机场，由于预警时间过短，第 16 分队颇受损失，有 1 架 Me 163 被毁，另外 5 架受损。于是，分队的飞行员们在初夏时分得到了额外的“假期”。

在第 16 分队于空中接敌后，对于 JG 400 联队第 1 中队的战斗禁令也在 7 月初解除。也是在这个月，新出厂的 Me 163B 量产型终于开始交付，其中包括配备 2 门 20 毫米 MG 151/20 机炮的 B-0 型和武装升级为 2 门 30 毫米 MK 108 机炮的 B-1 型。

第 1 中队最初的作战行动发生在 7 月 6 日，当天有 7 架 Me 163 呼啸而起，但没能拦截到目标。第二天火箭战斗机继续出动，同样没有收获。7 月 10 日，中队奉命转调布兰迪斯，全部 10 架飞机于 1 周内完成转场。从新机场升空的 Me 163，终于在 7 月 28 日同美国飞机正面相遇了。

当日，一个由 766 架 B-17 组成的大机群正在轰炸莱比锡以西的梅尔斯堡 - 卢纳地区，火箭战斗机突然气势逼人地现身了。

美国方面的记录写道:“最有意思的事是出现了喷气推进的 Me 163，不过它们既未进攻轰炸机，也未进攻护航战斗机。”这几架德国飞机如入无人之境般地穿梭着，“高度灵活，可能稍欠稳定，但显然比追逐它们的 P-51 飞得更快，尤其是在急剧爬升时。”坐在一架 P-51 里的飞行员艾夫林·塔肯目送敌机离开，他最后看到的是敌机“白色的厚重尾迹，犹如堆积的云层那样厚”。

美国陆航第 8 航空队在这次遭遇后立即将当日的情形发往各单位示警:“在目标区附近出现 5 架敌方的喷气战斗机 Me 163，以两个独立编队飞行，一组 2 架，另一组 3 架。”美国人预计

Me 163 使用的燃料非常危险。

即将遇上更多的这种敌机，但实际上 Me 163 的交付极为缓慢，第 1 中队到 7 月 31 日共拥有 16 架，但据称“只有 4 架可用”。

而想要驾驶火箭战斗机击中目标，也是一件非常困难的事。当时第 1 中队的惯用战术是先采取高速爬升，然后向轰炸机群队尾方向俯冲，在高速掠过目标之际开火射击。问题就在于 Me 163 飞得太快，俯冲得太快，掠过目标留给飞行员的反应时间往往只有几秒钟而已，在这“几秒钟”到来之前，他就必须提前做好瞄准。即便瞄得够准，射速偏慢的 MK 108 机炮也显得颇不应手，虽然这种炮号称威力大到只要 1 发命中便足以摧毁任何敌机，但实际情形是很难命中，更不用说这种机炮还经常卡壳。

对于 Me 163 飞行员来说，要想像常规战斗机那样盘旋一圈回来再打则是不太可能的，火箭发动机的燃料消耗惊人，满载情况下只够维持约 6 分钟作战之用，俯冲下来的“几秒钟”如果一击不中，飞行员就只好找基地降落了。

尽管困难重重，好运气却在 8 月 5 日光临第 1 中队，火箭战斗机在这一天旗开得胜。

当时，3 架 Me 163 编队作战，当它们从高空实施俯冲后，阴差阳错地未能找准美国轰炸机编队，反而是一头扑向了护航战斗机的方位。按照美第 352 大队的说法，3 架 Me 163 是在 10500 米高度上、从 9 点钟方向成一列纵队猛冲而来，“几乎是在零距离上”对 P-51 “野马”式战斗机兜头就打，结果一瞬间就有 3 架“野马”被打得起火坠落。

“彗星”闪亮

接下来的战斗发生在 8 月 16 日，大批美机于当日空袭哈勒和波伦等地，进袭路线正好在由布兰迪斯出发的 Me 163 的航程之内，数架火箭战斗机于 10 时 50 分奉命升空出击。

火箭战斗机很快就对 B-17 展开了进攻，它们飞到很近的距离上才开火，飞行员西格弗里德·舒伯特成功地打下一架“空中堡垒”。当他全速逃离时，护航战斗机根本不可能追上他。

在此前的清晨简报会上，美国飞行员们曾被告知 Me 163 已经装备使用，不过该机“数量很少，此行不太可能遇上”。现在，在真的遇上之后，第 365 中队的 B-17 飞行员唐纳德 · 瓦尔茨觉得：“你一眼看到就知道是它了，因为那是你曾见过的飞得最快的飞机。”

遇袭后的美国人提高了戒备，于是当第二批 Me 163 接踵而来时，便陷入了密集的火网中。在约 8000 米高空，一架 Me 163 在非常近的距离上被 B-17 的尾炮塔命中，接着坠落爆炸。由哈尔穆特 · 里尔少尉驾驶的一架在追击 B-17 的过程中被从左后侧接近的 P-51 击中，结果整个机身侧面被撕裂开来，飞机几乎是垂直着砸向地面，里尔当场身亡。

第 1 中队努力作战的同时，第二个 Me 163 作战单位也已做好了战斗准备，这就是 JG 400 联队第 2 中队。

这个中队的编组开始于 1944 年 3 月，但直到 7 月初才算正式成军，中队长是曾短暂代理第 1 中队的波纳上尉。这个中队与 NJG 1 夜间战斗机联队第 1 大队和 KG 3 轰炸机联队第 3 大队共用着文洛机场，据称到 7 月底才获得到第一架可供实战的 Me 163。

相比第 1 中队，第 2 中队真是运气不佳。该部于 8 月中旬首次参战，5 架 Me 163 无功而返。之后，该部拦截英国“哈利法克斯”和“兰开斯特”轰炸机群，同样一无所获。还不等收获战果，第 2 中队便接到紧急转场的命令。由于 Me 163 无法像别的飞机那样自由转场，只好拆除机翼经陆路运输，目的地则正是第 1 中队所在的布兰迪斯。

这里还要顺带说一下第 16 测试分队的情况。在第 2 中队辗转奔波的时候，这个分队正相继迎来两位空军名人瓦尔特 · 诺沃特尼和阿道夫 · 加兰德的造访，不过后者带来的消息是要将第 16 分队就地解散。经过一番争论，分队的编制得以保留，不过人员和飞机于 9 月底全部迁往布兰迪斯，与第 1 和第 2 中队聚齐。

几个堪用的火箭战斗机单位向布兰迪斯集中并非偶然，主因是接替加兰德出任德国空军战斗机总监的戈登·葛洛布不赞成分散配置兵力，他觉得应该将仅有的 Me 163 尽量集中使用。这就意味着加兰德曾经设想的在德国西北部和北部建立两个环状基地群，以实现各基地间有效作战范围适当重叠的宏伟构想，已经化为泡影。当然，考虑到 Me 163 的生产和作战效率，这一构想本来也不太可能实现。

在 8 月，德国空军还调整建制，将第 1 和第 2 中队合编为 JG 400 联队第 1 大队，算是朝着联队规模又迈进了一步。当时，这两个中队分别有 15 架和 8 架 Me 163 可用，飞行员数量各为 10 名左右。大队部的日志另行写道："第 3 中队正在组建中，第 4 中队则在申请编制。"

这一时期，Me 163 的实战机会依旧不多，第 1 大队的主要任务是保护位于卢纳的合成燃料工厂，但由于这个工厂位于火箭战斗机的飞行半径边缘，Me 163 的出击必须慎之又慎。在零星的作战中，这种战机来去匆匆，飞得快消失得也快，这倒是非常符合此时开始出现的绰号"彗星"，不过有关这一名称的具体启用时间，则无人知晓。

"彗星"在 8 月 24 日迎来闪亮时刻。接到美国飞机进袭梅尔斯堡地区的警报后，第 1 中队在 12 时过后相继把可用的 8 架 Me 163 尽数派遣升空，火箭战斗机高速爬升至约万米高空，然后向飞在 6000 米高度的轰炸机群疾冲而下。一名美国飞行员描述当时的场面道："德国飞行员就和我彼此对视着。"另一个美国人称 Me 163"看起来就像是来自地狱的蝙蝠"。

已经打下过 B-17 的舒伯特和他的僚机波特少尉联手打下 3 架"空中堡垒"，另有 1 架遭重创的 B-17 在返程中坠毁。除此之外，还有至少 9 架 B-17 遭到不同程度的毁伤。这真是 Me 163 空前成功的一天。

波特回忆道："我驾机爬高，忽然在下方约 6000 米高度看到 B-17 机群，我当即关闭发动机转入无动力俯冲，本想绕到敌尾，但冲下去后却失掉了目标。"降落后，这名少尉换乘另一架 Me 163 再度升空，并向敌机射击，"开火后一门机炮卡弹，另一门正常，我看到弹道命中敌机……此行共在空中停留了 7 分钟。"

至此共取得 5 个确定战果的 JG 400 联队第 1 中队立即发出作战报告："8 架 Me 163 拦截敌轰炸机，其中 3 架接敌，3 架看到敌机，2 架没有发现目标……发现敌机后，长机驾驶员舒伯特立即打开发动机实施攻击，击中敌机左翼，目标陷入失速螺旋，胜利！"

9 月 2 日，波纳上尉的第 2 中队抵达布兰迪斯；2 天后，从 JG 54 联队调回的斯佩特少校被任命为第 1 大队长，加兰德在同一天热情赞扬火箭战斗机部队："(战斗）证明了这种飞机及其

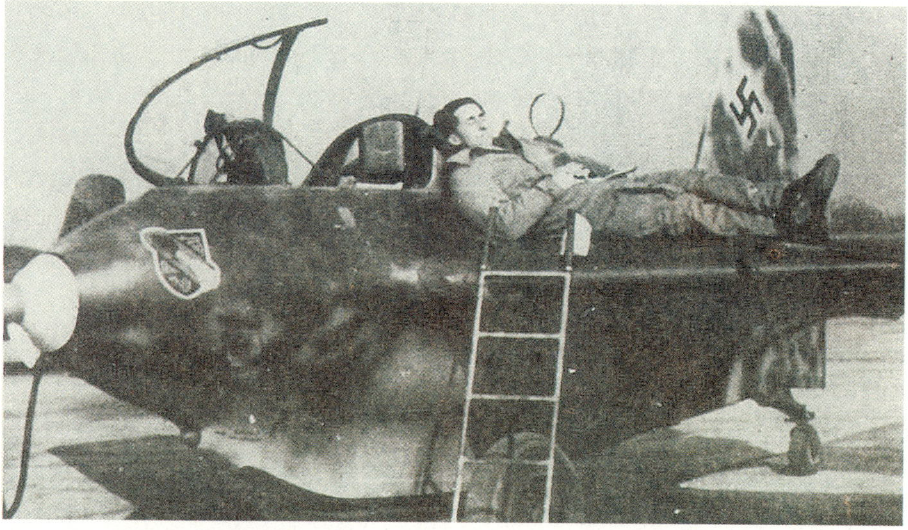

在飞机上睡一会，注意机身上的徽章。

新战术的可行性，我们将采取措施增加飞机和飞行员数量，以提升作战效能……这种飞机已经完全达到了战备状态。”

但是接着就发生了意外事件。一位著名的 Ufa 公司导演于 9 月 9 日前来拍摄有关 Me 163 的宣传片，结果那架“模特儿”飞机在实施模拟进攻时一头砸向地面，摄像机倒是拍下了坠毁的全过程。

2 天后，美第 486 大队的一架落单的 B-17 在中午时分飞近布兰迪斯机场，第 1 中队的谢贝勒中士前往拦截。“我接近得过快，射偏了；我第二次射击，也未命中。第三次，打中了敌机右机翼内侧的发动机，令其冒烟。第四次，扫射敌机右机翼和机身……传来地面的呼叫‘返航吧，目标下坠了！’”

大批美机在 28 日再袭卢纳精炼厂，第 1 大队在 12 时左右进行了 2 次拦截，但都没有成效，给敌方飞行员留下的印象是“凝结尾呈圆柱形，如积雪一般，持久稳固，与轰炸机或战斗机的尾迹完全不同。”反过来，美国战斗机则宣称可能在 12 时 10 分击落了 1 架 Me 163。第 374 战斗机中队的威尔西报告称：“我看到敌机正高速蹿升，起初我判断那是一枚火箭，不一会，尾迹停止，飞机现身了。敌机从后到前穿过轰炸机群，然后以 180 度角半滚倒转再度俯冲，距我约 360 米远。我用瞄准具锁住目标并射击……敌机在 8000 米高度直线下坠，此后便消失不见。”

10 月的开局喜忧参半。7 日中午，数架 Me 163 和一大群 Fw 190 联袂作战，舒伯特和波特这对搭档再度取胜，各自击落一架 B-17。不过其余飞行员未有斩获，而且根据美国方面的描述，“大部分德国飞行员都极为好斗，但 Me 163 除外，他们的飞行员看上去缺乏经验。”

这一天，多架“彗星”在降落时都出了问题。胡瑟军士长的飞机重重落地，然后高高弹起，接着翻了个掉进机场外围的沙地里。地勤对他大喊：“快点出来，要爆炸了！”但是满面是血的胡瑟根本动弹不得，结果地勤冒险把他拖了出来。他的僚机驾驶员艾森曼同样因着地过快而发生反弹，他的飞机在连续翻滚后以一侧翼尖触地，艾森曼被猛地抛出座舱，当场死去。另外，舒伯特的座机着陆时在草地上发生了翻滚，所幸并无大碍。

更为惨痛的损失发生在 11 月 2 日。这一天，JG 400 联队遭受了建制以来最大的打击。有 9 架 Me 163 参与了当天的交战，宣称击落 2 架敌机，但却付出了多得多的代价。

第一架被击落的“彗星”由第 2 中队的安德列亚斯少尉驾驶，飞机被美第 336 战斗机中队的 P-51 命中，飞行员勉强跳伞成功。安德列亚斯算是队上的“幸运儿”，因为他从来没有遇到过火箭发动机运转不正常的情况，而这种发动机本身是极不稳定的。这天的交战中，他向一架 B-17 的尾部开火，不料却被机尾炮塔的还击打中。他想跳伞，但座舱盖在飞行速度达 600 千米 / 时的情况下根本动弹不了，等速度降到 250 千米 / 时之后，他才得以逃脱。

和安德列亚斯同属第 2 中队的霍斯特 · 罗尔利坠机身亡，但他的情况完全不同。刚刚升空不久，他的 Me 163 的发动机部位便冒出火光，罗尔利在 100 米高度跳伞，但是伞包却没有打开。

第 1 中队同样损失了 2 架“彗星”。其中一架是在完成拦截后飞回机场时遭遇敌机突袭，在跑道东端不远处爆炸；另一架在当天被判定为“失踪”，机身残骸于 10 天后在距机场 40 公里处被发现。

第 1 大队苦战之际，JG 400 联队的第 2 大队在 11 月也宣告成立。该部以波美拉尼亚地区的斯塔加特为基地，由奥皮茨任大队长。与此同时，第 1 大队长斯佩特少校被正式任命为 JG 400 联队长，他在第 1 大队的空缺由威廉 · 富尔达上尉接任。

至此，火箭战斗机联队已经有了两个大队的实力，但是第 2 大队的编制严重缺额，仅有的一批 Me 163 也尚未完全形成战斗力，唯一一次可能击落敌机的记录来自飞行员格思少尉的报告，他称在 4000 米高度上“打碎了一架轰炸机的机翼”。

第 1 大队的终结

新的一年到来了，1945 年的第一个信号就是“告别”，第 16 测试分队于 2 月 14 日正式解散。

1 个月后的 3 月 15 日，第 1 大队的 2 架 Me 163 在 6000 米高度陷入美国战斗机的包围，其中一架反复摆脱未果，被打断机翼而坠落，飞行员在低空跳伞成功。

“彗星”在第二天继续升空，对手换成了英国空军第 544 中队的“蚊”式侦察机。这一次，火箭战斗机再次展示了优越的爬升性能，在几分钟里就飞到“蚊”式所处的 9000 米高空，目标虽被命中，但仍能逃离而去。

德国飞行员罗尔夫·格罗格纳认为他击落了英国飞机，但上级不予认同；另一方面，成功驾驶受伤的“蚊”式迫降到法国里尔的英国飞行员海伊斯则被授予飞行优异十字勋章。

第 1 大队在 4 月 10 日继续对英国飞机作战，这次的目标是 230 架“哈利法克斯”式和“兰开斯特”式轰炸机。正是在这次拦截中，Me 163 展示了一种惊人的武器。由凯尔伯少尉驾驶的火箭战斗机首次在实战中使用了外号“战斗机铁拳”(Jagerfaust)的 SG 500 垂直射击无坐力炮。

这种武器的研发始自上一年，在 1945 年 2 月才刚刚成功接受了测试。它安装在 Me 163 两侧机翼的中线部位，每套系统由 5 根口径 50 毫米、高 520 毫米的发射管组成，管内装有 1 枚弹重 1 千克的薄壳高爆弹，战斗部装药 390 克，发射初速度为 400 米 / 秒。整套系统配有一个光学装置，当 Me 163 从轰炸机下方飞过时，敌机投下的阴影就会制动电子点火系统自动发射炮弹。据发明者朗威勒博士称，“战斗机铁拳”的 1 发炮弹便足以击落 1 架轰炸机。他说，这“简直是革命性的武器”。

不过，总共只有 12 架 Me 163 接受了改装，在 4 月 10 日出击的便是其中一架。在地面的观察塔里，许多人通过长焦望远镜目睹了“战斗机铁拳”击中敌机的经过。一名在场者写道：“凯尔伯在敌机下方 100 米处飞过，那架轰炸机突然爆炸成火球，我此前从没见过如此轻易摧毁轰炸机的场面。”

第 1 大队在 2 天后出具了正式报告：“第一次实战测试了 SG 500 武器系统，一架配备了“垂直武器”的 Me 163B 在 18 时投入拦截……敌轰炸机在空中炸裂，无人逃生。另有 2 架轰炸机受创严重，在飞行中碰撞而坠毁。”具讽刺意味的是，大批英国轰炸机在当天所轰炸的目标，正是负责生产“战斗机铁拳”的工厂。

4 月 10 日的作战是“战斗机铁拳”的第一次实战，却也是最后一次；而凯尔伯的胜利也成为 Me 163“彗星”式火箭战斗机的最后成功。在第三帝国风雨飘摇的情形之下，联队长斯佩特在两天后来到布兰迪斯发布新的命令：6 名飞行员前往布拉格报到，其余人各寻出路。这实际上宣告了第 1 大队作鸟兽散。

大队长富尔达上尉带人在 14 日摧毁了剩余的飞机，接着便离开机场，之后，这些精英飞行员竟被编入了德国陆军，许多人死在了捷克境内的无谓战斗中。

长期充当火箭战斗机基地的布兰迪斯机场于 4 月 16 日被美军第 9 装甲师的先遣队占领，美国人发现了包括约 40 架 Me 163 在内的 300 余架飞机残骸，其中一架 Me 163B，仍然“保存完好”。

第 2 大队的终结

在第 1 大队结束其使命的前 2 个月，也即 1945 年 2 月，JG 400 联队第 2 大队也接到了“全队撤离，破坏设施”的指令。这道无奈的命令倒是来得非常及时，到了 2 月 20 日，苏联红军的兵锋已经迫近至斯塔加特以南 10 公里处。

大队长奥皮茨把麾下能用的飞机集中到第 7 中队，然后带着该部人员迁往了一处名叫萨尔斯韦德尔的野战机场，但那里简陋的条件显然无法保障火箭战斗机的作战。结果，飞机只能在当地农夫的帮助下“躲”进了谷仓里。如果需要起飞，就用一头公牛将 Me 163 从谷仓拖到跑道上，这头公牛还是当地一名国民卫队老兵自愿提供的。不过这头牲畜无需额外费力，因为第 7 中队根本没有出击的机会。

下一道命令在 3 月初到来，命令第 2 大队迁往巴特茨威辛。奥皮茨对此感到高兴，那里毕竟曾是第 16 测试分队的基地。可是到了现场一看，机场早已是“机满为患”：不要说是从那里升空作战，就连给飞机找地方落脚都很难。

没办法，奥皮茨只得继续带队“流浪”。他们先是去了一战中的齐柏林飞艇基地诺特霍茨，然后去了靠近丹麦南部边界的胡苏姆，所有地方都难以找到足够的火箭燃料和备件，残存的第 2 大队困坐愁城，连一次战斗出击也未能实施。

其间，能够令大队长奥皮茨留下深刻印象的，便是从诺特霍茨向胡苏姆转场的那次飞行。他是在 4 月 12 日傍晚驾机起飞，在易北河口上空爬升至 13000 米后，以滑翔动作完成两地间的 100 公里航程的。他后来回忆道：“这次飞行是我军旅生涯中最难忘的经历，我至今仍记得当晚深蓝色的夜空。人人都知道战争将尽，但不知这一天究竟何时到来。”

在他发出这般感慨的一周之后，德国空军便发布了第 2 大队的解散令，而且要求“立即执行”。解散令确实“立即执行”了，不过在二战结束前的最后几天里，原属第 2 大队的 2 架 Me 163 仍然做了最后一次努力，去拦截英国的“蚊”式飞机。不过这一次，英国飞行员老练地降低高度以躲避“彗星”的攻击，因为他们已经深知 Me 163 的一项弱点：它不可能在交战中降得过低，否则就无法滑翔回家。

最终进占胡苏姆机场的也是英国人。5 月 10 日，一辆英军装甲车出现在机场门口，并且颇有风度地向值岗人员请求允许进入。至此，曾经的第 2 大队剩余的 Me 163 全部成了英军的战

一架被美军俘获的 Me 163，这架飞机随后在美国空军进行过测试。

利品，这也是 JG 400 联队最后的家当。

以上便是曾被视作秘密武器的 Me 163 火箭战斗机的全部战斗经过。JG 400 联队总共宣称击落了 9 架敌机（另一种说法是 16 架），自身则在交战中损失了 15 架。和德国空军在 1944 年和 1945 年间接收的 Me 163 总量 279 架的数字相比，其成绩实在是微不足道的。

在同“彗星”的初次相遇中留下难忘印象的美国飞行员曾评价道，“如果德国工厂在 1944 年秋大量生产 Me 163，那么我们在欧洲上空就有苦头吃了。”现在看起来，这只能算是过誉的不实之词。展示了强劲爬升能力的 Me 163 一度令德国空军喜出望外，但是虚幻的光环背后却是火箭推进系统难以持久的尴尬，每次战斗时间最多只能有 6 ~ 7 分钟，这令火箭战斗机无论如何难当大任。

纵观 JG 400 联队各部的作战经历，Me 163 这种恰如其名“彗星”般匆匆划过空战史的机型，其昙花一现的表现倒是应了第 1 大队第 2 中队徽章上的那句铭语：Wie ein Floh,aber oh!（呀，就像一只跳蚤！）

第16章

“台风”席卷诺曼底

英国皇家空军第123联队第198中队的两架“台风”式战斗轰炸机发出低沉的呼啸，在法国诺曼底大区的上空飞掠而过。在点缀着橙红色屋顶的零星农舍以及被一条条翠绿色灌木分隔开的田野的映衬下，涂在银灰色机身和两翼上的黑白双色“入侵条纹”显得格外夺目。在这种飞机宽大的主翼下面，2门机炮和4具火箭弹齐齐向前伸出，正显示着可怖的打击力。

在1944年夏天的法国北部天空，盟军第2战术航空队麾下的这些机首魁伟的飞机，以其强大的对地攻击能力成为盟军反攻欧陆后地面部队最强有力的近接支援飞机。被皇家空军飞行员亲切地称为“蒂菲”的“台风”式，成了曾经宁静优雅的法国北部大小道路的“统治者”。

图为“台风”进攻德国火车。

有心栽花，无心插柳

“台风”式的命运充满阴差阳错，它原本是作为战斗机开发的，而这种飞机本来很可能胎死腹中。它的研发启动很早，在二战爆发前的 1937 年即已展开；研发动机也算很有前瞻性，预计是要成为当时尚属新锐的“喷火”式的接班者，孰料理想与现实却有着巨大的差异。

“台风”式的首倡者，是霍克公司的首席设计师西德尼 · 凯姆爵士，而“飓风”式同样出自他之手。考虑到后者当时刚装备英国皇家空军不久，凯姆那及早谋划的精神，的确令人赞赏。不过可能问题就出在这“及早”二字上，“台风”的定位，未免有点拔苗助长的意思。

为了使新战机的性能全面超越“飓风”，霍克公司这一次打算采用 2000 马力级的发动机，不过，在打机型“喷火”和“飓风”都只配备了 1000 马力级发动机的当时，2000 马力级发动机本身就因为开发不太成熟而缺乏足够的选择余地。

看来看去，只有罗尔斯 - 罗伊斯公司的“秃鹰”X 型和纳皮尔公司的“军刀”H 型符合要求，而这两者的稳定性尚未经过检验。凯姆决定两样都要，于是平行设计了分别采用两种发动机的原型机，使用纳皮尔的称 N 型，使用罗尔斯 - 罗伊斯的称 R 型。等到这两个方案的原型机在二战爆发后相继展开试飞后，被分别命名为“台风”和“狂风”。

虽然名称很强势，外形看上去也孔武有力，但是霍克公司的新产品却不像是那么回事。“狂风”项目不断遭遇发动机和机身构造的麻烦，不得不被勒令停止。至于“台风”，相继推出了配备多达 12 挺机枪的 Mk IA 型和 4 门 20 毫米机炮的 Mk IB 型，虽然后者经过不断的小修大改而进入了正式量产，但是实用前景并不明朗。

到了 1941 年 9 月 11 日，第一架出厂的“台风”终于交付英国空军，首个接收部队第 56 中队被告知即将迎来“盟军中速度最快的飞机”，不料接手的却是“最麻烦的飞机”。“军刀”发动机的故障似乎没完没了，让地勤人员深受其扰；机身外形的独特又让“台风”式频繁被友军认作是敌机而遭到误击，没有多久，就有多达 4 架崭新“台风”成了“喷火”式的击落战果！而直到 1942 年 8 月，也即投入战争差不多一年后，“台风”式才击落了第一架敌机。

“台风”之令人失望，主要原因在于其高空性能不佳，而就在这个“鸡肋”项目面临何去何从的十字路口时，一个意外的机会却在向她招手了。

1942 年年中的一天，由于原定执行空袭法国德占区任务的“飓风”式战斗轰炸机无法出动，临时改由第 609 中队的“台风”飞赴阿布维尔做“客串演出”。此行中，中队长比蒙特成功驾驶在翼下挂载炸弹的“台风”袭击了预定目标。他在报告中称此次飞行高度在 60 米以下，“台风”式在低空表现出了优异的速度和稳定性。

这就像是打开了一扇门。英国空军正苦于没有凑手的对地攻击机，而放在这个领域来考察，“台风”式的优点一下子冒出来了：机翼构造坚固，适合外挂武器；发动机中低空出力稳定，确保外挂武器不致大幅影响飞行性能。换言之，这简直天生就是干对地攻击的料！

据测试，“台风”式的机翼牢固，挂载炸弹完全没有问题，炸弹的配置也从起初的 2 枚 250 磅升级为 2 枚 500 磅，最后达到 2 枚 1000 磅的标准。即使如此，它的最大平飞速度仍能达到 626 千米 / 时。2000 磅的载弹量，已经和大战初期的轻型轰炸机差不多了，因此挂炸弹的“台风”又赢得了一个绰号叫“炸弹风”。

为了稳妥起见，首批投入实战的“炸弹风”选择了 2 枚 500 磅炸弹，这批飞机最早列装成立于 1942 年 9 月的第 181 中队。紧接着第 182 中队在 11 月投入作战。之后，又陆续出现了第 195、第 197、第 198 和第 245 中队。到次年 4 月，装备“炸弹风”的单位又增加了第 3、第 247、第 193、第 174 和第 175 中队。

“火箭风”

1943 年 10 月 25 日，第 181 中队在进袭法国的行动中，首次派出了在机翼下挂载着火箭的“台风”式。这次尝试给人留下了深刻的印象。在另外 5 个“台风”中队的掩护下，第 181 中队以 2 波 3 机编队，对卡昂电站实施了火箭攻击。尽管这次飞行很不幸地穿越当地高炮群的中心，但仍有一半飞机发射火箭击中了目标。

新武器虽然不那么精确，且对飞行员的预判力要求很高，但“台风”式依旧显示出了前所未有的强大打击力。专家们说，每架“台风”发射的全部火箭“相当于驱逐舰的一次侧舷齐射。”

“台风”式的招牌武器出现了。从那以后，带着 8 枚火箭升空的威风凛凛的形象成为“台风”乃至整个盟军空中近接支援力量的招牌式画面。“台风”式注定要成为二战中最成功的对地攻击飞机之一了，而它理所当然地有了一个新昵称——“火箭风”。

“台风”式选用的 RP-3 空地火箭，此前已经在“飓风”式和“剑鱼”式上取得了小范围的成功，不过直到它与“台风”式相组合，才变成了一页传奇。

RP-3 火箭的战斗部有多样化的选择，如 60 磅高爆弹、60 磅白磷燃烧弹、40 磅穿甲弹和

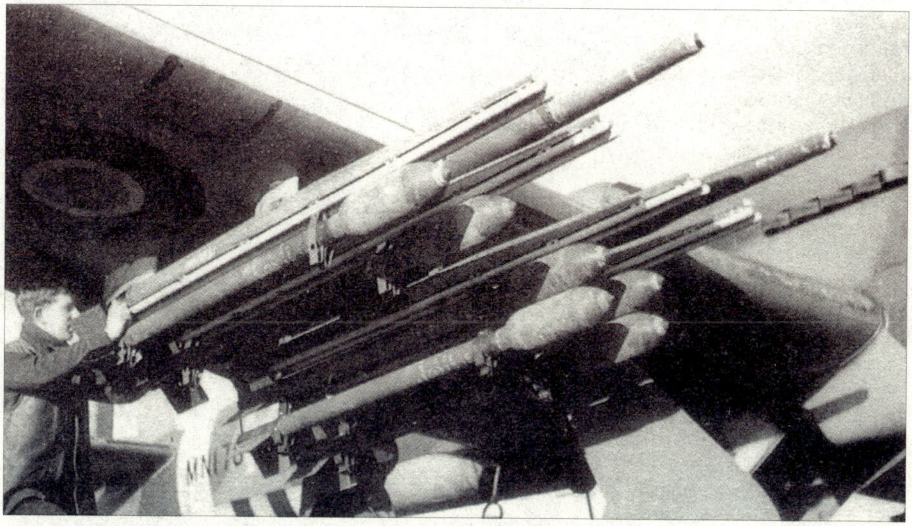

“台风”翼下挂载的火箭弹。

40 磅人员杀伤弹等。穿甲弹头容易给人反坦克的联想，但其实这种装药主要是用来对付舰只的。人员杀伤弹类似子母弹，是一种独具匠心的设计。不过在这些弹头中，60 磅高爆弹使用得最广泛，因此这种武器习惯上被称做“60 磅火箭”。

火箭的钢制发射管直径为 76 毫米，内装 15 磅推进药。尾部装有 4 片尾翼，以稳定火箭的飞行。其长度为 1.397 米，最大速度为 480 米 / 秒，最大作战距离为 1600 米。最初采用的 Mk I 火箭挂架为钢制，每侧机翼下的 4 具共重 408 磅，再加上火箭，则每侧的载重达 648 磅。这使“台风”的最大速度受到一定影响，大约要慢 24 公里 / 时。直到 1944 年 12 月改用了铝制的 Mk II 挂架、总重减轻了 240 磅后，“台风”的速度才得以恢复。

起初皇家空军把火箭当作“台风”式的可选武器，打算根据任务种类的不同，为“台风”式选挂炸弹或火箭。但是这种调换作业的劳动强度之大超过了预期，地勤人员们累得够呛，叫苦不迭。于是火箭成了固定装备，发射架也改为不可拆卸式。至于各中队的飞机则是两者选一，要么装备“火箭风”，要么装备“炸弹风”。

在一种配置更强火力的提议下，还进行了在每具发射架上捆绑 2 枚火箭的试验。2 架“台风”式带着 16 枚火箭升空了，很显然，这样的“重火力”对飞机的操控性影响太大，因此这个建议很快就被搁置。

“火箭风”中队迅速成为成立于 1943 年 6 月 1 日的第 2 战术航空队的主力。“战术航空队”这一具有创建性的编制体系专以打击欧陆地面的战术目标为己任，使用各种中型 / 轻型轰炸机和战斗轰炸机。到 1943 年底，共有 18 个“火箭风”中队成军，大都编入战术航空队序列。

力量整合在 1944 年春继续进行。加拿大皇家空军的两个“台风”中队加入，这使得“台风”单位达到了总计 20 个中队。其中，18 个中队隶属于第 2 战术航空队，第 137 和第 263 中队由战斗机司令部直接掌握为预备队。盟军频繁整合对地打击力量的意图非常明显，那就是为即将到来的大战握紧拳头——霸王行动。

从这时开始，“台风”中队和其他单位一道，展开了打击法国北部铁路网的持续行动，这些行动非常富有成效，以致丘吉尔后来评论道：“围绕着在诺曼底周围的德国部队，（空军）创造出了一个‘铁路沙漠’”。

盟军空军对于铁路的攻击，主要以列车调度站和机车头为目标。当这类任务只是由个别中队偶尔执行时，就已经取得了明显的效果。前面提到的中队长比蒙特，很快就在这样的几次出击后，为自己的座机画上了 25 个小小的火车头标志。他的第 609 中队在几个月内就摧毁了 100 辆火车机车，战果大部分是在晚上取得的。

艺术家笔下的“台风”。

当交通线阻断任务全面展开后，皇家空军一共选定了 80 个铁路“神经中心”。“台风”中队极为活跃，几乎每个晚上都不停歇。到了 D 日那一天，80 个中心里的 50 个已遭到彻底摧毁。

西线德军铁路运输方面的最高主官霍夫纳上校，在盟军发起诺曼底登陆前不久，向德国最高统帅部发去一份冷静而严谨的报告：为了维持在法国境内的兵力，每天需要 100 列火车的运输量；而在 4 月间的平均数量为 60 列，现在却已降到了 32 列，因为法国的铁路已经不再能获得比利时的煤了。

根据盟军后来的调查，到 D 日那一天，原本活动在法国北部地区的 2000 辆火车机车中，有 1500 辆因为各种原因已无法行动，6 月份的运输量降至 1 月的 13%，其中最主要的原因就是执行遮断任务的战斗轰炸机使然。

其他交通线也是如此。到 6 月 5 日时，从巴黎至滨海地区之间的塞纳河上原本建有的 24 座公路桥和铁路桥中，多达 18 座已被炸毁，3 座因为大修也无法通行，剩下的 3 座只能在夜间勉强通行，而在白天里则等于不存在。与利用火箭对列车头发起毁灭性打击的中队有所不同的是，对这些桥梁实施精确打击的主要是携带 2 枚 1000 磅炸弹的“台风”式。

对德国人来说，1944 年夏天真是“台风”肆虐的季节。在 D 日前数周内针对雷达站的系统轰炸中，盟军飞机的总投弹量超过 14000 吨。德军设在布伦港以南的 6 个长程雷达站全部被毁，其余 15 个也受到重创而无法发挥其应有的作用。另外，诺曼底地区的 10 座受雷达引导的超重型炮台也被炸毁。从 6 月 5 日夜到 6 月 6 日凌晨，登陆场周围几乎所有的雷达站都或多或少地受到了损失或干扰，以致当盟军发动第一波空降攻击时，完全达成了“奇袭”的效果。

D 日，呼啸而至

诺曼底登陆时，第 2 战术航空队的 18 个“台风”中队全部出动，实施了近 440 次近接支援和侦察飞行任务，占到当日盟军空军低空任务总次数的 1/3 强。

D 日 13 时 30 分，第 164 中队的比克第一个报告称摧毁 1 架 Fw 190，接着该中队又击落了第 2 架。稍后，第 183 中队的 12 架“台风”式遭到一群 Bf 109 袭击，后者从云端中突然冲出，击落 3 架“台风”，R · 泰勒等 3 人不幸成为第一批在反攻日阵亡的“台风”飞行员。

行文至此，我们要先把视线集中到“台风”在此战中留下的 3 个最具争议性的话题上：

第一，是“台风”式打中了隆美尔元帅的座车吗？

第二，是“台风”式杀死了“虎”式英雄魏特曼吗？

第三，“台风”式是万能的“坦克杀手”吗？

7 月 17 日，隆美尔的座车在靠近诺曼底前线的公路上遭到英国飞机扫射，梅塞德斯大型军官座车当场被击毁，隆美尔本人则身负重伤。争议很快出现了，关于实施这次攻击的机型，有两种不同的声音：“喷火”式和“台风”式。甚至在不同层级的英国战史中，支持这两个说法的记录者也是各执一词。

隆美尔遇袭后数天，路透社即播发了轰动一时的特别通讯，迅速成为英国各大报纸的头条。通讯的题目是《隆美尔是怎么死的——来自“台风”飞行员的打击》。

“持续数周的调查表明”，文章写道，“杀死隆美尔元帅的是第 2 战术航空队麾下的‘台风’中队的飞行员。在 7 月 17 日下午由联队长鲍德温率领的对卡昂以东的杜泽尔村的扫射任务中，该部的战时日志明确记录道：1 辆指挥汽车和 1 辆装甲车被击中并起火燃烧。

“鲍德温在接受采访时说：我发现了 1 辆较大的装甲车、1 辆运输车、1 辆较小的装甲车和 1 辆指挥车，这表明指挥车里肯定坐着某位重要人物。于是我下令中队实施攻击，把这些车辆逐一击中。我们总共打出了大约 800 发炮弹，我们离开时，这些车辆不是冒出浓烟，就是火光腾腾。”

鲍德温当时命令发起攻击的是第 193 中队，该部于 1942 年 10 月装备“台风”式，因得到在巴西的英资财团的赞助而被称做“巴西中队”。路透社这篇著名的通讯发表后，第 193 中队很快得到“隆美尔杀手”的雅号。

然而人们很快就知道，原来隆美尔并没有死于这次空袭。进一步的调查也表明，“隆美尔杀手”的说法未必准确。后来的核实证明，隆美尔的出事地点比鲍德温的攻击点要更靠南一些。当时这位陆军元帅是在访问完塞普·迪特里希的指挥所后赶回 B 集团军群司令部的途中遇袭的，地点大致是在里瓦勒和维莫特尔之间。

另一个空军中队的日志里出现了在同一天实施攻击的记录，这就是装备着“喷火”式的第 602 中队。该部于 6 月 10 日进据圣克鲁瓦，在 7 月 17 日“扫射了一辆行驶中的德军指挥车”。于是皇家空军的官方历史转而承认这个中队实施了空袭，还有飞行员的名字：“克里斯·勒鲁”。

但种种迹象表明，这个结论仅仅比“巴西中队”可信一点点而已，疑点依然很多。

活下来的德国人回忆了当时的情形，不过主要是关于隆美尔的。“陆军元帅跳起来，紧紧抓住了挡风玻璃——就像在非洲一样。”关于实施攻击的飞机的描述则甚少，只知道“炸弹炸坏了隆美尔的汽车”，但是生还者留下了重要的线索。因为他们确认遇袭时间是在 18 时左右，而第 602 中队的战时日志表明，该部在当日的最后一次任务于 16 时 45 分结束。

这样看起来，只能说是“沙漠之狐”保持了它一贯的本色：无论生死，都给英国人造成了巨大的困扰。

7 月 17 日的空袭险些让德国最伟大的战术家送命，而发生在 8 月 8 日的那一幕却让德国最优秀的坦克王牌身亡。

不少历史书籍都用过一张被烧得乌焦的“虎”式坦克的图片，旁边的图注是：SS 坦克王牌米歇埃尔·魏特曼的座车，被“台风”式发射的火箭摧毁。许多人坚持，魏特曼的“虎”式是在卡昂附近被“台风”的火箭击中发动机舱上部，从而导致弹药殉爆的。

但一些多年研究德军西线战史的学者近年指出，魏特曼的连队在 8 月 8 日那天是突然遭到了盟军坦克的伏击。这样的观点认为，击中“虎”式的是英国第 33 装甲旅第 1 北安普敦自耕农团的“萤火虫”坦克。

很快又有了第三种声音，这部分学者虽然不赞成“台风”击毁说，但也不认为是英国人干的。他们指出那是同在此战场上的其他盟军地面部队的战果，包括加拿大第 4 装甲师的谢布鲁克燧发枪团，以及波兰第 1 装甲师的第 2 团等。

从最新发布的战地地图比照来看，考虑到当时各部之间的距离，似乎加拿大军的“萤火虫”

式坦克击中“虎”式的可能性最大，因为英国人的坦克隔得很远。当然，这点争论超出了本文的范畴，不过这至少可以表明，“台风”式击毁魏特曼座车的可能性很小。

要知道，就在 8 月 8 日午前，魏特曼的长官库特·迈耶尔还就盟军战术支援飞机在这个早晨不太成功一事做了番评论呢。更重要的是，在那个致命的时刻——大约 12 时 40 分，空中应该根本没有“台风”式出现。

解密的第 2 战术航空队日志在这一天里甚至有这样明白无误的记录：“……在近接支援中没有坦克被飞机直接摧毁，并且……‘台风’式报称击毁的坦克都发生在侦察任务中，远离该地区。因此魏特曼和其车组成员的死不是空中打击所造成的。”

在盟军解放法国和比利时的战斗中，“台风”式持续打击德军装甲部队，这使得盟军尤其是英军的地面作战样式有了一个质的飞跃，也使人对“台风”发射的 RP-3 火箭留下了“全能武器”的印象。不过，“台风”发射火箭时那夺人心魄的眼花缭乱的效果，以及盟国方面刻意的战时宣传，都放大了“台风”式和它的火箭的破坏力。

那种“火箭弹可以轻易穿透德军坦克装甲”的说法是不可靠的。一份战后的统计表明，针对坦克发射出的火箭其击毁率仅有 4%。在打击坦克这一点上，德国人那种低调的飞机 Hs 129 无疑有着高得多的效率。既然如此，为什么“台风”式确实使德国装甲部队的战斗力被严重破坏呢？它的打击奥秘在于：或者造成装甲编队的极度混乱，或者严重挫伤德军的士气和精神状态，许多车组人员望“台风”色变，不战而溃。

惩罚来临

在诺曼底抢滩后，盟军迅即展开扩大登陆场的战斗，在此过程中，尽管逐步占据数量优势，盟军坦克还是对德国坦克尤其是“虎”式提心吊胆。有时候这种小心简直达到过分的地步，单单一辆“虎”式坦克便足以阻挡住整支盟军部队的推进。

地面纵队受阻的时刻，也就是“台风”式呼啸而来、解决麻烦的最恰当时机。正是这种飞机的高效打击，使得发生在诺曼底战场的装甲格斗原本应呈现出的数量对抗质量的某种平衡，常常被打破。

在飞得较高的“喷火”式和“野马”式的掩护下，“台风”中队冲锋在前、无处不在。它们对竭力反击的德军地面部队施加的压力之大，使得那些对将盟军赶入大海充满信心的精锐师团根本无法协同乃至调动。

最先领受来自“台风”惩罚的是德军第 21 装甲师。该师当时拥有 127 辆 IV 号坦克、40 门突击炮和 24 门 88 毫米炮，实力应该算是相当不俗。D 日当天，该师的力量分散配置在奥恩河的两岸，为了反击盟军，该师开始集中力量。但是原定对英军第 3 师发起的反攻却大打折扣，携带着火箭的“台风”式频繁出动，使第 21 装甲师承受了前所未有的压力，反击最终失败。到第二天时，该师还能投入作战的坦克只剩下了 70 辆。

这种“惩罚”很快就将降临到更多德国装甲师身上。隆美尔的非洲军亲密战友、在诺曼底战场指挥装甲教导师的拜尔莱因将军是另一个亲历者。

他的装甲教导师本来在 6 月 6 日受命进驻卡昂以西地区，结果在“台风”式的持续打击下，直到 6 月 8 日晚才勉强到达指定地点。拜尔莱因事后称这段路程是“盟军飞行员的投弹表演”。他在报告里写道：“本师无法使用路况完好的公路，本师在白天的行动完全受制，这一切，完全是由于装备着火箭的‘台风’式所实施的可怕和持续不断的打击所造成的。”

这种“可怕”的打击，不仅令野战师手足无措，它在相当程度上也出乎德国指挥系统意料。隆美尔的参谋长汉斯·斯派达尔中将对此有切肤之痛，他说：“自从 6 月 9 日以后，主动权即完全掌握在盟军手中。他们可以使战争的打法完全适合于他们的要求。”他所指的“打法”，就是空地协同作战。

隆美尔在 6 月 10 日也向希特勒提交了一个长篇报告，其中称：“在白天里，几乎我们所有的交通，无论是在公路上、铁路上和田野间，都完全被敌方战斗轰炸机和轰炸机的强大编队盯住了。其结果为，我方部队在战场上的一切运动都几乎完全瘫痪了，而敌人却可以自由地活动。在后方地区中的一切交通隘路都是经常在敌方空中攻击之下，要想把必要的补给、弹药和油料送给部队，都是十分困难的。”

基于这种表现，“台风”式成为战术配置上最优先的机种。盟军在 6 月 13 日刚建立起首批前进机场后，“台风”中队即获得入驻。当这些飞机在法国北部的简易机场开足马力、准备起飞时，发动机的怒吼和激飞的尘土都恰当地展现着“台风”的狰狞面目。

尽管“台风”式拥有宽轮距起落架，这使得它能够在崎岖不平的临时跑道上使用，但“优先入驻”的安排未免为时过早。事实表明，德军的远程炮火仍然可以威胁到这里，于是数日后“台风”中队就又撤回到英国的基地。

即便没有来自敌军的炮火，这次撤回也极有必要，因为“军刀”发动机在诺曼底地区那细微而又极其干燥的粉尘的侵蚀下，已必须要全面整修了。为了适应这一情况，机械士们在“军刀”的汽化器上加装了滤罩网。经过技术加强的“台风”中队在 6 月下旬重返法国上空，直接投入对卡昂城的争夺战。

“台风”双机编队快速掠过。

在“台风”缺席的日子里，英德两军已在这座下诺曼底大区卡尔瓦多斯省的省府、以众多古建筑闻名的城市周边剧战多日。战至6月24日止，令英军付出沉重代价、一直强硬支撑的德国第12SS“希特勒青年团”装甲师的手里仍然还有40余辆“豹”式坦克和差不多数量的IV号坦克。

6月26日清晨，英军发动“埃普索姆”行动，“台风”式加入了。“希特勒青年团”师的一名参谋人员写道：“天已经亮了，但周围依然是一片宁静，我和马克斯·温舍仍然在罗雷附近看着最后一辆坦克轰隆隆地驶进集合地域……英军的炮兵首先开始了拦截射击。紧接着英军大批‘台风’飞机呼啸着飞过我们的头顶向罗雷发射火箭弹。一场地狱般的恶战由此展开了。”

德国坦克仍然展开了反突击，但是英军此战要毕其功于一役，他们在“台风”式以及其他更多飞机的近接支援下寸步不退。本来“豹”式享有对“萤火虫”一定程度上的优势，但这很快就被“台风”发射的火箭抵消掉。

那位参谋继续写道：“支撑点快要守不住了，掷弹兵们坚守着摇摇欲坠的防线……卡昂就要成为蒙哥马利的战利品了。我周围的所有人都像着了魔似地注视着这可怕的景象。红热的钢铁带着尖锐的呼啸飞过我们头顶。所有人都尽力低俯身体，鼻子紧贴着潮湿的地面……”

尽管卡昂之战以“希特勒青年团”令人震惊的坚韧而闻名，但是这些牺牲者在当时承受的打击，是后人所无法想象的。

卡昂城呈现出了一幅可怕的面貌：炸弹坑、满地的废墟以及散布的大石块堵塞了的狭窄的街道。值得一提的是，正是在此役中，“台风”式还展示了其精确轰炸的一面。

在法国抵抗运动向盟军通报了关于“避难岛”的情况之后，这些战斗轰炸机准确地回避了这个难民集中点——集中了数千名法国民众的圣艾蒂安大教堂。“台风”摧毁了教堂周边的工事，但是据称只有 1 枚炸弹掉落到教堂的中殿，其余都完好无损。

教堂被解放后，一个美国兵走了进来，看到“孩子们围坐在石板地上，高高的屋顶上有一个大洞，阳光恰似一盏黄色的探照灯窜进来，透入昏暗的教堂。”

“台风日”

对西线局势极为震怒的希特勒在 7 月 3 日下令由克鲁格元帅接替伦德施泰特的职务，同时命令他迅速发起反击。这道指令要求克鲁格集中所有能调动的装甲师，从莫坦向阿弗朗什进攻。

克鲁格有些举棋不定，这个计划让他感觉没有把握，再者，他对在盟军飞机打击下的部队调动也没有信心。但他不可能抗命，他开始尽量集中力量。其实，如果克鲁格的手里有制空权，这个反击未尝不是一个大胆而很可能奏效的计划。当然，在毫无制空权的情况下，这样的反击只能消耗掉自己的力量。

各种各样的拖延使得这次反击直至 8 月 6 日夜间到 7 日凌晨才得以展开。克鲁格能够集中起来交给前敌指挥、党卫队将军保罗·豪塞尔的，只有 4 个装甲师，而且其装甲兵力只有约 250 辆坦克。尽管实力远不算雄厚，但豪塞尔向西的进攻仍然出人意料，直打到距离阿弗朗什只有 12 公里远的地方。这令感受到侧翼威胁的美军大感不安，后者在“眼镜蛇行动”中所取得的战果很有可能化为乌有。

但是这次看起来大有希望的攻势在随后到来的 7 日白天就被遏止——在当面的美军第 30 步兵师已经快要支撑不住的情况下。拜尔莱因将军认为，若非受到盟军空军的阻止，这一次攻击可能会大获全胜。的确，正是在 8 月 7 日这一天，在围绕法国曼彻大区首府莫坦的交战中，“台风”式迎来了自己服役生涯中的最高峰——德军这次坚决的突进竟然完全被来自空中的打击所挫败。

盟军战史将这一天敬称为“台风日”。

7 日上午 11 时，第 2 战术航空队接到紧急通报，“莫坦周边形势已非常严峻，战术航空队应立即出动！”整个第 83 大队迅速进入行动状态，其中，第 121 联队指挥官查尔斯·格林率先上阵，他带着第 174 中队在 12 时 15 分出发，开始进行第一波侦察。

当日的莫坦地区能见度不佳，不过格林还是很快就找到了美军通报中所称的“正向莫坦开进的大规模纵队。”格林俯冲下去攻击了一阵，接着迅速返回基地。他向大队部通报了敌情，并建议各中队全部上阵，以10分钟为间隔分批进击。

第175中队的8架“台风”出发了，他们在莫坦东北发现了约50辆坦克及200辆其他车辆。这些飞机很快按照此前被证明是行之有效的办法发起了攻击：先打头和尾，再打中间。13时35分，第121联队的最后一个中队、第245中队呼啸升空，他们共击毁了5辆坦克，不过队里的鲍勃·李的座机成为此役中第一架被击落的“台风”。

“先打头尾”的战术令敌人触目惊心。给隆美尔和克鲁格都当过参谋长的斯派达尔中将是这样说的：“我们持续受到来自‘台风’的沉重打击。我们的车队蒙受了巨大的损失，‘台风’的战术是先把领头的和拖后车辆打掉，然后将陷在其中动弹不得的车辆逐一收拾掉。”

他沉痛地总结道：“我们的装甲攻势完全被盟军的一种具有成熟高效的空地联络体系的空中打击所摧毁。”

在此前早些时候，这一“体系”中的第124联队也做好了出发准备。第181中队的8架“台风”于12时50分首先出发，第182中队在50分钟后升空；又过了15分钟，第247中队亦全数上阵。

午后14时，第245中队在杰克·罗斯的带领下第二次升空，这一趟他们又打得8辆坦克“起火”。罗斯的一名部下，德里克·斯蒂文森回忆道：“整个地区挤满了坦克和它们的补给车，完全无法对抗我们的机炮攻击。我从它们上空掠过，这些坦克混乱地挤在路上，根本无法动弹，我注视着，几乎忘记了它们还能向我们开火。我的命大，不过派克就没这么好运了。派克昨天才刚加入我们中队，这是他的第一次任务，只听见他在喊‘上帝，我被打中了！’”

虽然派克的座机化成了一团火球，但多得多的“火球”来自地面上的德军。此时第121和第124联队已经联手实施了超过100次攻击。加拿大皇家空军的一些“台风”和第84大队的“台风”也很快加入了战斗。

战至15时，德国第7集团军司令部向德国空军紧急求援：“装甲部队正受敌军战斗轰炸机压制而寸步难行，按计划应实施的空中支援必须立刻执行！”德国空军回复称，第2战斗机军已经大部派往莫坦上空，并正在驱逐敌机中。

饱受炸射之苦的德国装甲兵无望地搜索天空，咒骂这是空军的一个谎言。天知道，这并不完全是搪塞之辞。事实上，德国战斗机确实起飞了，不过还没有到达战场上空就被盟军飞机驱离。

美军阵线所受的压力完全消失了，接下来他们也加入了战斗。当晚19时40分，第7集团军向西线德军总司令部发去一份极度无奈的电报，称装甲攻势自 13 时起就未能再有进展，因为“敌军战斗轰炸机实施了猛烈攻击，以及预定的本方空中支援未曾出现。”

黄昏来临前的 10 小时间，“台风”式共出动 305 架次，宣称取得了如下惊人战果。第 121 联队：击毁坦克 53 辆，击伤 40 辆；击毁运输车 28 辆，击伤 39 辆。第 124 联队：击毁坦克 31 辆，击伤 14 辆；击毁运输车 23 辆，击伤 14 辆。其他单位：击毁击伤坦克 11 辆，击毁运输车 6 辆。

当然，这个战地统计是不准确的。战场上四处烟炎张天，有些地段美军和德军还搅在一起，仅凭目测得出的数字难免夸张。

不久后第 2 战术航空队对战场进行了实地详察，得出了此战的精确战果。“台风”式共击毁了 132 辆坦克装甲车辆，其中包括 43 辆坦克、3 辆自行火炮、23 辆装甲运兵车和 8 辆装甲车，其他则是轮式运输车等。

调查者还详细分析了原因。只有 17 辆（其中坦克 7 辆）是被火箭直接摧毁的，另外 17 辆被机炮摧毁，2 辆被炸弹命中。14 辆（7 辆坦克）是在损毁不严重的情况下被乘员弃车，5 辆（4 辆坦克）被乘员自行破坏。美国地面部队还打掉了 38 辆（19 辆坦克），另外的损毁原因则不明。

这个调查清楚地印证了一个观点：“火箭风”的心理威慑力和混乱撒播力要大于实际破坏力。尽管直接毁于火箭的车辆很少（和“台风”的传奇故事给人造成的印象相反），但是“台风”式俨然是当日战场的唯一主宰，这一点足以令人畏惧。

英国飞行员和美国步兵的报告都证实了一点：敌军在“台风”的火力压制下士气瓦解。德国战俘的供词进一步表明，虽然被直接命中的概率很低，但是他们最害怕的就是“台风”式这样的战斗轰炸机来袭——那令他们的精神近乎崩溃。很多在战前非常自信的坦克乘员，在自己的 IV 号或者“豹”式坦克几乎没受到什么损伤的情形下，就立刻从那里面逃了出去。

“台风”中队在当日的战果令盟军统帅部大受鼓舞，在向英国空军部呈交的材料中，第 2 战术航空队司令阿瑟·康宁汉爵士明确指出：“在适当条件下，空军的独立行动，便足以阻止一次地面部队的攻击行动。”

康宁汉总结出了空军能够独立主宰战局的三个“适当条件”：一、敌军的装甲纵队局促在狭小的乡间道路上；二、敌方的空中力量弱至可以忽略不计；三、在战斗的关键时刻毫不犹豫地投入最大限量的空中支援兵力。

莫坦之战，被公认为“台风”式职业生涯的顶点，是所有对这种近接支援飞机的赞美的最贴切的案例样本。“台风”式在这一天成为传奇。

第17章

最后的“活塞战斗机”之王

1944年12月23日，一队英国皇家空军的轰炸机在德国西北空域遭到约10架战斗机的拦截。这次阻击来得非常突然，在这些飞机发起的快速、灵巧而凶猛的攻击中，很快就有多架“兰开斯特”轰炸机受创。在震惊之余，英国飞行员还是在第一时间就判断出几架前所未见的“样貌奇怪的飞机”。来者与英国人已经很熟悉的Fw 190相像，但是机首却更长，而且速度明显更快。回到基地后，备感吃惊的英国人在当天的报告中将其称之为“长鼻子Fw 190”。这个别称非常贴切，与英国飞机不期而遇的正是Fw 190家族中的最新子型：D-9。

英国人当然不知道，当日所见的“长鼻子”仅仅是福克-乌尔夫公司的首席设计师库特·W·谭克在高空战斗机领域所迈出的第一步，一种“更长的长鼻子”也即将问世，那就是Ta 152高空战斗机。

JG 301 联队部 Ta 152H 的唯一一张战场照片。

在高空领域的探索

当初生的 Fw 190 于 1941 年在英吉利海峡上空现身的时候，它就立即展现出不俗的空战性能。不过，福克 - 乌尔夫的新式战机也暴露出在 8000 米以上高空发动机动力输出明显下降、高空性能不佳的问题。而当德国情报部门掌握到越来越多关于盟国重型轰炸机的资料后，德国空军开始将高空战斗机开发提到议事日程上来。

1942 年 5 月 20 日，德国航空部同时向福克 - 乌尔夫公司和梅塞施密特公司的代表提出研制一种特种高空战斗机的要求。福克 - 乌尔夫很快推出了 Fw 190D-9，它利用现成的 Fw 190A 机身改装 Jumo 213 发动机而成。由于新发动机比 BMW 801 长出约 60 厘米，于是 D 型的机身相应增长，从而获得了“长鼻子”的外号。

1944 年 6 月 6 日，190D-9 的第一架原型机被送往莱希林测试中心，它由福克 - 乌尔夫的首席试飞员汉斯·桑德驾驶着升空。此时此刻，被称做“孤鹰”的 JG 26 联队的联队长约瑟夫·普利尔中校正驾驶着他的 Fw 190A，迎着漫天而来的盟军飞机，在诺曼底上空展开德国空军那苍凉的一击。

虽然 Fw 190D-9 很快投入量产并装备部队，但这毕竟只是一种应需而生的过渡产品，照设计师谭克的话说就是“快速解决方案”，而他和他的公司从未放弃过对真正高空战斗机的追逐。

谭克从 1943 年秋天开始为自己的高空战斗机方案提速。值此关键时刻，德国航空部做出了一项很有意思的决定：为了鼓励创新，所有的新式飞机设计都将以设计师的名字来命名。这样一来，如果谭克博士有新作品问世，那么他的名字（Tank）缩写“Ta”就将替代原来的“Fw”。谭克把这个决定视作对他高空战斗机方案的支持，当即为这个方案取名为 Ta 152。

在相继完成了 Ta 152A 和 Ta 152B 两款原型机后，谭克又推出了 Ta 152H-0 原型机，这个型别表明了谭克要确立该机在高空领域权威地位的决心，因为 H 就是德语“高空”一词的首字母。看起来，一个崭新的战斗机谱系似乎正跃然欲出。

Ta 152H-0 采用了 Fw 190A-8 的机身，不过翼展延长为 14.82 米，翼面积增大至 23.5 平方米。动力方面，它得偿所愿地得到了高性能的 Jumo 213E 发动机，并且配备了 GM 1 硝基化合物喷射加力装置，该装置将在高空使低气压环境下的发动机保持正常的出力状态。

很快地，H-1 在 H-0 成功的基础上加强而成，为了增强动力，除机身部位的 GM 1 装置外，更在两翼上加装了 MW 50 甲醇喷射加力装置，它能够在中低空增强发动机的出力。对 H-1 的测试表明，对新发动机的等待确实没有白费，Jumo 213E 不仅性能优异，而且在中低空和高空的表现同样稳定；另外，这还是一款耗油率相对较低的发动机，对于面临资源危机的德国来说，耗油率也是一项重要指标。配合 Jumo 213E 的低油耗，加上 Ta 152H-1 在两侧主翼上增配的多达 6 个副油箱，使得该机的理论航程可达 1500 公里之多。

Ta 152H 型的武装为 1 门机首 MK 108 同轴机炮（备弹 90 发）和翼根的 2 门 MG 151/20 机炮（各备弹 175 发）。这些武器的瞄准装置为雷维（Revi）16b 型（后来改为自动引导计算的 EZ-42 型）。Ta 152H 的机体可以选择挂载 300 升或者 600 升可抛弃式副油箱；另外，还可装载附加武器，包括吊在翼下的火箭弹和炸弹等。

经过增压处理的驾驶舱由铆钉固定，座舱和引擎都用泡沫乳胶进行密封，在一台空气压缩机的作业下，驾驶舱的压力在 8000 米高空上可以维持在 36 个大气压。为了防止结雾，起先采用了双层风挡玻璃的设计，后来又周到地改用经过热化处理的支持全天候飞行的特种风挡玻璃。而对座舱和发动机加以保护的整体装甲板，也是一应俱全。

真正令 Ta 152H 被公认为是德国活塞式战斗机极致之作的，是它的各项飞行性能。这些数据的确已接近活塞式飞机的极限：最高速度 752 公里 / 时，升空滑跑距离仅需 400 米，实用升限 14798 米。至于转弯半径和爬升率，亦与另一种被视为活塞机巅峰作品的北美 P-51H 不分伯仲。

第一架预生产型 Ta 152H-0 于 1944 年 10 月在科特布斯下线，而到了 11 月底，首架正式量产型 Ta 152H-1 也告完工。1944 年结束之前，德国工厂一共生产了 54 架 Ta 152H。然而令人难以置信的是，这样的数字几乎成为 Ta 152 产量的全部！由于种种原因，Ta 152 的量产从此陷入困顿之中。谭克博士一再敦促德国空军授予 Ta 152 最高优先生产权的努力毫无成效，各条生产线的转产进度极其缓慢。

到了 1945 年初，德国其实已没有能力展开大规模的系统生产了，航空部此前提出要基于现有生产线开发的观点，诚然有其现实依据。到苏军攻占科特布斯工厂时为止，Ta 152 的最终产量只有区区 67 架。

还有一个无法回避的尴尬在等着谭克博士的高空战斗机：当它开始抵达前线时，这种“高空战斗机”已经找不到当初设计它时的初衷，它没有机会在欧洲高空去拦截盟军轰炸机群，而是将陷于中低空的苦斗里。

30 小时特别测试

虽然还未完全露出真面目，关于 Ta 152H 速度优势的传说已在德国空军中流传。其中最传神的版本无疑来自谭克博士在 1944 年底的亲身经历。要不是设计品的速度惊人，他就要和自己的人生说再见了。

当时，谭克驾驶着一架 Ta 152 从朗根哈根到科特布斯赴一场技术会议。这架 H-1 是最初几架试验性加装了 MW 50 装置的飞机之一。正是这项技术救了他的命。

就在快要进场时，谭克突然从无线电里听到地面塔台的紧急呼叫：“注意！注意！ 4 个‘野蛮人’在你‘花园’的‘篱笆’外！”熟悉德国空军代称系统的谭克当然知道，这是指他的座机被 4 架美国飞机盯上了。扭头看去，博士发现 4 架“野马”正扑上前来，于是他按下了 MW 50 装置的按钮。加速装置完美地发生作用，这架极速战机在一团蓝色烟雾中灵活地摆脱，让美国飞行员们惊愕不已。

不过，使这种高空战斗机进入如上述的成熟阶段之前的努力，可是麻烦不断。

1944 年初秋，机身编号 0058 的一架测试型 Ta 152 在飞行中坠毁，这仅仅是它的第二次飞行。为此，莱希林测试中心的指挥官埃德加 · 彼德森上校因失去优秀的试飞员而恼火。他在向航空部去信时毫不客气地指出：“如果试图加速这种飞机的量产，其后果将会是极其危险的。”这位严谨的空军军官在信中写道：“该机重心过于偏后的问题非常突出，这在短时间内无法让飞行员完全掌握。我建议将量产延后，并把首批下线的 12 架全部用于测试而不是送到前线。”

彼德森的建议在技术立场上是无懈可击的，因此原本打算为 Ta 152 列装提速的有关部门不得不采取一种折衷手段：在预生产型 Ta 152H-0 下线后，德国空军于 11 月在莱希林专门组建了一支介于测试和实战之间的单位，也即 Ta 152 测试飞行队。

JG301 联队会聚了众多最优秀的飞行员。

一名参与测试的飞行员认为："Ta 152 的飞行性能使得此前我们所有战斗机只能甘拜下风。当然，我还没有尝试过 Me 262 喷气机，不过我仍然要斗胆说一句，Ta 152 投入实战后将是我们的最佳战斗机。它的三叶螺旋桨的桨片宽度为 60 厘米，这使它能够在 400 米的滑跑距离内完成升空，至于爬升率，是 15 米 / 秒！我重复一下，在目前阶段没有哪一种投入战场的战斗机可以与之相提并论了。"

至于斯托勒本人，他对新飞机的感觉也很不错。"总体性能甚佳"，他这样评价道，"不过和标准型 Fw 190 相比，这种飞机的横滚反应好像要慢一些。"在努力寻求新机型性能极限的大胆飞行中，斯托勒飞到了 12000 米的高度上，本来他的 Ta 152 还可以继续爬升，可是上尉快因为缺氧而吃不消了，只好放弃。

尽管危险重重，试飞员们依然热衷于在这种高空战斗机上挑战自我。创下高度纪录的人终于出现了，他是弗雷德里希 · 施奈尔军士长。他驾驶着 Ta 152 飞到了 13654 米的高度，尽管包括谭克在内的其他试飞员被认为曾经飞到过更高的地方，但施奈尔的纪录在当时被官方最终确认。

除了大胆，施奈尔的成功在一定程度上还归因于他的细心：他在坐进座舱时带上了一支意大利制造的自动气压计。这位军士长在此前细心地注意到，莱希林基地提供的德国气压计最大标高为 12000 米，为此他特意让人捎给自己一支意大利的同类产品，最大标高可以达到 14000 米。

施奈尔对自己的这次试飞过程做了详细的记录，从而为我们留下了关于这种高空战斗机在高空表现的极为珍贵的资料。

“爬升正常进行，我每隔 1000 米高度向地面汇报一次：空速、海拔、温度，等等。现在到了 11000 米，我的肘部和两膝开始明显感到不适和痛楚，我甚至可以觉察到自己的动作正在变得僵硬起来。很快，和地面的通话也变得极为困难。到了 12000 米高度，我开始呼叫地面：标准高度计已停止工作，但我将继续爬升。

“尽管还没看我带着的那支高度计，但我的直感告诉我，自己已经创下了一个新的高度纪录，因为此时座舱外的景象，已和以往历次飞行不同。抬头仰望，黑色和深蓝色交替苍穹之间，那种情景仿若午夜时分一般。远方的天际线上，漂亮的蓝光和白光正交替泛映。

“这时我的右臂已完全不受控制，于是我改用左手单独控制飞行。接下来，飞机对操舵的反应也越来越差，在两次进入危险的失速状态后，我决定结束了。”

在经过这次高空“检验”后，测试飞行队认为 Ta 152 已经做好了战斗准备。在战场形势吃紧的背景之下，Ta 152 的测试以一种前所未有的“高效率”完成了。和德国军用飞机的一般测试周期相比，Ta 152 测试的效率之“高”，令人瞠目结舌。其耗费时间之短，一举创下德国新式飞机之最。令人难以置信的是，Ta 152 原型机的试飞时间加起来总共只有 30 小时 52 分钟！

“好得令人惊讶”

德国空军在 1 月 10 日下达正式命令，要求 JG 301 联队第 3 大队进驻莱希林，尽快开始 Ta 152H 的训练。“JG 301 联队第 3 大队将取代原定扩编的 Ta 152 测试飞行队，成为实战测试单位。与此同时，该大队仍保留原装备的全部飞机，在另行命令下达之前与 Ta 152 混编使用。”

始建于 1943 年末的 JG 301 联队是遂行夜间拦截任务的“野猪”联队之一，它成了德国空军中唯一成建制装备 Ta 152H 进行实战的部队。按照命令，第 3 大队在 1 月 27 日接收了第一架 Ta 152H-0。在纽豪森的接机点，大队里精心挑选出来的飞行员终于看到了“机首长得令人无法不印象深刻”的新飞机。经过福克 - 乌尔夫技术人员的短暂指导，这架预生产型 Ta 152 飞回了大队所在的阿尔特诺基地。此后几天里，又有数架预生产型到达，尽管这批 H-0 都没有加装 MW 50 或者 GM 1 推进装置，但是它依靠较轻的重量依然能够在速度上与 P-51 相匹敌。

为了配合 Ta 152H 的到来，JG 301 联队在全联队范围内尽可能地集中了有经验的飞行员以供第 3 大队调遣。集结起来的人员差不多是整个联队仅存的精英分子，另外还包括临时从已经解散的 JG 300 和 JG 302 联队抽调来的飞行员。

这些“末日战士”包括雷施克、赫尔曼 · 斯塔尔、约瑟夫 · 基尔、塞普 · 萨特勒、克里斯托夫 · 布鲁姆、海因兹 · 高索和瓦尔特 · 鲁斯等。其中，鲁斯和雷施克是 JG 301 联队仅存的两名骑士十字勋章获得者。

喷吐着呛人的黑烟、发出令人烦躁不安的“突突”声，几辆依靠燃烧木材驱动的平板车颠簸地行驶在通往索劳野战机场的小路上。车上的乘客正是接到调令后前来报到的最后的“野猪”部队成员。在基地里，联队长弗里茨 · 奥夫海默中校向他们表示欢迎。很难想象，坐在这些简陋车辆上看起来非常疲惫的人，将要掌控德国最先进的活塞式战斗机。

能坐上这种平板车的“待遇”已经算是不错了，根本不可能有多余的燃料。“野猪”联队的飞机一般最多带着 75% 的油量升空，有经验的飞行员仅仅靠自己的经验来延长滞空时间，他们在飞行中油料用到极致，在降落后几乎刚好完全用完。结果那些 D-9 连在地面上滑行的动力都没有，得靠牛来把它们拉到停机坪。

试训期间，Ta 152H 有一次和 JG 301 联队的其他飞机一道升空，与进袭柏林的美国机群发生了交战。飞行员鲁迪 · 德列伯记得联队在那一天损失惨重，不过初上战阵的 Ta 152H 成功地全身而退。新式飞机的卓越性能令他大感意外，德列伯说：“如果这种飞机早一年出现的话，那些 P-51 可就有得受了。”

在和“野马”交过几次手后，“野猪”飞行员初步掌握了 Ta 152H 的一些优缺点。这种飞机的起飞有些麻烦，主要是过长的机首让习惯了星形发动机的人很不适应，其次是右起落架在起飞后不能完全收回，需要用力扳动操纵杆后才可以收回。

在空战中，Ta 152H 和初次转弯半径要比 P-51 大一些，这会使它处于较危险的境地，不过这个半径随着多转几圈之后会越变越小。因此，只要在缠斗的初期不被击中，那么 Ta 152H 在后面对“野马”式的胜算就会变得很大。

亲身飞过这种新式飞机的飞行员无不对它充满好感。在 12000 米高空，这种飞机依旧灵活的特性使飞行员们大感意外。他们认为，Ta 152H 比 Bf 109 和 Fw 190 优秀这一点是毋庸置疑的。以往，受制于高空性能不佳的缺陷，德国人往往要想办法诱使敌机降低高度来展开中低空格斗，而现在 Ta 152H 完全无需考虑这些，无论是爬升还是俯冲，它都完全能够在战斗中掌握主动。

对于 Fw 190D-9 和 Ta 152H 这两种“同门”高空战斗机之间的区别，或许飞行员尤利乌斯·乔·伯利纳的看法是最为贴切的。

“这两种飞机有本质的不同，”他说，“多拉 9 是一种天生的强势战斗机，它充满旺盛的精力，但同时，你也必须竭尽全力才能发挥出它的全部潜能。而 Ta 152H 则是一个极为敏感的天才，它自发地展现出飞行中的优雅，对我来说，有时简直就像是坐在一架无需操控的滑翔机里一样。它的飞行性能出类拔萃，尤其是在高空。对我这样的飞行员来说，这完全是一种全新的体验。”

谭克博士的同事汉斯·桑德在比较之后也下结论道：“D-9 永远不可能与 Ta 152 相提并论。”当然也有人指出，严格来说，“快速解决方案”的 D-9 不能算是完全意义上的高空战斗机。

JG 301 联队第 2 大队在罗德里希·塞斯科蒂上尉的带领下，使用 D-9 等机型作战。在维尔佐和格莱威新城等地，他们经常与来自第 3 大队的 Ta 152H 并肩作战。作为现场目击者，塞斯科蒂曾亲眼看过 4 架 Ta 152H-1 和同等数量的 P-47 交战的情况。上尉所目睹的这场空战，戏剧性地集中展示了 Ta 152H 的各种突出特性，当然，有好也有坏。

看起来，如果操作不当，Ta 152H 的高速优势是一柄双刃剑。在一轮从 2500 米高度一直急降到 50 米的猛烈追逐中，塞斯科蒂看到那架背对着太阳现身的 Ta 152H 先是在急速俯冲中打爆了一架 P-47，接着却收不住自己的冲势而一头撞毁到地面上。

此战中，技术军士威利·雷施克凭借自己击落 20 架四发轰炸机的经验，把 Ta 152H 回转半径的特性加以戏剧性地发挥。在和 P-47 距离地面仅 50 米的纠缠中，雷施克以最小幅度连续做出急转弯，这使得那架“雷电”式在被迫做出的反应动作中超越了其性能极限而进入失速滚转，很快撞到了地面上。事后才清楚，雷施克进行这些杂技表演的原因是他的机炮卡壳了。

最后，当联队长奥夫海默从他的座机里爬出来时，浑身被汗湿透的他刚刚惊险地亲历了因机身部件不稳定而带来的困窘。空战中，他这架 Ta 152H 的加速推进装置突然失灵，让他在被 P-47 围攻、最需要提速的时候失去了高速优势。

事实上，正是由于机械故障，使得先后有 5 架 Ta 152H 在此期间坠毁。这种作战性能堪称“完美”的战斗机，还是令人遗憾地暴露出部件极不稳定的重大缺陷。由于机械原因，当时有很多“令人惊讶”的 Ta 152H 停在地面飞不起来。它们确实存在这样或那样的机械故障，但那都是很小的毛病，如果后勤保障和零部件补充一切正常的话，只需要几个修理小时就能让它们重新升空。然而在混乱焦躁的最后时光里，这样的要求只能是一种奢望。

这些故障让决策层产生了担忧。战斗机部队总监戈登·葛洛布在 1945 年 3 月 17 日从柏林给谭克博士去信，措词强烈地指出“这种如此不稳定的飞机根本无法进入现役”。他的态度，使 Ta 152H 本就困难的生产雪上加霜。

不过，在背靠柏林同时迎战来自东西双方敌机的日子里，“如此不稳定”的 Ta 152H 毕竟赢得了飞行员的充分肯定。海因兹·加索军士长认为这种飞机“好得令人惊讶，全方位超过了 P-51”。

当“野猪”飞行员们在停机坪或休息室里短暂休憩时，他们之间说得最多的就是：“我们为什么不早一点拥有这种飞机？”那几个硕果仅存的“老鸟”更是伤感地回忆起不列颠之战时的情景：“如果早就有这种飞机，那些狡猾的‘喷火’式还能算得了什么呢？”

最后的“野猪”联队

1945 年 2 月 21 日，约瑟夫·基尔走向自己的“绿色 3 号”Ta 152H-1。这位因前额略微谢顶而显得有些老态的军士长在战争一开始就在德国空军服役，然而不断的伤病却困扰他成为一流的飞行员。在 JG 3 联队的时候，他保持着较高的出勤率，却直到 1940 年 5 月才取得自己的第一次空战胜利。作为第 8 中队的一员，他在那一天击落了一架英国“布伦海姆”式轰炸机。

接着他便在不列颠之战中严重负伤，这使他在很长一段时间里都无法再次升空。当他回到部队报到后，又被派往偏远的挪威北部基地，空战胜利根本无从谈起。在 1944 年 9 月调入 JG 301 联队第 3 大队后，基尔的纪录才重新改写。他在当年 11 月击落 2 架 B-24，这时距离他上一次的空战胜利已过去整整 4 年！

然而基尔军士长终将在空战史上写下自己的名字：第一位也是唯一一位 Ta 152 王牌。

在此之前，基尔似乎已经对打击多发轰炸机颇有心得。在首次击落 B-24 之后，他接着就在 1945 年 1 月 1 日的一天时间里击落了 2 架 B-17“空中堡垒”。而在 21 日这一天，他又驾驶着崭新的座机在柏林近郊上空击落了 1 架“空中堡垒”。发生在 16 时至 17 时的这次交战不只是基尔个人的第 12 次胜利这样简单，这还是有据可查的 Ta 152H 的第一次空战胜利。

基尔在 3 月 1 日再次取得成功，他在 10 时 25 分起飞后径直冲向一群“野马”式。在持续 1 小时的作战中，他击落了其中一架。4 月 10 日，他面对 15 架 P-47 的挑战而无所畏惧，他一直和美机纠缠到当晚 19 时并成功击落其中一架，这时他的燃油红灯已经亮起。

一群于 4 月 21 日出现在柏林上空的苏联战斗机最终成就了基尔的“Ta 152 王牌”称号。在这场德国的败亡已进入倒计时的“东线”空战中，雅克 -9 完全奈何不了基尔他们的战斗机，基尔一个人击落了 2 架。这是他在 Ta 152 上的第 4 和第 5 个战果，也是最后的战果。

到 1945 年 2 月 14 日这个“甜蜜”的日子到来时，第 3 大队和 Ta 152H 这对“情人”间的关系是，飞行员们完成了共计 40 飞行小时的 120 次任务，大队里的 4 个中队每个中队都配足了 12 名飞行员，但缺的就是足够的 Ta 152。

在等待更多新飞机到来之际，赫尔曼 · 斯塔尔带领 12 架 Ta 152H 在 3 月 2 日升空，准备拦截一个美国大机群。这一天，美国陆航第 8 航空队派出约 2000 架飞机进袭马格德堡等地，斯塔尔的编队预计将阻挡这些美国人于前往鲁纳附近的波棱化工厂的途中。

在 8000 米的高空上，德国人暂时没有发现任何敌机，不过编队里的雷施克很快注意到有一群 Bf 109 正从下方靠近。显而易见，这是同样属于本土防空部队的飞机，它们的机身和 Ta 152 一样也涂着醒目的红黄色竖条识别带。然而令雷施克不敢相信的是，来者竟然向自己的编队开火！

这幅画表现的是雷施克击落“暴风”式的场面。

德国活塞式战斗机极致的 Ta 152。

这两群彼此“陌生”的德国飞机之间根本无法进行任何沟通——德国战斗机部队有各自不同的无线电频率，通过地面控制台联络是此时唯一的沟通途径。所幸的是，Ta 152 拥有出色的盘旋性能和速度优势，这才使得发起“偷袭”的 Bf 109 未能得手。

比受到友军误击而更令人失望的是，第 3 大队原本预定在 3 月初接收 35 架 Ta 152H 的计划看起来已经泡汤，由于盟军此前的一次空袭，这些飞机的到达时间不可避免地要“等”下去。

此前的 1 月 16 日中午 12 点刚过，40 架 P-38 和 P-51 空袭了纽豪森机场，半小时之后，地面上排列整齐的 14 架 Ta 152H 变成了一堆废铁。第 3 大队补充装备的愿望破灭了。有意思的是，从书面报告来看，美国飞行员并不知道他们击中的是如此先进的敌机。当日天气晴好，这些美国飞机从 500 米高度进场，他们在俯冲攻击时的最低高度距地面仅有 2 到 3 米！即便如此，他们依然判断摧毁的是 Fw 190。

整个 3 月上半月，第 3 大队只得到了 16 架 Ta 152H。联队长奥夫海默觉得是做出改变的时候了，他决定把这些飞机从第 3 大队全部抽出，把有限的新式飞机全部集中到联队部。第 3 大队的 4 名飞行员被抽调出来：基尔、萨特勒、布拉姆、雷施克。这支联队部 Ta 152 飞行队的任务将是掩护本联队其他机群的作战。

编制转换过程中的 3 月 14 日，第 3 大队迎来一位高官，即第 9 航空队司令狄特里希 · 佩尔兹少将的视察。这位第三帝国最年轻的空军将军，欣然驾着雷施克的座机过了一回飞行瘾。佩尔兹曾因对戈林的昵态而广受质疑，被认为是德国空军中缺乏个人鲜明立场的一员高官，不过在所有飞过 Ta 152 战斗机的人中，他显然是军阶最高的一位。

在登机前，佩尔兹少将向雷施克表达了个人的问候，他已经听说了关于这位大胆飞行员的若干事迹。作战记录清楚地表明，雷施克是一个勇猛得近乎冒失的人。在 48 次空战中取得 27 次空战胜利，其中 20 架是四发轰炸机，这的确是很了不起的成绩。而在 8 次被击落、4 次迫降之后，雷施克倒只有 1 次负伤经历。

和本联队另一位知名人物基尔不同，更年轻的雷施克加入这场战争很晚。当他 22 岁成为 JG 302 联队第 1 大队的一员时，已经是盟军在诺曼底登陆的时候。他的第 1 大队在 9 月 30 日整体转建为 JG 301 联队第 3 大队，在转飞 Ta 152H 之前，雷施克驾机飞翔在马格德堡、卡塞尔、汉诺威、汉堡、梅克伦堡等地上空，把自己的空战胜利数攀升至 24 次。

在第一次坐上 Ta 152 后，雷施克充满了新奇的感觉。“起飞时强烈的加速度把飞行员紧紧推到椅背上，我注意到侧方视线和座舱里的空间很令人满意。”在 JG 301 联队这位首屈一指的飞行员将他的“白色 6 号”Fw 190 A-8 相继换成“黑色 13 号”Ta 152H-0 和“黄色 1 号”Ta 152H-1 后，至少又击落了 3 架敌机，其中发生在 4 月 14 日下午的空战是最为人津津乐道的。

在当天的第二次任务中，雷施克和奥夫海默中校以及萨特勒军士长一道升空，他们准备前往拦截正在对铁路调度场实施低空攻击的敌机。就在雷施克看到 2 架“暴风”式出现在视线里的时候，萨特勒的座机却一头栽向了地面，显然那架 Ta 152H 遇到了机械故障。瞬息之间，一场 2 对 2 的格斗便展开了。

急速的盘旋追逐中，Ta 152 H 转弯半径逐渐变小的特性得以淋漓尽致地展现，被雷施克的“黄色 1 号”咬住的“暴风”式战斗机先是被击中了尾部，接着又在为了摆脱而采取的大幅度侧滚中失速下坠，在树林中化成一团火焰。德国方面为这名盟军飞行员、皇家空军第 486 战斗机中队的米切尔少尉举行了葬礼，他同因机械故障而身亡的萨特勒一道，被安葬在格莱威新城基地旁。

联队部紧张的飞机数量也因为雷施克在 4 月的一次大胆之举而稍有缓解。当从联队部听说在厄福特以北一处工厂里有 2 架可用的 Ta 152H 后，雷施克就拉上布鲁姆驾着一架 Ar 96 侦察机出发了。他们在厄福特高兴地发现这个消息很准确，不过空袭警报很快也响彻了整个地区。雷施克和布鲁姆驾机紧急起飞，却发现这 2 架 Ta 152H 上连一发枪弹也没有装！这样，当美国进占该地后，留给他们的战利品就只是那架 Ar 96 了。

现在，联队部有了 8 架 Ta 152H。在此后的空战中，联队部一般派出 6 架飞机从被数量充足的轻型高炮保护着的格莱威新城基地升空，同时把另外 2 架留做预备。与主动出击相比，这些联队部的 Ta 152 在更多的时候是执行为自己联队其他飞机的起降护航的任务，就像 D-9 曾经为 Me 262 做过的那样。

这样的任务同样充满了危机。布鲁姆在 4 月 13 日只顾着看进场的友军，却没有顾及自己的身后，正准备降落的他完全不知道一架“喷火”正紧随其后。这 2 架飞机就这么安静地飞着，地面上的炮手们起先还以为是一个德国双机编队要降落。当它们即将飞临跑道时，炮手们才发现了自己的错误，他们开始从各个炮位向后面的飞机开火。“喷火”在还没有来得及偷袭前就掉落到附近的田野里，这让布拉姆大吃一惊。

4 月 24 日，JG 301 联队最后一次以完整的编队飞行来为进攻措森的轰炸机护航。雷施克他们被告知循着俄军防空炮火的弹迹找寻目标，这对他们来说并不难。这种弹迹很醒目，与德国高炮在空中划下一道道黄色不同，俄国人的炮弹在天空中留下红色印记。

雷施克回忆道：“目标区上空的天气状况不好，这不是一个适合集结 70 架飞机——JG 301 联队剩余的力量的日子，飞行员们说不清楚自己和敌机的位置，于是大家只好各自为战。”

目标区上空没有敌机，因此对地攻击很顺利。接着雷施克和斯塔尔的双机编队开始飞行在柏林城东空域。他们的间距为 200 米，此时厚厚的云层最低处仅为 1500 米，这使得雷施克一度失去了与僚机的目力联系。就在这里，他意识到自己航线的右端有苏联飞机切入。他的判断不错，斯塔尔的飞机重新出现在他的视线里，后面跟着正准备发起攻击的红色战机。雷施克在无线电里让斯塔尔机动并迎战，不料后者只是一味俯冲脱离。

不过雷施克无暇顾及别人了，因为他的 Ta 152 正被 4 架雅克 -9 紧随，他向左侧剧烈急转。此前从没有和苏联飞机交过手的雷施克深信自己能够脱险，事实上凭借着 Ta 152 优异的性能，他很快就占了上风，那几架雅克飞机似乎无心恋战，这使绕到其后的雷施克击中了领头的雅克 -9，它的尾部拖出浓重的黑烟。接着他又打中了第二架。

雷施克重新在无线电里呼叫斯塔尔，没有得到任何回音。俯望着闪耀在柏林城里的星星点点的火光，无从判断是否有一处属于坠毁的 Ta 152。

赫尔曼 · 斯塔尔上尉的座机事实上被雅克 -9 击落，他本人身亡。这也是第一架在真正意义上被敌军击落的 Ta 152。

在联队部的飞行员中，瓦尔特·鲁斯无疑是可以和雷施克相提并论的。两人的相似之处很多，加入战争的时间都很晚，都是德国空军最后的打击轰炸机“专家”，而且两人赢得了相同的勋奖级别——雷施克和鲁斯在 4 月 20 日希特勒的生日那天一同获颁骑士十字勋章。

鲁斯于 1944 年 1 月加入 JG 3 联队第 3 大队，是在那一年的惨烈空战中得以幸存的为数不多的新人之一。而自 1944 年 3 月在柏林上空首次击落 B-17 以来，直到转飞 Ta 152H 以前，他的 34 个战果中绝大部分都是多发轰炸机。

只进行了一次熟悉飞行，鲁斯就和雷施克一道参加了 24 日天蒙蒙亮时就开始的那次任务。他驾着一架 Ta 152H-0 上阵，在柏林上空同遭遇到的苏联飞机的格斗中，2 架雅克 -9 成了他的第 35 和 36 个战果，鲁斯本人在早上 7 时 05 分安全返回。

“野猪”的最后一幕是在 4 月 30 日，JG 301 联队部先后派出 3 个 Ta 152H 双机小队升空，结果在天气状况相当恶劣的情况下，鲁斯击落一架雅克 -9，为 Ta 152 赢得最后的胜利。鲁斯在 5 天前还曾击落过一架雅克 -9，那是他在 Ta 152 上的第三个战果，30 日的这次胜利使他距离成为第二位 Ta 152 王牌只差 1 个战果而已，不过 JG 301 联队的行动在这一天画上了句号——他不再有机会了。

Ta 152H 的短暂战史就此结束。驾驶它的“野猪”飞行员们为自己在恢宏的二战空战史中留下了一个小小注脚。在到战争结束前的约 8 周时间里，联队部的这些 Ta 152H 至少还取得了 9 次空战胜利，相信共有 13 名飞行员驾驶 Ta 152H 参加过战斗，其中斯塔尔和萨特勒阵亡，威格斯霍夫和多尔分别于 3 月 14 日和 2 月 1 日因事故身亡。

“如果……”？

到此为止，福克 - 乌尔夫的高空战斗机 Ta 152H 从未在其设计初衷的领域一展身手——它们一次也没有在高空拦截过盟军的轰炸机或侦察机。当然这并不意味着它们没有在实战条件下飞到那么高过，有一次雷施克就驾机飞到了 12500 米的高度。

还有另外一些零星记录。

在将 JG 301 联队第 3 大队逐步换装 Ta 152 的过程中，原本打算将斯托勒的测试飞行队并入其中，但这个打算没能实现，而是改编成了一个独立单位——以其前进基地为名的罗根廷战斗机中队。罗根廷中队与在莱希林的其余飞机一道，成为在彼德森上校统领下的所谓“测试指挥部战斗单位”，除了 8 架用于各种测试的 Ta 152 外，这支战斗队的机型还包括 Me 262、Ar 234

和 Ju 188 等。彼德森接到的命令是对苏联飞机作战，但它们是否升空一搏，就无从考证了。

JG 11 联队部也得到过几架 Ta 152H。在一系列转场过程中，其中 4 架遇到了“喷火”的拦截，结果有 2 架被击落，第 3 架以机腹迫降到莱克机场上，只有梅林少尉驾驶的那架得以安全着陆。这是 Ta 152H 短暂战斗生涯中的最后一次落地。

5 月来临了，“野猪”联队的成员们开始动手毁掉这些“令人惊讶”的飞机。路德维希 · 布拉希特给自己的座机放了一把火，有的人则只是简单地把螺旋桨拆掉，“不把它留给英国佬”。

“英国佬”还是不可避免地得到了这种飞机，英国著名试飞员埃里克 · 布朗上尉在英国本土试飞了一次 Ta 152H-1，他的观点是这种飞机已失去了其前辈 Fw 190 的曲线美——它的机鼻与机翼实在被加长太多了。“尽管不如 Fw 190 优雅，但它仍表现出自己是一架有效率的战机，我也丝毫不怀疑它能担负德国空军对它的期望”。

这位英国上尉回忆道:“当我坐在座舱中时，觉得机鼻简直长得无边无际。为达到高空飞行性能，该机牺牲了原有较佳的翻滚率，操纵杆亦较重，但稳定性则优于 Fw 190。在我看来，Ta 152 绝对可以与任何一种盟军战斗机相匹敌，甚至在某些表现上还要远胜过它们。Ta 152H-1 参加战事太晚，未能扮演重要角色，实属盟军之厚福而德军之不幸。”

闻讯赶来的还有美国人。专门负责收集德国飞机样本的哈罗德 .E · 沃森上校赞叹道:“飞 Ta 152H 的感觉实在太棒了。这绝对是上乘之作。”

沃森的部属、第 56 战斗机大队的 P-47 飞行员弗雷德 · 麦金托什，辗转把 JG 301 联队部的一架 Ta 152H-0 弄回了美国。在那里，这架“绿色 4 号”改涂美国人的号码，在完成多项测试后被送进了国家航空航天博物馆，成为至今仍然存世的唯一一架 Ta 152。

关于 Ta 152 这种末日战机，人们听得最多的是如下的评论。

“Ta 152 的操控性能使得之前所有的德国战斗机黯然失色。到目前为止在与盟军现役的战斗机的缠斗中，Ta 152 是最优秀的！”

“在我看来，没有一种现役战斗机能和它媲美……”

然而深具 Ta 152 实战经验的雷施克倒觉得，在异常艰危的时候，Ta 152 与其说是一种杀人利器，倒不如说它是救命稻草更恰当一些。这位 27 个战果在身的王牌飞行员说:“在整个联队最困顿的时光，仅仅是依靠 Ta 152 无与伦比的爬升和转弯性能，我们才得以活了下来。”转战于两个“野猪”联队、飞过各种不同飞机的雷施克最后总结道，“Ta 152 是我在战争最后日子里的人身保险。”

表现 Ta 152 拦截美国轰炸机群的绘画作品。

许多人反复强调，Ta 152 来得太迟，也来得太少，潜台词是：如果战争再拖久一些，Ta 152 就能获得较多的产量，从而发挥更大的作用。有人说，根据一份预想中的规划，德国本来可以在 1946 年 3 月时生产出 15000 架 Ta 152。

然而不得不指出的是，尽管性能更胜一筹，但就战争快要结束前也即 1945 年 3 月 29 日的那次军备生产协调会上做出的优先顺序来看，即使大战时间得以延长，Ta 152H 的产量也不可能获得决定性的改观！因为 Ta 152 的生产不可能优于被寄予厚望的另一种机型：Me 262 喷气机。

事实上，全套 Ta 152H 的图纸居然在 1945 年 4 月被卖给了日本人。虽然 Me 262 的量产也只是空中楼阁，但这次活塞机向喷气机的生产交接棒却是恰如其分的。它虽停留于纸面，却意味深长。